普天之下・盡是好書

普天出版家族
Popular Press Family

凌雲文創
A-Plus Creative Company

風光起義．內鬥覆亡

一八五〇年，一個自稱上帝二兒子的倒楣落榜生，率領信眾在廣西金田起義，揭開太平天國革命序幕。
太平軍聲勢浩大，一路壓著官兵狠打，打得連一代名臣曾國藩都哭著鬧自殺！
從風起雲湧到黯然落幕，這段中國歷史上規模最龐大的流血革命，前後歷時十四年，死傷數千萬人，攻下六百多座城市。
連秀才都考不上的洪秀全，究竟如何混成一代天王？他如何創建夢想中的極樂王朝？
在驚天動地的造反過程中又發生哪些不為人知的瘋狂事？後來領導辛亥革命的孫文，又為什麼自稱「洪秀全第二」？

一群野心男子的極樂王朝

太平天國那些事

THOSE THINGS ABOUT TAIPING

全集

烽火金田 著

出版序

一群野心男子的極樂王朝

《太平天國那些事》講述太平天國從起義到滅亡的興衰歷程，用幽默風趣的風格描述那個時期的人物與事件，揭開太平天國不為人知的神秘面紗。

當一個人連續考試考砸了，失意挫折是免不了的，但沮喪、哀嘆過後，通常會有兩種選擇：要嘛死磕到底，繼續苦讀；要嘛就乾脆放棄，另謀出路！

不過，這是一般人的想法。滿清末年，廣東花縣的一處農村裡，硬是有個人想法和大家都不一樣。這名受到科考荼毒多年的男子，最後一次落榜後，實在氣不過，一怒之下決定自己「開科取士」。

但，要怎樣才能開科取士？只有一條路可走：造反！

於是，落榜生搖身一變，成了「上帝的二兒子」，率領一群四處呼喝「殺清妖」的信眾，在廣西金田起義，引發晚清末年最驚駭的一場流血革命。

這個史上最牛的落榜生叫洪秀全，引爆的這場腥風血雨叫太平天國革命。

從起義到被剿平，太平天國一路橫掃，風光地踏平南邊大半地盤，逼得晚清名臣曾國藩跳水自殺五次之多，最後卻又在內鬥中坐困天京，走向窮途末路……

連秀才都考不上的洪秀全，究竟如何混成一代天王？他如何集結楊秀清、蕭朝貴、馮雲山、韋昌輝、石達開、李秀成、陳玉成……等人造反，創建夢想中的極樂王朝？這些人在驚天動地的造反過程中又幹過哪些不為人知的瘋狂事？

●上帝二兒子的野心旅程

古代科舉三年一試，洪秀全前後考了四次，耗費十多年青春光陰，卻連個秀才都沒考上，身心俱疲中，一度病得迷迷糊糊，全家人都以為他瘋了！

之後，受到路邊發下的《勸世良言》啓發，洪秀全找上表兄弟兼好朋友馮雲山創立拜上帝會，幾個人直接在小河邊進行受洗儀式，接著分頭招攬會員，終於在廣西聚集起一批人馬。

這群人當中，有燒炭工人楊秀清、蕭朝貴，還有小地主階級份子韋昌輝、胡以晃、石達開……共通點是都對生活充滿憤怒不平，有志一同地決定造反，親手打造出一個有吃有喝還有美女抱的極樂王朝！

從金田起義到永安建制，太平天國的衆天王領著一票老百姓，迅速俐落攻下許多城市，聲勢浩大，所到之處，清軍無不聞風遠逃，連正面迎戰的勇氣都沒有。

太平天國挾著空前優勢，最後落腳南京，同時蠢蠢欲動地想往北拓展地盤，將這樁造反行動愈演愈烈，甚至近逼保定，離皇城只有一百多公里，完全超出清政府高層領導的預期！

不管是皇帝、大臣還是基層清兵，全都百思不解，爲什麼眼前這一批沒受過專業訓練的「長毛匪」能不斷獲勝？莫非眞是上帝神威降臨，使平日只會耕地燒炭做苦工的老百姓搖身一變，成了超級英雄？

•天國極樂人生的結束

太平天國建都南京後，洪秀全終於美夢成眞，將此處當成夢想中的「小天堂」，過著舒適安逸的快活人生：有一大堆美女可抱，國家大事也有人處理，完全無須煩心，日子再輕鬆不過，簡直是生活最高級的悠閒境地。

不止天王如此，其他諸王也一樣，三餐大魚大肉，美女一旁隨伺，這群男人終於嘗到造反帶來的甜美果實，生活極為滋潤美滿，天天樂不可支地享受著。

這也是場特別的造反，太平天國在戰場上一路橫掃，成就輝煌無比，內部高層卻各有各的不合嫌隙，在上帝的崇高光環下，是處處衝突的畫面。

帶頭的洪秀全因為考試考不好而造反；一字不識的燒炭工楊秀清想要權，就使出「神靈附體」的絕招，變成天父代言人，徹底將一國天王壓在自己腳下；小地主韋昌輝被楊秀清鄙視，便誓言鬥垮他，最後還把楊家人殺個精光；石達開不想被天王的疑心逼死，便自行遠征，帶走了大多數的精銳部隊……太平天國的根基日漸不穩，被這一件又一件的「家務事」徹底擊垮。

《太平天國那些事》講述的便是太平天國從起義到滅亡的興衰歷程，用幽默風趣的風格描述那個時期的人物與事件，揭開太平天國不為人知的神秘面紗，真實地還原那個動盪時代。從本書，讀者可以看到太平天國的種種事蹟，這場歷時十四年、死傷數千萬人的盛大起義，因起義名號順從人性渴望而獲得空前勝利，卻也因人性造成內鬥不休，把天國推向盡頭。

目錄

太平天國那些事全集

第3章

永安雖小，卻是太平軍佔下的第一個大城市.洪秀全佔了一個村就建國，打下一個鄉就開始稱王，現在打下個縣級市，胸中的慾望不由自主地熊熊燃燒。

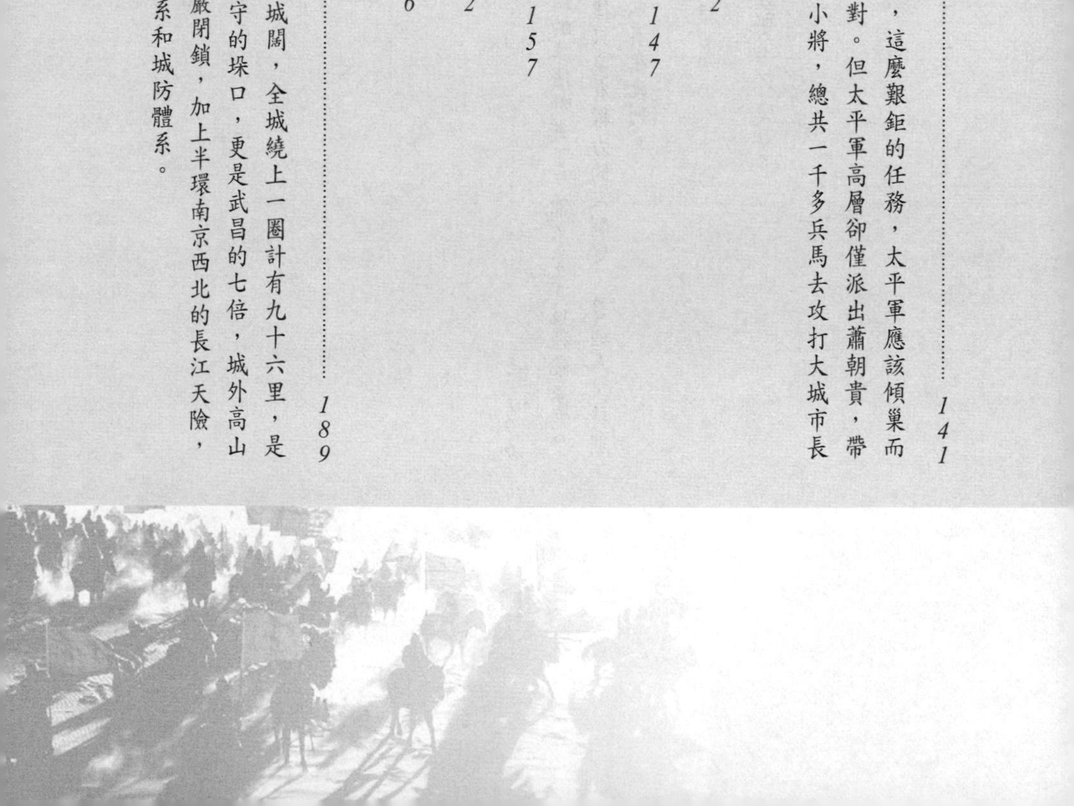

目錄

目錄

韋昌輝竟然命人把天王府團團圍住，硬說「叛賊」石達開就在天王府內，要緝拿逆賊。洪秀全一聽，腦子都快炸開了，先前楊秀清是囂張過分了些，但也沒敢派人把天王府圍起來啊！

目錄

第15章 徹底完蛋了

關鍵時刻，做主的是洪仁玕，小天王年紀太輕了，說話一點重量也沒有。果不其然，當太平軍睡得正香時，大批清兵趕到，將所有人團團圍住，小天王與洪仁玕在血戰中被兵馬衝散……

第1章

半個秀才的造反故事

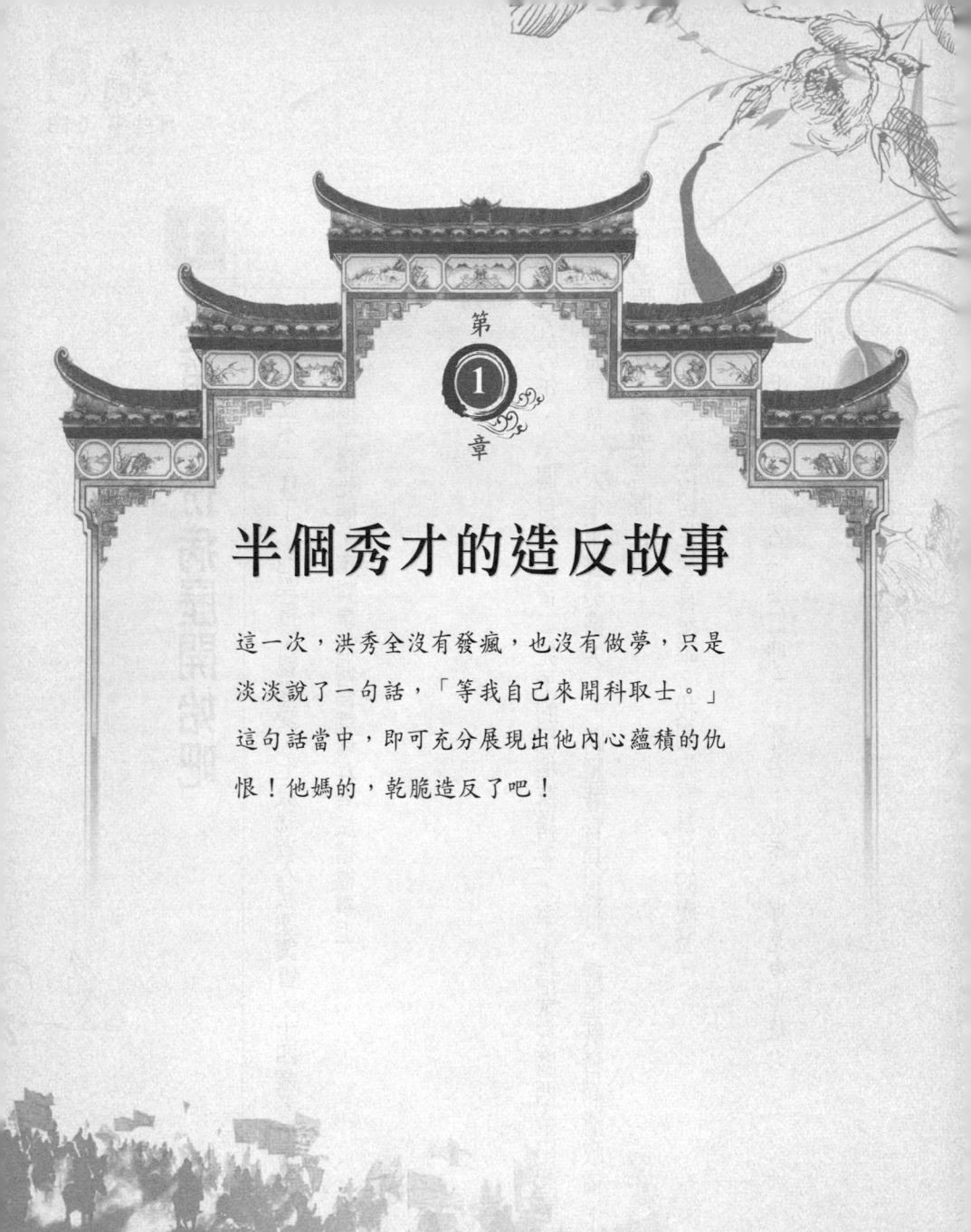

這一次，洪秀全沒有發瘋，也沒有做夢，只是淡淡說了一句話，「等我自己來開科取士。」這句話當中，即可充分展現出他內心蘊積的仇恨！他媽的，乾脆造反了吧！

1 從第一份病歷開始吧

洪火秀就不一樣了，他深得父親喜愛，七歲就送入私塾讀書，十四歲考上童生，前途看似平穩光明，不料事情偏偏就壞在考試這檔事上。

一八五〇年，一個自稱上帝二兒子的倒楣落榜生，率領信眾在廣西金田起義，揭開太平天國革命序幕。太平軍聲勢浩大，一路壓著官兵狠打，嚴重威脅滿清政權，打得連一代名臣曾國藩都哭著鬧自殺！

這個史上最牛的落榜生究竟是誰？我們先看看他的履歷。

- 姓名：洪秀全，原名「洪仁坤」，乳名：火秀（可見命中缺火）。
- 性別：男

- 民族：漢
- 出生地：廣東花縣城北福源水村的一戶農家，客家人。
- 職業：天王（似乎比皇上還大，皇上也只能叫天子）。
- 家庭出身：農民（跟朱元璋很像，確切地說，應該是個農民知識份子）。
- 宗教信仰：上帝
- 社會關係：

父親：洪鏡揚

母親：王氏

哥哥：洪仁發、洪仁達兩位，另有不知姓名的兩位姐姐。

- 病史：洪氏妄想症

既往病史：考試綜合症，顯見其心理素質較差。

一八一四至一八四三年當中不斷考試，考了三、四次，最後只弄到個童生，連秀才都沒考上（相當於完成九年義務教育）。

一八四三至一八五一年年間，傳教兼造反，創立了拜上帝會；一八五一至一八六四年時，自封爲「天王」，主要工作是娶老婆享樂。

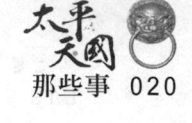

這人的出生，筆者眞不想說太多，基本上跟以前那些牛人差不了多少，一般有兩種說法。

第一種說法，據說洪秀全降生的前一天晚上，有道亮麗耀眼的火光劃過天際，照亮大地，映著那座小村莊，接下來跌落在離洪秀全家不遠的小土山上。

當時，村裡的幾個老人覺得那是一顆「賊星」，附近村莊的人也說應該是顆「災星」，總之，沒什麼好話。

不過，村裡的大多數人卻寧願相信這是一顆「王星」。

另一種說法比較玄，據說洪秀全的母親是在牛背上生下他的，還弄得那一頭牛滿身鮮血，一望之下，美麗而耀眼。

不少人見到，都說這是頭神牛。要知道，牛背上並不是床，洪秀全的母親在牛背上不斷地痛苦呻吟、反覆掙扎，居然都沒有掉下來，眞是人間少有。

沒想到，後來那頭牛竟慢慢趴伏下來，讓洪秀全的母親抱著他從牛背上安全落地，還用舌頭舔乾淨洪秀全身上的血汙。

由於洪秀全的母親身體虛弱，一時間沒有奶水，無法餵養初生的嬰兒，見兒子因喝不到奶水而哭鬧，只能束手無策。

那頭牛像是明白母子倆的苦衷，竟把乳房湊近。

洪秀全小手抓到就硬是不放，一張小嘴也直接吸吮，才不再哭鬧，興許這便是他後來身子健壯的原因之一。

不管這兩件傳說眞假如何，但至少有件事是眞的——洪火秀家不是貧農，眞要說，他們洪家起碼是村子裡的中等農戶，他老爸也娶了挺多房老婆，具體幾個不清楚，但至少娶了兩個。

有些史書上說洪秀全自幼貧苦，這理論根本站不住腳，不難從後來他去私塾讀書一事看出。

洪鏡揚家裡有幾畝薄田，是個老實的農戶，沒有任何想造反的跡象，兩個兒子也是一樣，打從很小便跟著家長在田間勞作，不管是放牛、砍柴，還是耙地……反正農村人家該幹的活，他們都勤勞使勁地幹。

可洪火秀就不一樣了，深得父親喜愛，七歲就送入私塾讀書，十四歲考上童生，前途看似平穩光明，不料事情偏偏就壞在考試這檔事上。

首先，得從科舉制度講起，這是一項從隋唐到清代，由政府分科考選文武官吏及後備人員的制度。

在隋朝之前，多採用推舉制度來選拔官員，導致出身寒門的普通人無法步入仕途，之後改爲科舉制，才使情勢一變，任何人都有成爲官吏的機會。

到了明清兩代，科舉考試已逐漸僵化，固定形式的考試文體也被稱爲八股文。

科舉制度在清代時沒有什麼太大變化，各部地區內考試可分爲三級，第一級是院試，應試者稱爲「童生」，不過，可不要誤以爲參加考試的都得是小孩子才行，其實不乏七、八十歲的童生。

放在現代來說，「童生」相當於國中畢業，完成九年義務教育，並且具備參加升學考試的資格，升學考試如果合格，就是我們大家熟悉的「秀才」，相當於高中畢業。

一旦考上秀才，等於從此擺脫平民身分，成爲知識份子的一部份，即使身無官職，也具有某些特權，比如可以免除一年徭役，見到縣長可以不下跪……等，不過這個「秀才」，洪秀全花了十多年都沒能考上。

接下來的考試叫「鄉試」，這可不是一般在鄉裡進行的考試，而是指省裡的考試，相當於每年夏天都會舉行的大考。

通過鄉試便成了舉人，具備當官的基本資格，拿下第一名的叫「解元」，相當於大考榜首，考上舉人後緊接著必須朝京城進發，準備隔年二月的「會試」，爭取當官的正式資格。

會試後，清政府會再從各省精英當中挑出幾百個人，是爲「覆試」，並爲衆人列等，這些人是貢生，並非一般印象中的「進士」，要想當進士，還得再過一關殿試。基本上，通過會試後就篤定可以當官，殿試是由皇帝重新安排名次，覆試的列等則是影響到進士甲第的等級。

殿試是由皇帝直接面試，偕同各位重臣依考生的表現評下名次，分為三甲。一甲有三人，分別是狀元、榜眼、探花；二甲評出若干人，叫「賜進士出身」，三甲也有若干人，是為「賜同進士出身」。

從鄉試的解元、會試的會元到最後殿試的狀元，舉凡這三次考試都拿下第一名的人，便稱之為「三元及第」。這種人歷代以來少之又少，在清朝兩百多年國祚當中，只有兩個人，一個是錢棨，另一個是陳繼昌。

說了這麼多科舉制度的困難性，也該說回洪火秀的考試之路了。

2 考試很痛苦，後果很嚴重

洪秀全沒有發瘋，也沒有做夢，只是淡淡說了一句話，「等我自己來開科取士。」這句話當中，即可充分展現出他內心蘊積的仇恨！

一開始，洪秀全抱著童生的驕傲參加鄉試，令他意想不到的是，自己竟然落榜了。當時可不像現在，有各式各樣的高中職，只有這麼一條考試重點，考不上便得下次重來。

誰知又考一次，異秀全仍是不第。

這時的洪家家境變得不大好，估計是家裡孩子太多，加上老洪的年紀也大了，沒什麼體力下田工作。洪秀全只能自己打工生活，便在村裡當了個私塾老師，勉強維持生計。

一八三七年的春天，洪秀全不甘心科舉考試失敗，第三次踏上考試的征途，卻又再度落選，對他的精神帶來極大的打擊，弄得連走在回家的路上都頭昏眼花，在廣州街道上糊裡糊塗地收到了一個小冊子《勸世良言》，作者叫梁發。

梁發是什麼人呢？

原來，這小子是基督教的第一位中國傳教士，生於廣東省肇慶。

說到基督教傳入中國的歷史，最早可追溯到唐朝的大秦景教。

西元六三五年（唐貞觀九年），傳教士阿羅本沿著絲綢之路來到唐朝首都長安，太宗派宰相房玄齡親往迎接，請進宮中詢問教義。

阿羅本呈上聖經、聖像，並說明傳教目的。

為了進一步瞭解其信仰，唐太宗讓他到皇家藏書樓去翻譯經典。

三年後，太宗特地下詔，准許景教在中國傳播，又命人在長安建造一座教堂，用於安頓景教傳教士，並提供經費支援。當時，百姓將那座教堂稱為「波斯寺」，自此開啓為期二百年的第一個基督教傳播時期。

西元七世紀以後的幾位中國皇帝，都對景教實行優待政策：基本上每個省都建有景教寺，也發展出少數教徒，可惜在中國推廣了二百多年，一直沒有得到民間的廣泛認同。

之後，景教與其他外來宗教一同遭到毀滅性的打擊，根據西元九八〇年的一份文獻記載，那時全中國只有一位碩果僅存的景教徒，之後，基督教便在中國消失了幾百年。

到了明清，開始有傳教士陸續再進中國，卻仍未得到廣泛傳播。

梁發這個人十分虔誠，自三十歲起便受洋教士耳濡目染，個性非常刻苦，對基督教理論的研究從未間斷過，於一八三二年發表基督教新教派最早的中文佈道書《勸世良言》。勸世良言詩共有三十六首，可謂文字功底相當高，融合了中國的人情風俗，也借用某些儒家言論，闡揚基督教新教的基本教義。

當時的洪秀全對這種於功名無益的書，一點都不感興趣，只是隨手翻了一下，便放到一邊，仍然堅信科舉之路，可見科舉對舊時代的讀書人影響巨大。

回到家後，由於科場失意，心中彷徨到了極點，洪秀全一連大病了四十多天，行徑異常，有時從床上躍起，繞室而走，有時還說著夢話，當眞病得不輕，最重要的是，他還做了個夢。

夢的大致內容是說洪秀全到了天上，見到上帝，上帝告訴他妖魔正在禍害人間百姓，要洪秀全挺身而出，與妖魔決一死戰。夢中的洪秀全便立即舞著寶劍，殺向人間，他的兄長耶穌則手捧金印，發出火光，令千萬妖魔喪膽。

據說，當時大病昏迷中的洪秀全口裡經常高呼：「殺妖！」全家人都以為他得了失心瘋，大為驚恐。

後人常以爲這夢是洪秀全和馮雲山爲了欺騙會衆而故意編出的傳說，但從洪秀全多次引用來看，筆者認爲他可能的確做過這樣一個夢。

受到打擊後，說胡話、做白日夢都很正常，但這個夢反應出的，是洪秀全心中的變化。他心中對科舉制度充滿挫敗感，進而演變成對滿清政府的憤恨，同時，對傳統文化也產生懷疑，甚至是排斥。

洪秀全出身農家，自幼「熟誦《四書》、《五經》及古文多篇」，其後又「自讀中國歷史及奇異書籍」，深受儒家傳統文化的薰陶，滿腦子都是「萬般皆下品，唯有讀書高」的大道理，人生中除了考科舉，沒有第二種想法，爲什麼會有這樣一個前所未有的叛逆思想呢？

仔細分析，不難找出原因。

數千年來，孔孟之道爲歷代統治者推崇備至，儒家那一套倫理道德滲透到封建社會的各個角落，影響不可低估，所有人的生活無一不打上這個烙印。

在那些封建士子的眼裡，四書五經乃是他們登上仕途的橋樑，考試是光宗耀祖的必經之路，而八股文就是他們晉升的階梯。

偏偏就是這些傳統文化的巨大阻力，是洪秀全態度改變的根本原因。

洪秀全雖然痛恨滿清政府到達了極點，還是在一八四三年（道光二十三年），第四次也是最後一次去廣州應試，這時的他已屆而立。

後世有人不解，洪秀全明明已經萌生了叛逆的想法，為什麼還要參加這次應試？一些寫太平天國的書上說，其實他根本不想去考試，只是出於父母鄉親的敦促期待，才被迫參加。

這種看法十分站不住腳。洪秀全雖然做了叛逆的白日夢，卻沒有因此變成瘋子，腦子也很清醒，作為一個正常人，在做出可能會掉腦袋的抉擇上，絕對不會輕率的。在十多年的折磨當中，洪秀全對滿清雖有著刻骨的恨，但也知道生的可貴，所以他應考的動機很簡單，就是還想再拼一次看看！

可惜，這一次跟前三次沒什麼區別，落榜了！

這一次，洪秀全沒有發瘋，也沒有做夢，只是淡淡說了一句話，「等我自己來開科取士。」這句話，充分展現出他內心蘊積的仇恨！

他媽的，乾脆造反了吧！

3 傳教很艱難

洪秀全本來打算在瑤族同胞中進行傳教，沒想到，少數民族兄弟根本不領情，在那住了四天後，一行人只好留下幾張傳單，又開始往別處去。

一八四三年五月，洪秀全到三十多里外的蓮花塘李氏家祠去教書。

廣東地帶的五月十分炎熱，洪秀全正在屋裡休息時，忽然感覺肚子不大舒服，急忙去自己的箱子裡翻找草紙。誰知這麼一翻，竟翻到一本小冊子，一時也顧不得其他，就用吧！

人上廁所大多都有習慣，有很多人喜歡在廁所裡看報紙，可能當年的洪秀全也有。他想把小冊子當手紙，又當報紙，於是打開這本小冊子，卻發現書中的話說得很有道理，和普通的中國經書有極大差異，興趣就這樣產生了。這是他跟上帝第二次親密接觸，前一次是做夢。

當洪秀全對《勸世良言》當中的道理感興趣之時，另一個改變洪秀全命運的人出現了。他叫李敬芳，是洪秀全的表哥，是「書非借不能讀也」精神的感召者，借了《勸世良言》回去，歸還時還說了「眞是好書妙文」之類的客氣話，不料倒讓洪秀全動了心。洪秀全道：「像我們一樣在現實面前碰壁的人多了，不如一起皈依上帝吧！」

李敬芳稍加思索，便直接回答道：「好吧！」也許來之前便已做好打算，否則爲什麼這麼快就接受了？

就這樣，沒有經過相關部門批准，也沒有辦理任何成立社團的手續，洪秀全在一八四三年創立了拜上帝會。

另外還有種說法，認爲洪秀全最早並沒有自立門戶，只是加入一個叫「上帝會」的組織。這個組織的創始人叫朱九疇，表面上以傳教爲掩護，實際上和著名的天地會一樣，都想反清復明。

洪秀全成了這個組織的黃金會員，等朱九疇死後，便被推爲上帝會的領袖。從這說法，也可看出洪秀全這個男人不簡單。

清政府雖說已經趨於腐朽，對會威脅政權的潛在力量還是很重視，堅決取締那些秘密組織和幫派。當時局面已經很亂，全國鬍子頭（也就是土匪）遍地都是，所有秘密組織都在滿清政府的打壓範圍，其中當然包括上帝會。

當上帝會被取締後，洪秀全才在一八四三年創立了拜上帝會。

成立拜上帝會後，洪秀全的首要教務就是拉人傳教，第一位教徒當然是李敬芳，還做了兩把劍號稱「斬妖劍」，一人一把。估計他沒想到後來教眾那麼多，否則光讓教徒掏銀子買斬妖劍就能狠賺一把，還冒險造反幹嘛？

一八四四年，他把自己的名字由洪仁坤正式改爲洪秀全。

爲什麼要改名呢？

這名字可不是亂改的，把「秀全」這兩個字拆開來解釋，就是「禾（廣東音同我）乃人王」，可見他的志向不小。

不過，除了父母兄嫂和幾個侄兒整天被他那唐僧般的嘮叨感化入教，還有同是教書先生的族弟洪仁玕、同窗兼親戚的馮雲山（這個人對洪秀全的貢獻很大）外，鄉里其他人並不對上帝感興趣。

洪秀全信上帝，那是因爲他對自己現有的人生不滿，想要扼住命運的喉嚨，但鄉里的張三李四可不一樣。

洪秀全的家鄉廣東花縣是個土地肥沃、雨水充沛的地方，當地的老實人多半指望著龍王降福好五穀豐收，孔孟聖人保佑功名利祿。現在，洪家老三不僅搬出上帝這個外來戶，還說龍王、孔聖人這些都是邪神，應該只拜上帝，打倒邪神，分明又在說夢話了！況且，洪秀全是客家人，在花縣沒什麼群眾基礎，要想「振臂一呼，眾人雲集」，是辦不到的。

鄉親們軟的不聽怎麼辦？

來硬的！洪秀全、洪仁玕和馮雲山不僅把自己教書地點的孔子牌位扔出門去，還跑到別人家把灶王爺的牌位也扔了。

鄉政府認為洪秀全、洪仁玕和馮雲山師德有問題，有人甚至還說他們有心理疾病，不再續約，於是洪秀全他們也就失業了。

洪秀全和馮雲山都是家裡管不住的人，況且兩人也都老大不小，家人除了抱怨他們又要在家白吃白喝外，也無計可施。

反觀，洪仁玕就沒有那麼幸運了，有些史料說他大哥「怒，棍責之」。中國傳統的家庭教育信奉「棍棒出孝子」這套準則，就算是為人師表的人，犯了錯一樣得打屁股。

打完後，洪仁玕的大哥又提醒說：「文人舉事，成功了，也就在窩裡鬥；失敗了，就互相推諉，互相揭發，你可要小心點。」

但洪仁玕似乎鐵了心，不管大哥怎麼說，一心跟著洪秀全幹。

一八四四年二月，洪秀全、洪仁玕和馮雲山幾人在不到兩個月的時間由南向北，先後遊歷了廣州、順德、南海（現佛山南海區）、清遠、曲江（現韶關曲江區）、連山等地，一路上熱情宣傳教義。但是，沒有人理會他們，廣東的群眾看他們跟看動物園裡大猩猩一樣。

見傳教毫無成績，他們只好改由連山進入廣西（從地理上可知，連山西連廣西賀州市）。五月，洪秀全和馮雲山矢志不移，嘴裡不斷喊著「遨遊天下，宣傳真道，援救天下兄弟姐妹」的口號準備到廣西傳教。

洪秀全和馮雲山等人一路西行，沿途還向路人發宣傳單，要人們信仰上帝，可惜路人完全不理會。

一行人起先走到廣西八排山，借居在一位姓江友人家中，本來打算在瑤族同胞中進行傳教，沒想到，少數民族兄弟根本不領情，住了四天後，眾人只好留下幾張傳單，又開始往別處去。

4 壯大

石達開才十六歲，是太平天國中最年輕的將領，也是太平天國最富傳奇色彩的人物之一，更是近代中國著名的軍事家、政治家、武學名家。

經過長途跋涉，洪、馮等人到達貴縣賜谷村，落腳在洪秀全的表兄王柴均家中。當時王柴均的兒子被人陷害，正關在牢裡。

王柴均一方面託關係請客送禮，另一方面，也想找個人寫寫正式訴狀打官司，碰巧洪秀全他們來了。他們一停下來就忙著給王柴均一家講萬能的上帝，洪秀全更毒，繼續用像唐僧般的嘮叨，想感化王柴均一家，作為在廣西傳教的突破口，然後再撒播到貴縣，乃至整個廣西。

沒想到，王柴均是個硬骨氣的老狐狸，說道：「要我信上帝可以啊！上帝不是萬能嗎？讓他先幫我把兒子從監獄裡放出來吧。」

在那個講究關係的年代，洪秀全他們人生地不熟的，哪敢攬下這活，只好故作深沉地說：「天機不可洩漏，你們靜觀其變吧。」

王柴均半信半疑地回答道：「那我具體上又該怎麼辦呢？」

狡猾的洪秀全答非所問，「上帝需要我們把愛灑給更多人，什麼？我在牢裡的侄兒也需要愛？那……這個……」

在洪秀全一番嘮叨下，王柴均一家抱著死馬當活馬醫的態度，天天禱告，祈求上帝保佑，讓兒子平安歸來。

沒過幾天，奇蹟出現，王柴均的兒子竟被無罪釋放！

這下洪秀全可樂了，「你們看，上帝顯靈了！呵呵呵……你們就放心皈依上帝吧，以後吃香喝辣，上帝肯定會保佑你們一輩子的。」

這一下王柴均也信了，心裡思量，這個外來神似乎比玉皇大帝、太上老君什麼的都猛，於是二話不說，領著一家人統統入教。

不僅這樣，王柴均也使出像洪秀全一樣的嘮叨本領，勸進同村一百多個人成功入教。

之後，洪秀全返回廣東，留下馮雲山繼續在廣西拉人，不料，還真拉了許多重要人物入教。

一八四七年八月，洪秀全第二次來到廣西。當數千教眾都已尊洪秀全爲教主時，這位大教主卻還對此一無所知（當時交通實在太不方便了）。

後人因爲洪秀全創立了拜上帝會，而稱其爲「教主」，其實論起地位、實力及付出，馮雲山更有資格當教主，但這也不能怪洪秀全故意奪位。

首先，洪秀全是領導，他手下有人寫了篇《論拜上帝會發展會員的若干意見》，他當然有資格占著第一著作權人的位置。其次，馮雲山這個人比較忠厚、愛面子，認爲洪秀全是自己表弟，要是搶了他的位置，回頭讓親戚們知道了也不好意思。

於是乎，洪秀全便成了名副其實的教主，另外，楊秀清、蕭朝貴、韋昌輝、石達開、秦日綱及胡以晃等核心人物的加入，也更充實拜上帝會的中心力量。

當中的楊秀清、蕭朝貴、秦日綱等人都是以撿牛糞、燒炭或砍柴爲生的貧民，加入拜上帝會是爲了過「前二十年遭罪，後二十年享福」的好生活。

此外，像韋昌輝、胡以晃這樣的土財主、富紳，也投入拜上帝會的懷抱中。

韋昌輝是當地的小地主階級，胡以晃則比韋昌輝有錢多了。

胡以晃是廣西平南人，祖籍江西臨江府（今樟樹境內），家族遷到廣西後，成了當地罕見的巨富。到了胡以晃父親胡琛一代，更以狠毒的剝削手段，佔有山場田地，橫跨平南、藤縣和金秀瑤山（今金秀瑤族自治縣）三個縣區，建造出好幾棟富麗堂皇的房屋。像這樣闊氣的大地主，別說在山區，就是廣西的平原乃至城鎮，當時也是少有。

胡以晃便是出生在這個家庭。在太平天國的重要人物中，他是出身最富的一個。

胡琛在胡以晃不到十歲的時候就死了，後來胡以晃讀書不成，學習武藝，成了一員武秀才，後來上省應武舉考試，武藝出眾，卻在尾場考弓箭時，因用力過猛，致硬弓折斷，手臂扭傷，名落孫山。

胡琛與當地富紳卓家有仇，老子結怨，兒子遭殃，當胡以晃考試落選後，卓家一有機會，就對他奚落嘲笑。

一天，胡以晃騎馬路經卓家門口，卓家要他下馬，他拒絕了。

豈料卓家人竟直接把他拉下來，推到牛圈裡，勒住脖子，還用鐮刀剃去半邊頭髮，最後一頓毒打，才把人給放了。

卓家是當地土豪，與官府素有往來，這件事自然被化開，但這場欺凌侮辱，卻在胡以晃的心裡深深埋下復仇雪恥的火種。

按照馬列主義階級鬥爭的理論，地主階級的成員會想要背叛原本制度，起因大抵是階級內部的矛盾，另外也可以因此衍生出三個判斷標準：地主或是有產出身，有功名心卻失意仕途，最後則是受人排擠，心情抑鬱不得志。

巧得很，這些條件胡以晃全具備了……所以，他也反了。

在這些人當中，石達開加入拜上帝會的動機不大一樣。此人幼年喪父，少年老成，即使需要打理家計，仍然堅持讀書，研習武藝，因愛耍大俠風範，常受貧苦百姓愛戴，人稱「石相公」。

一天，馮雲山幫農戶擔柴，正感酷暑難耐時，突然一陣南風吹過，帶來涼爽，他一時詩性大發，卻又做不出詩，憋得難受，只好背了一首現成的《滕王閣序》。

正巧這首詩被石達開聽見，前去攀談，兩人才有了聯繫。

這故事給後世的啓示就是：要想交朋友，你有沒有錢不重要，重要的是對方除了喜歡錢，還得有文學愛好。

那時石達開才十六歲，是太平天國中最年輕的將領，也是太平天國最富傳奇色彩的人物之一，更是近代中國著名的軍事家、政治家、武學名家。有關他的民間傳說極多，遍佈他生前轉戰過的大半個中國，可見他深得各地民衆愛戴的人望。

既然拜上帝會的重要兄弟們都到齊了，也該吹起集結號了！

第 2 章

金田！金田！

拜上帝會的口號是「有田同耕，有飯同食，有衣同穿，有錢同使，無處不均勻，無人不飽暖」，比「反清復明」更加吸引人，對種地的農民來說，吃飽了比什麼都重要。

1 打倒甘王廟

沒等洪秀全下令動手，楊秀清和蕭朝貴早已經按捺不住，拿著長竹竿、鋤頭、柴刀等農用刀具猛擊神像，在場的善男信女們根本來不及反應……

洪秀到了廣西，看到自己身下那麼多匍匐的教衆，心裡的滋味說不出來，從那一刻起，他更加信任馮雲山了。馮雲山是洪秀全的第一個難友，也是他的第一個戰友，然而誰也不會想到這個戰友陪他的日子並不多。

想要造反，只有人是不夠的，總得造點聲勢、搞點理論才行。

在沒來廣西之前，洪秀全以極其謙卑的態度請求傳教士羅孝全爲自己進行洗禮，不僅身邊時時刻刻不離聖經，還天天送禮給羅孝全，想盡各種辦法表達誠意。

但羅孝全始終以各種理由推諉，史料中說，羅孝全看出洪秀全入教動機不純，一說是當時洪秀全與同學相處得不太融洽，嘴裡盡是一些反人類、反社會的反動口號，所以進修班的同學反對幫他洗禮。

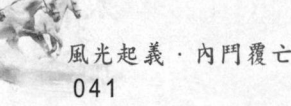

為什麼羅孝全這麼堅決反對給洪秀全洗禮呢？

其實，這並不難得出原因。洪秀全的「拜上帝會」看似基督教，其實只模仿了皮毛，與真正的基督教內涵大相徑庭。

基督教確實有上帝、耶穌、聖靈的說法，但並非是三個神，而是一體。

洪秀全當然沒有弄懂這些東西，《勸世良言》裡也沒有講明白，他便以為「三位一體」是三個人，聲稱自己是天父（即上帝）次子，耶穌是其天兄，創造出一個具有中國特色的基督教。

基督教認為上帝是一個靈，用肉眼看不到的，而洪秀全為了突顯自己是神的化身，逢人就講我曾多次看到俺老爸「上帝」的模樣，稍有一些宗教常識的人都會覺得這事實在太過荒謬可笑。

基督教憧憬天國的來臨，信徒不做現實的抗爭，而洪秀全卻主張教眾除了文鬥還要武鬥，斬除世上一切奸佞之人。

這些差異，並不是說洪秀全所理解的「教義」一無是處。

至少，他創造出一個異於西方上帝，代表中國農民利益的「皇上帝」，並勾勒出人人有衣穿、人人能溫飽的一個公正合理的社會圖景。雖然這夢想後來沒有實現，但對當時的貧苦農民來說，確實有很大的吸引力，在一定程度上也呈現出宗教本義的先進性。

洪秀全屢求受洗不成，認爲自己純潔的心靈遭到懷疑，便感歎道：「我乃上帝次子，爲何要受你洗禮？」鬱悶之下，寫出《原道救世歌》，《原道醒世歌》……等著作。書中宣傳天父上帝爲獨一眞神，所有人等應只拜上帝，也提出了貧苦農民與滿清政府爲正與邪、神與妖的對立主張。

幾個月後，另一洪氏巨著《原道醒世訓》也出爐，在這篇文章中，洪秀全把基督教的上帝與《尙書》、《公羊》中所說的上古三代的上帝並論。

他從這些中國古代經典中找到「天」、「皇上帝」、「上帝是皇」等文字記載，認定中國自遠古以來「一體崇拜上帝」，是因爲後代帝王受「魔鬼」迷惑，才引導百姓走上邪路，忘卻上帝的「眞道」。

這些宗教論文成爲拜上帝會的早期理論基礎，但有了這些還不夠，洪秀全還想把聲勢弄得更大，好向別人證明上帝的兒子眞的很強大！

當時象州有一間甘王廟，香火很旺，百姓也說它很靈驗，十分有名望。

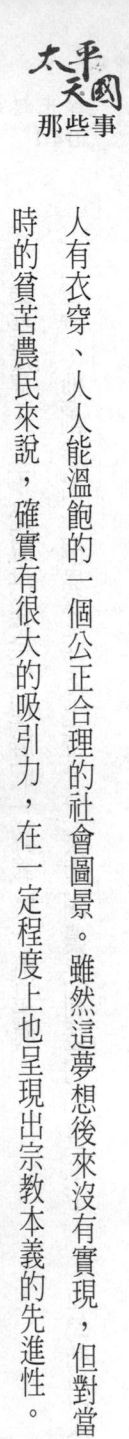

洪秀全一聽說後，馬上聚集教衆，高喊道：「拜上帝教以天父上帝爲人間唯一眞神，

視上帝之外的一切神仙爲妖魔鬼怪，都在除滅之列！」

衆家兄弟們總算有用武之地了，拿起刀槍棍棒，以百米賽跑的速度往廟裡衝去。

恰巧這天正是廟會，廟前人流密集，小販到處吆喝，殿內一些虔誠跪拜的信徒口裡也正念著「大慈大悲甘王爺消災免禍」之類的話。

沒等洪秀全下令動手，楊秀清和蕭朝貴早已經按捺不住，拿著長竹竿、鋤頭、柴刀等農用刀具猛擊甘王爺神像，一旁的善男信女們根本來不及反應，神像便被打得稀巴爛。

楊秀清還感覺不過癮，又叫了四個人來把甘王爺眼睛挖掉，鬍鬚拔掉。

直到此時，旁邊的老百姓才反應過來，趕緊溜走，廟裡保安一看形勢不好，更是一溜煙地往官府跑去。

爲了進一步證明此番活動的重要性，洪大教主樂得作詩一首：

題詩行檄斥甘妖，該滅該誅罪不饒。打死母親千國法，欺瞞上帝犯天條。
迷纏男婦雷當劈，害累世人火定燒。作速潛藏歸地獄，腥身豈得掛龍袍？

這時，馮雲山忍不住了，心想當年我也是靠詩歌招攬到教中的有才之士石達開的，說白了，咱倆都是初中畢業生，憑什麼就你在作詩？

洪教主看出馮雲山的意思，也明白會中大部分兄弟都是靠這位老大哥拉來的，多少得給他一點點面子，便高喊一句：「雲山，快點吧，一會官兵就來了。」

馮雲山憋得臉都紅了，總不好再背一次《滕王閣序》，硬著頭皮作了一首：

奉天討伐此甘妖，罪孽昭彰罪莫逃。迫我弟妹誠敬拜，誘吾弟妹樂歌謠。

生身父母誰人打？蔽首邪屍自我拋。該處人民如害怕，請從土壁讀天條。

甘王廟事件果然得到預期中的效果，此事後，洪秀全聲威大振。大家都說：「這洪教主太牛了，竟然把靈驗無比的甘王爺打翻在地，自己卻安然無恙。」

這樣一傳十，十傳百後，變得更加誇張，說什麼洪秀全那天進廟大喝一聲，甘王爺便嚇得頭都低下來了；又說從天上落下一把金光閃閃的寶劍，洪教主馬上持著寶劍將甘王爺刺翻在地……

可見流言多麼恐怖啊！

一看機會來了，洪教主趁熱打鐵，對紫金山附近的廟宇和神壇來了一次大清洗，短短幾個月內，拜上帝會又增加了上千弟兄。

2 跳大神的技術

道光二十八年三月，楊秀清披頭散髮，開始跳起大神，同年九月，蕭朝貴也跳起了大神，跳得比楊秀清更加逼真，從此取得了代「天兄」傳言的資格。

某天晚上，楊秀清悄悄來到蕭朝貴屋裡，兩人都是燒炭出身，入會後也走得近。

楊秀清道：「咱們可出名了，以後也不用賣炭了。」

蕭朝貴點點頭，「是呀，看來咱們兄弟把注押在洪教主身上沒錯，以後就跟著他好好幹吧！」

楊秀清接著問道：「你說，這拜上帝會只有上帝的二兒子，爲什麼沒有老爸和大哥呢？」

蕭超貴疑惑地問道：「大哥，你的意思是？」

這是段很有意思的對話，從這段對話中可以看出，楊秀清雖然出身低微，頭腦卻很靈活，心裡冒著一股想做老大的心思，只是時間未到才強行按捺而已。

這時的洪秀全也沒閒著，偷偷走進老戰友馮雲山的屋裡。

洪秀全道：「雲山，咱這回總算出名了，打架都有好幾千人在旁邊助陣了。」

馮雲山搖搖頭，「仁坤，咱們可不能掉以輕心，最好再去弄幾把槍，防止清妖的突然襲擊。」

洪秀全道：「雲山，你放心，我已經打算在某教眾家製造武器，今天來，是有點別的事想跟你商量。」

馮雲山不以為意地說道：「跟我客氣什麼？有啥話咱哥倆不能說啊？」

洪秀全清清嗓子，猶豫了半天，才終於說話，「雲山，我想再娶三個老婆，家裡的不夠用了。」

馮雲山看了看洪秀全，心裡嘀咕，你小子未免也太強了，「你是教主，這種事你自己做主不就好了？」

洪秀全嘆道：「可我得給兄弟們做個示範啊，總不能讓他們說閒話。」

馮雲山皺眉問道：「教主，那你的意思是……」

意思很明白，洪秀全心裡想當的是坐擁群美的人上人，只是為了安撫群眾才暫且克制住野心。

甘王廟事件後，洪秀全又帶人砸雷廟，既在教中示威，也在當地的群眾中示威，更重要的是對官府和地主官紳示威。

砸甘王廟砸了也就算，還把地主官紳倡建的雷廟也毀了？

資深地主王作新終於忍不住，一八四八年一月十七日，領著自己家看門護院，以「組織邪教」、「非法集會」等多項罪名把馮雲山和盧六一併抓走，押往大湟山巡檢司，同時向官府行賄，堅決要把馮雲山等人置之死地。

馮雲山是拜上帝會的實際組織者，一被捕入獄，無疑使拜上帝會遭到嚴重挫折。當時洪秀全正在廣西貴縣搞宣傳，一聽馮雲山被抓，迅速趕往紫荊山區，卻一時間救不出馮雲山，只好又離開紫荊山區趕赴廣州，想找廣東的人脈營救。

洪秀全和馮雲山都不在，拜上帝會的兄弟們一時間失去主心骨，開始人心惶惶，浮動畏事。這時，與馮雲山一同入獄的盧六早一步去見上帝。這對馮雲山來說是一場災難，但對楊秀清來講，無疑是一次絕佳的機會。

真正的鬧劇開始上演。

道光二十八年（一八四八年）三月，楊秀清突然抽搐不止，就差嘴沒冒白沫。

見狀，大夥全嚇得不知所措，只能傻傻地望著。

楊秀清披頭散髮，開始跳起大神，嘴裡似乎念道：「日落西山黑了天，家家戶戶把門關，還有一家門沒關，是我老楊在這請神仙……」

教眾似乎並沒有聽懂確實內容，但至少有一句他們聽懂了，就是「我楊秀清乃天父下凡」也。

教主也只是上帝的二兒子，既然兒子不在，咱們就聽爹的吧！

人類的模仿能力就是超強，同年九月，蕭朝貴也跳起了大神，興許是經過「指導」，他跳得比楊秀清更加逼真，從此取得了代「天兄」傳言的資格。

估計真正的天兄耶穌知道，都會氣得重返人間。

作爲「皇上帝太子」的耶穌降臨人間，是對「天父下凡」的必要補充，也是合乎邏輯的發展，兩人相得益彰，經由天父天兄的「頻頻下凡」，左右了拜上帝會的活動和進一步發展方向。

馮雲山雖然在獄中，但是也沒有閒著，他要比盧六聰明得多，更擅長和人打交道，竟然把看管自己的差役也勸入拜上帝教的行列中。

後來，楊秀清等教眾湊出一些錢去賄賂當地官員，加上當地官員也不想把事情鬧得太大，年底就把馮雲山放了。

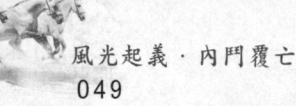

一聽說馮雲山被釋放的消息，洪秀全便匆匆趕回紫荊山區，不料卻聽到自己忽然多了個天父和天兄……耐人尋味的，是洪秀全接下來的態度和在會中所起的作用。

沒想到，這位對「巫覡」之術深惡痛絕的教主，居然認可楊、蕭二人的神靈附體。究竟是什麼原因造成了他態度上的轉變？

有人認爲，洪秀全之所以承認天父天兄附楊、蕭之體下凡，是不得已之下被迫做出的妥協行爲。

筆者卻認爲這種說法經不起推敲，因爲判別神靈附體眞僞的裁決權就在洪秀全自己手裡，他大可以用教主的身分一律否決這類下凡活動。

事實上也是如此，當時在拜上帝會內，與楊、蕭一樣出現神靈附體的尙有黃姓等多人，還因此一度造成糾紛與混亂。

可是洪秀全僅承認楊、蕭二人，否決其他神靈附體，要是沒有他的支持，楊秀清與蕭朝貴一點都成不了氣候。

值得注意的是，楊秀清雖然有野心，卻沒有做出當老大的樣子，雖然謊稱天父下凡，也一直使勁努力營救馮雲山。

從這些事也可看出，洪秀全之所以支持楊、蕭，顯然是基於共同的利害關係。

透過天父、天兄的一系列下凡活動，楊秀清與蕭朝貴得以進入領導核心，權勢急劇上升，在名義上更與馮雲山一起成爲洪秀全的開國軍師。

然而，最大的贏家卻是洪秀全。他不但利用楊、蕭的下凡活動更加鞏固自己的教主地位，也進一步確立自己身爲「天下萬國眞主」的統治者身分，往後拜上帝會的一切活動，包括天父、天兄的歷次下凡，也全朝著擁立洪秀全稱王的方向努力。

在這場「下凡」中受到冷落的，只剩馮雲山一個。按理，他本來可以做個第二把交椅，但這樣天父天兄地排下來，就只能排上老四了。

3 動真格的了

韋昌輝聰明，地主王作新也不是傻子，深知如果真讓拜上帝會成了氣候，自己小命也就交代了。王作新的一步步緊逼，讓拜上帝會感覺深刻壓力，不日就爆發。

回首前幾個月的牢獄生活，馮雲山深深明白，只靠上帝去忽悠大家是站不住腳的，早晚都會被滅掉，只有槍桿子裡才能出政權。

不止是他，這嚴酷的現實也迫使洪秀全認知到，拜上帝會的宗教鬥爭仍舊停留在搞宣傳階段，完全不能適應急劇惡化的環境，清兵能把馮雲山抓起來，說不準明兒個就把他也抓起來了。

萬惡的地主既然舉起菜刀，我們也絕不能坐以待斃！爲了進一步穩固當前的局勢，洪秀全不僅默許楊秀清和蕭朝貴的「神靈下凡」，還進一步與他們結爲異姓兄弟，趁著滿清政府和天地會衝突的有利形勢，進一步擴大自己的勢力範圍。

此時，天地會不停在廣西各省鬧騰。

要說天地會大家並不陌生，在很多電影和電視劇中都有它的身影，會中人物個個武藝高強，像是電影中的陳近南、陳家洛，還有單槍匹馬救母親的方世玉……藉此把天地會進一步神化。

那實際上的天地會呢？

其實，當中並沒有像陳家洛和方世玉這樣的人，至於天地會總舵主陳近南也只是後世人虛構的，當時的幫會頭子並不叫總舵主，是叫元帥或大哥，二哥叫香主。

不過，陳近南這個人的原型倒是有的。據史料記載，這個原型就是明代的陳永華，他哪年生的查不到，不過確定在明朝天啓七年（一六二七年）時中了舉人，一六四四年又中進士，之後跟隨鄭成功東征西討，出謀劃策，受到器重，又輔佐鄭成功的兒子鄭經，在這段期間內，也爲台灣的教育事業做出很大貢獻。

據說，陳永華曾化名爲「陳近南」，以玄天上帝信仰爲掩護，成立「天地會」這一秘密組織。該會以異姓結盟，拜天爲父，拜地爲母，尊化名爲「萬雲龍」的鄭成功爲龍頭大哥，從事反清復明的行動，日後更發展出各種不同的流派，成爲讓清廷頭痛不已的秘密社會勢力。

天地會又名洪門，俗稱洪幫，其成員多為農民或由破產農民轉化而成的小手工業者、小商販、水陸交通沿線的運輸工人，以及其他沒有固定職業的江湖人士。地盤主要分佈在福建、兩廣和湖南等地，後來蔓延至更多地區，也形成了「哥老會」、「天理會」、「三合會」及上海「青幫」等有名的黑社會組織。

從某種意義來說，天地會是一個進步的民間組織，只可惜從創立到清末已經過了兩百多年，「反清復明」在老百姓心目中的印象早已淡去。

拜上帝會跟它不同，它的口號是「有田同耕，有飯同食，有衣同穿，有錢同使，無處不均勻，無人不飽暖」。這個口號在當時來說比「反清復明」更加吸引人，對種地的農民來說，吃飽了比什麼都重要。

拜上帝會的口號是這麼喊的，但是以後是不是這麼做，那就不一定了。

天地會鬧得越歡，對洪秀全他們來說就更有利，滿清政府忙得不可開交，哪有時間顧及他們？

生活的經驗告訴我們，會叫的狗不一定會咬人，拜上帝會一直都沒有叫，是為了進一步擴大自己的勢力範圍。這段時間，拜上帝會由紫荊山逐步擴展到金田村，進而擴向四周。到了道光四十九年（一八四九年），拜上帝會已經形成了以紫荊山區作爲總部的五個基地。

第一路是以馮雲山、楊秀清、蕭朝貴爲首的金田地區（今廣西桂平）；第二路是以石達開、秦日綱爲首的貴縣龍山地區（今廣西貴港市）；第三路是以胡以晃、蒙得恩爲首的平南鵬化山區；第四路是以賴九、黃文金爲首的陸川、博白地區（今廣西玉林）；第五路是以凌十八爲首的廣東信宜大寮地區（今廣東信宜市）。

這個凌十八名字很酷，是家裡的長子。更酷的是他幾個弟弟的名字，二弟凌二十、三弟凌二十四、四弟凌二十八、五弟凌二十九、六弟凌三十……估計如果凌十八要是有個大哥的，可能會叫凌零七吧。聽說這是按凌家輩分排，但具體是個怎麼排法，誰也說不清楚，只能說凌老爺子太有才了。

凌家雖然孩子挺多，生活條件還是不錯，凌十八平常愛擺弄拳腳，在一次偶然機會中碰到胡以晃，愛打架的兩人頓覺相見恨晚。

經胡以晃一介紹，洪秀全說了些客套話，然後幾個人就拜了把子。

凌十八很講義氣，一看大哥主動跟自己拜把子，便把家裡的房子、土地都賣了，鐵了心跟著洪秀全幹。

拜上帝會的主要兄弟的任務都安排完畢，有人該疑問了？少了一個人吧，對，確實少了一個，韋昌輝。

歷史的經驗告訴我們，打仗之前，後勤工作一定要顧好，後勤管理也一定要找個合適人選，韋昌輝正巧再合適不過。他是當地富戶，家大業大，更重要的是：他痛恨滿清政府，痛恨當地的豪強地主。樹活一張皮，人活一口氣，爲了出這口氣，韋昌輝把自己所有家當都賭在拜上帝會上頭。

人生是一場賭博，有時候下了小注卻撈到了很多，有時下了很大的注卻一無所獲，事實證明，韋昌輝是這個賭局的贏家。

韋昌輝雖然沒考上舉人，並不代表他不聰明，爲了掩飾拜上帝會正在自己家造武器，他養了一群鵝，用鵝鳴掩蓋打造武器的聲響，要是兄弟們嘴饞了，也能弄兩隻來解解饞。

韋昌輝聰明，地主王作新也不是傻子，前面說過他曾經抓過馮雲山，還把盧六弄死，深知如果眞讓拜上帝會成了氣候，自己小命也就交代了。道光二十九年（一八四九年）十月，他又一次向拜上帝會開刀，不過，這次只弄死了兩個。

人的忍耐有限，王作新的一步步緊逼，讓拜上帝會感覺深刻壓力，不日就爆發。

4 準備

這是一次不同尋常的會議，會議指示大家應緊密團結在以洪秀全為領導中心的周圍，積極建設拜上帝會的美好明天。

道光三十年（一八五〇年）正月，當別人正等著正月十五放煙花時，清朝歷史上唯一一位以嫡長子身分繼位的道光皇帝，卻在無限憋屈與忿怨當中離去。

在他在位的三十年中，列強打開中國大門，鴉片開始侵蝕中華人民的靈魂。

朝不可一日無君，緊接著咸豐皇帝即位。說這哥們是混蛋一點都不過，概括地說，他是一個「無遠見、無膽識、無才能、無作為」的四無新人，最可恨的，是他培養出一位讓萬世唾罵的老娘兒們慈禧。

道光死不死跟洪秀全看似無關，卻跟廣西一帶的老百姓們關係密切。

他活著的時候沒少折騰人，沒想到死了也沒讓人有好日子過。這一年，廣西先是大旱，緊接著興蟲災，然後又下大雨，最終演變成人人避之不及的瘟疫。

鬧天災時，政府都得發放賑災物資，不過，到老百姓手裡時，什麼都沒了。哪去了？自然是被官吏層層貪走，弄得百姓病死餓死的到處都是。

與其是死，不如團結起來以民搏官，沒準還能混口飯吃。

這下清政府可火了，廣西地區這群刁民，都已減免賦稅，還分下包子、米粥，竟還不知足？立刻命地方軍前去鎮壓，將整個廣西攪成一鍋粥。

這般混亂的場面，正是洪秀全想要看到的機會。

一八五〇年四月，蕭朝貴又一次跳起大神，這一回嘴都吐白沫了。

他是燒炭出身，一不會作詩，二不會背誦古文，但至少會說話，「我乃天兄下凡，傳達天意，拜上帝會應立即起義。」

不知道這些話是誰編的，不過，說得倒挺確實。

既然教主的「大哥」都說話了，就準備造反吧！

一八五〇年六月，洪秀全將自己的一家老小接到廣西，由於老婆比較多，前後折騰了一個月。

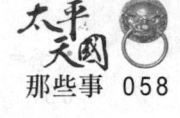

同年十一月四日，拜上帝會大小頭目在金田村開了一場誓師大會，會議的主題是「怎樣造反」，主持人是馮雲山。

第一步是向上帝致敬。

第二步洪秀全開場致詞，爲了表示自己對文學的博大精深，還把準備好的一首的詩背出來激勵大家。

近世煙氛大不同，知天有意啟英雄；
神州被陷從難陷，上帝當崇畢竟崇。
明主敲詩曾詠菊，漢皇置酒尚歌風；
知天有意啟英雄，黑霧收爹一鑑中。

詩方吟罷，當場頓時響起一陣雷鳴般的掌聲，洪秀全終於找到了自信。他已經不是十年前那個失意的小火秀了，那時候他的詩只能留給月亮和大地，沒想到現在居然還有一萬多人捧場。

詩背完了，總得講點有用的東西，文人總有改不掉的毛病，喜歡引用，尤其是喜歡引用古人的故事，劉邦和朱元璋就成爲洪秀全理所當然的典範，因爲他們有一個共同點，那就是都是普通老百姓家的孩子。

即將結束演講時，洪秀全說了一句話，「我乃皇上帝派下凡間統治老百姓的『太平天子』，誓與清妖不共戴天。」

這句話的意圖很明顯，老子想當皇帝。

第三步，與會代表積極發言，對造反一事全票通過。

這是一次不同尋常的會議，會議指示大家應緊密團結在以洪秀全爲領導中心的周圍，積極建設拜上帝會的美好明天。

廣西瘟疫橫行，洪秀全趁機派人四方遊說入會。巧合無處不在，雖然廣西瘟疫鬧得挺歡，但加入拜上帝會的教徒們偏偏就是安然無恙，這樣一來，洪秀全又賺了一筆，大力宣揚加入拜上帝會後即可免除天災。

其實這些人沒遭災，並不是因爲上帝顯靈，根據生物學理論來推斷，他們出沒的地方都在深山，人煙稀少，既無病菌被帶入，又有新鮮的空氣，沒有受到任何破壞，自然平安無事。

但話是人說的，在那個教育普及程度極低的年代，大家完全相信並敬仰上帝的萬能，信眾越來越多，拜上帝會的聲勢也越來越大。

5 金田烽火

此次戰役，清軍共計死傷三百多人，拜上帝會這邊則在上帝的保佑下僅僅傷亡不到一百，可見精神力量有多麼強大。

從史實來看，歷史上所說的「金田起義」並不是一天兩天的事，而是指各路弟兄一路打殺到金田聚集的幾個月過程。

道光三十年十一月二十四日，楊秀清派出蒙得恩，命他率數千人馬猛攻在思旺墟駐紮的潯州副將李殿元部隊。

李殿元這個人吹吹牛皮還行，打仗就得閃一邊站去，加上清末的官兵大都不願意打仗，只喜歡抽抽鴉片，戰鬥力低落，一點本事也沒有，自然無力抵擋。

看著眼前這支農民部隊像吃了興奮劑似的，李殿元馬上做出最明智的選擇，溜了。

李殿元一溜，他手下的人可遭殃了，死的死，傷的傷，還搭上了一個巡檢。

這時，更可笑的事發生了，官兵吃了敗仗，遠在北京的咸豐皇帝還以爲天地會又開始折騰了，連「拜上帝會」這個組織都沒聽說過，更不用說洪秀全這個人。

原因之一是拜上帝會本身藏得好，在農村深山這種天高皇帝遠的地方，毫不引人注目；二是滿清政府當官的早已忙得焦頭爛額，根本沒能抽出空來注意新興的反動勢力。

不過，匪不剿不行，一八五一年元旦，清軍副將伊斯坦布率領所部約莫千餘人馬向金田地區靠近，想一次端掉洪秀全的老窩。

拜上帝會早有察覺，首先拆毀附近的大橋，然後將清軍引入埋伏圈中。

大家都知道農村樹木比較茂盛，而且闊葉比較多，爲隱匿會衆提供有利條件，再者，拜上帝會派出的三千多人都是當地土著居民，自然對地形瞭若指掌。

清軍對當地的地形肯定不大瞭解，這場戰鬥沒打之前勝負就已見分曉。

兵敗將跑，這是清軍一貫遵循的原則，可這伊斯坦布不像李殿元那麼幸運，還沒跑多遠，回頭一看，竟有個男人婆追著自己不肯放。

伊斯坦布根本不熟悉地形，見林子對面有座山，便不顧一切拼命地往上跑，同時手裡還拿著一把洋槍，對著男人婆高喊，「妳別過來！再過來我就開槍了！」

誰知對方竟用著大嗓門回答，「畜生，你拿那破玩意兒想嚇唬誰啊？」看來是不知道槍炮的威力。

伊斯坦布沒轍，只好直接向她開槍。不過，也許是槍法壓根沒學好，他開了一槍後，沒打到人，反而把自己弄到山下的河裡摔死了，眞是倒楣。此次戰役，清軍共計死傷三百多人，拜上帝會這邊則在上帝的保佑下僅僅傷亡不到一百，可見精神力量是多麼強大。

說到這，不得不將那個男人婆介紹給大家。

這猛女雖然個性上像男人，長得倒蠻有姿色，是燒炭先生蕭朝貴的老婆。不過，在太平天國這段歷史上，對這個女子的爭議還眞不少。

有關她的名字就有好幾個，有的史料上說她叫「洪宣嬌」，是洪秀全的親妹子，這點卻不得不叫人懷疑。按理說，洪秀全家裡的人搬到廣西才兩個月，他老爸只是個普通農民，不會一招半式，多半會教導自家女兒多學點針線活，以後好找人家。

反觀歷史上的洪宣嬌可是個叱吒風雲、又能帶兵打仗的女英雄，天國內也才有了「男學馮雲山，女學洪宣嬌」這句話，於是另一種說法就產生了。

有人說，她的名字叫楊雲嬌，由於平常愛耍弄拳腳，深得楊秀清喜歡，認作乾妹子，後來楊秀清爲了能和蕭朝貴更親近一些，便做媒把妹妹嫁給他。

既然成了蕭朝貴的老婆，又是楊秀清的妹子，而且還屢立戰功，於是洪秀全便做了順水人情，也認楊雲嬌爲乾妹。於是，她和洪秀全便扯上了關係。

最後一種說法更不靠譜，說這人本名叫王先嬌，稱自己是上帝之女下凡，才被洪秀全認爲義妹，然後洪秀全做媒把她嫁給蕭朝貴。

不管怎樣，這位奇女子在太平天國裡有著安定人心的作用。

這時，廣西巡撫周天爵和外地趕來的兩江總督李星沅終於再也坐不住，聯名上奏摺奏請咸豐皇帝，「廣西又出新匪，洪秀全等在金田村附近非常猖獗，應早派大軍將其殲滅在萌芽之中。」

周天爵是山東陽谷縣人，嘉慶年間進士，從這一天起，便與拜上帝會結下不解之緣，至死方休。李星沅，湖南湘陰人，道光年間進士，後來成爲封疆大吏，曾領從一品太子太保銜，而且此人比較有文才，著有《李文恭公全集》、《梧笙館聯吟初輯》等書。

李星沅是個明白人，也很受江南人民的愛戴，更是皇上倚重的人，到了廣西後，他看到的不是江南人民的魚水情深，而是處處流民暴亂。

他其實不想來，但沒辦法，前陣子被派來的欽差大臣，鼎鼎有名的銷煙英雄林則徐病死，緊接著緊急從雲南調來接任的雲南提督張必祿也病死了。

一連病死兩個部級以上官員固然使人畏恐，細細分析起來，其實原因也很簡單。兩位老人家年紀太大，雖曾久經沙場，但歲月不饒人，同時廣西當時正瘟疫橫行，老人家抵抗力比較弱，一染上瘟疫，小命也就交代了。

李星沅身體也不怎麼好，加上先前道光二十九年（一八四九年）時長子亡去，心中早已憂鬱成疾，不久就回家養病，本想在家領著退休金安度晚年，沒想又被派到前線。皇帝既然發話，臣子就算只有一口氣也得好好工作。老李覺得自己還年輕，不會掛得那麼快，永遠也不會想到自己只剩下幾個月的時間了。

一次次小規模戰鬥，都以拜上帝會這邊的勝利告終，此時士氣高漲，洪秀全也終於找到最佳切入點。

一八五一年一月十一日，這一天是洪秀全的生日，也是歷史上對太平天國描述最詳細的一天：在廣西桂平縣金田村，曾經失意的洪火秀站在教眾中央，激情地發表演說。從這一天起，拜上帝會已經不復存在，取而代之的是歷史上最富創意的國號「太平天國」，並立一八五一年，也就是辛亥年為太平天國的辛開元年。

說起「辛亥」兩個字，大家首先想到的應該是辛亥革命，不知道是巧合還是刻意的安排，後來的孫中山確實對洪秀全也備加推崇。

6 太平天國

兩廣總督徐廣縉領命派兵進剿凌十八。在他眼中，凌十八的軍隊被打得東傷西亡，根本蹦躂不了幾天，根本沒把這群賊匪放在心上。

既然說到「太平天國」這個國號，不得不給大家講一下它的由來。

這個名稱不止受到中國歷代農民起義的影響，也受到了當時最流行的天地會的影響，更受了基督教的影響。

天地會自創始以來，就一直嚮往一個「天下太平」的社會，天地會的聚會地區叫做「太平墟」，辦事公堂稱爲「太平莊」，開會的地方稱之「太平廣場」。

洪秀全創立「拜上帝會」時，還吸取了基督教《聖經》中的「千載太平」之意。那麼「太平」這個詞的由來就可以確定了。

太平天國的「天」繼承了順天的思想，並且融合基督教「天父上帝」的教義，至於太平天國中的「國」（古字應為囯，本書因閱讀方便改為國），則是說明自己是代表上帝作人間的王，居於天下之中。

「太平天國」這個名稱，反映出當時廣大農民要求建立人間天堂的渴望，可惜事實證明，理想和現實總是差距很遠。

洪秀全往日的落魄已然離去，心中的壓抑終於得以解放，雖然不知道未來的路有多長，但起碼心中的目標十分確定：老子要當皇帝！

不過，想當皇帝並沒有那麼容易，官兵的連番挫敗已經引起清政府的高度關注，調派軍隊向金田地區逼近。

同時，太平軍也因本身糧食不足，決定順著大湟江東出，佔領江口堰。

江口位於大湟江和潯江的匯合處，交通發達，糧草充足，是補充物資的好地方。

這時，又有支生力軍加入，使太平軍士氣高漲，是天地會的羅大綱。

羅大綱，廣東揭陽人，嘉慶年間生。此人相當生猛，從小就喜歡當大俠，後來理想實現，手下有兩千多名小弟，在江湖上有一定名氣。

前面提過，凌十八是胡以晃介紹給洪秀全的，巧的是，這個羅大綱也是胡以晃牽線介紹的，原因很簡單，他們興趣相同，都愛舞刀弄槍。

只不過，羅大綱一開始並不想加入太平軍，因為楊秀清看他不順眼，說他是草寇，不好管理，他看楊秀清也不順眼，兩人自然暗生嫌隙。幸好還是洪大教主有遠見，竟然單膝下跪，很有誠意地向羅大綱賠了個不是，使出一招禮賢下士。

羅大綱本身是江湖人士，最認「義氣」兩個字，一看對方老大這麼給面子，也不好一口氣硬堵著，便決定領著兩千多名小弟和太平軍在江口滙合。

至此，太平軍陣容已有三萬多人，不過，眞正能打仗的不到一萬人，剩下的兩萬大多是婦老幼弱的家眷，行動起來相當不便，必須先找到一個能夠穩定落腳的地方才行。先後經歷兩次戰役後，洪秀全決定從金田翻越紫荊山區，進入武宣境內。

一八五一年三月十三日，太平軍的先鋒部隊抵達離武宣縣城還有二十公里的三里墟附近。這時，廣西提督向榮帶領的清軍也陸續趕到三里墟，硬生生截去太平軍退路。

向榮，四川大寧人，出身行伍，大半輩子都是靠鎮壓造反發跡，在他眼裡，洪秀全這一夥人不過是群武器裝備極差的流寇，根本不值得一提。

他與廣西巡撫周天爵向來不和，你說你的，我做我的，弄得李星沅一天到晚頭疼。老李本來病就不輕，生病之餘還得出面當和事佬。

三月十九日，雙方在靈湖交戰，清軍拿著洋槍沒放幾下就跑了，還有一部分根本沒開槍，傻傻地等著被俘。可能是鴉片吸多，忽然間犯了癮頭，才會這麼失序。

這場戰鬥的結果可想而知，太平軍勝，向榮狼狽而逃。

這一敗，周天爵可有話說了，兩個人開始打起口水戰來，吵到後來都想上奏摺收拾對方。最後，還是得由李星沅再度出馬，把幾近失控的場面壓下來。他老人家仗沒打勝，又被周天爵、向榮弄得焦頭爛額，病情越來越重。

廣西的太平軍節節勝利，廣東的凌十八也沒閒著，應該說他更生猛一些。

一八五一年一月，凌十八接到洪秀全命令，率領三千人馬進軍廣西，二月二十五日便抵達廣西的陸川。

玉林州州判李慶福帶兵堵截，雙方激戰兩天。李慶福見這群賊寇狠勁十足拼命，只好無奈撤回玉林。

與此同時，洪秀全已領軍北進，玉林州的大部分清軍都去追剿太平軍，凌十八便趁機猛烈攻擊玉林州城，牽制清軍。

三月一日，城內守軍快要撐不下去，幸好當地富紳蔣文海帶著自己的「僞軍」前來助戰，才堪堪撐住。

不料，凌十八內心裡恨透了這些豪強地主，一看有人送上門，心裡樂得很，馬上帶人把蔣文海的「偽軍」打得狼狽不堪。

聞訊，北流、貴縣兩處的清軍也相繼來援，誰知凌十八弟兄越打越猛，接連挫敗兩路援軍。

雖然打架打贏人，但凌十八卻始終沒有攻破玉林城，用盡挖地道、放火炮等多種作戰方法，都沒成功。仔細分析，武器比人家清軍弱了點。

太平軍用的是土炮，威力只比石頭大上一些，清軍用的火炮可是鑄造精細的百子連珠炮，自是高出一截。

再者，主攻的太平軍人在城下，清軍只要守在城上往下擊炮，任凌十八的弟兄再猛，也都是肉長的，哪能經得起連番炮轟？

說到「百子連珠炮」，筆者就為大家介紹一下這項武器的厲害之處。

這項武器炮身用精銅熔鑄，長約四尺，內部裝有火藥一升五合（約二點多公斤），炮身一側有長一尺多的嘴，內裝鉛彈上百枚，炮後都有引信，炮尾有旋轉軸，炮身橫裝在四方形木架上。發射時，可以八方旋轉，將鉛彈依次發射，據說一門百子連珠炮便足以抵過五十名強兵。

在這種敵我力量極其懸殊的情況下，凌十八被迫撤出玉林，但這個人特別死心眼，仍抱著進攻的決心。

六月初，又有一位二品大員來到，兩廣總督徐廣縉領命派兵進剿凌十八。徐廣縉，安徽太和縣人，清嘉慶年間進士，一生的主要成就是在兩廣任上。當時廣州人民與英軍鬧得不可開交，他一面飛章入奏，一面在廣州募集義勇，籌措銀兩，徹底擊敗英人的入城威脅，保住國家的利益和民族的尊嚴，這也是他人生中最光輝的時刻。

在他眼中，凌十八的軍隊被打得東傷西亡，根本蹦躂不了幾天，根本沒把這群賊匪放在心上。太平軍不過是一夥流寇，怎麼能跟武器裝備超強的英軍相比？英國鬼子我都不怕，難道還對付不了你們幾個毛賊？

事實證明，這批太平軍變成了他人生中的重度惡夢。

7 凌十八起義

僅剩下不到一千人的凌十八終於發動最後一擊，這場戰鬥持續一天，太平軍用已經滯鈍無比的片刀砍死六百多名清軍，還有一個都司。

七月十日，凌十八率兵轉移到信宜與羅州（今廣東化州）交界的羅鏡墟安頓。凌十八雖然猛，但並不是沒有腦子，知道只靠硬拼不行，士兵又不是機器人，總不能像靶子一樣天天被人打。

觀察地形後，他發現羅鏡墟是個好地方，這附近除了荒地就是樹林，前一陣子又陰雨不斷，不少地方積水，正好使用計謀。

第一道防線，周邊修築堅固土城二十多里，後方築起炮樓、炮台。

第二道防線則設在林子與土城之間的空地上，凌十八命人挖出深溝，在上頭擺放細竹，又用浮土掩住，這招意圖很明顯，也確實很損。

第三道防線就更結實了，由於附近都是樹林，在裡頭挖陷阱再好不過，挖完陷阱後，又在樹林周圍隱藏大炮。第三道防線的後面就是城口，如果清軍突破三道防線，太平軍還可以退入城內打巷戰。

這個看似完美的計劃，也有著明顯的弊端，因爲羅鏡墟只不過是一個小鎮，如果對方圍而不攻，凌十八所有計劃都派不上用場，只能啃樹皮了。

幸好，清軍沒有那麼聰明。

七月二十日左右，徐廣縉與巡道宋元醇率兵二千餘人親自到信宜督戰，但他們最不願意看到的結果出現了：清軍回來了，是被漫山遍野的大坑嚇回來的。原來，掉到陷阱裡比被炮轟慘多了，掉下去以後不一定會死，可沒死就得忍受空前煎熬。太平軍真缺德，溝裡頭什麼都有，動物的大便、洗腳水應有盡有，這樣還不死也不打緊，到了晚上更精采，會有很多小動物光臨……那種撕心裂肺的叫聲，足以讓清軍膽顫心寒！

徐廣縉明白，仗得繼續打下去。便砍了兩個六品千總殺雞儆猴，同時許諾誰砍了凌十八，賞銀一萬兩，晉官兩級。

士兵一看，千總都會被砍，只好衝上去了，說不準還弄得到一萬兩銀子。

可惜，這件事永遠沒能兌現，因爲凌十八根本沒給他們機會。

一直到年末，雙方都沒有任何進展，只有把命賠在戰場上的人越來越多。

徐廣縉大怒，又殺了兩個千總，還把宋巡道炒魷魚了。

另一邊，凌十八也怒了，他的兄弟越死越多，卻還是打不贏。

一八五二年一月起，徐廣縉採用謀士圍而不攻的建議，企圖困死凌十八。這個策略很管用，沒多久凌十八就撐不住了。

一八五二年五月，凌十八這邊的狀況極慘，彈藥沒了，就連片刀都砍鈍了，最重要的是，城裡沒有一丁點糧食，大夥只能靠草根和樹皮充饑。

與其在這餓死，不如豁命一搏！

這時，徐廣縉已經上廣西倒楣去了，接替他的是廣東巡撫葉名琛。

葉名琛，湖北漢陽人，道光十五年進士，歷任廣東巡撫、兩廣總督，後來還進了政治局，弄了個「體仁閣大學士」的頭銜。

這個人必須說一下，因爲關係到一件大事。

葉名琛在當時不能說是有名，也不能說是很有名，應該說是太他媽的有名了！此人最擅長的就是鎮壓農民運動，咸豐四年，爲了鎮壓天地會，屠殺了十萬人。在屠殺自己同胞的時候，葉名琛毫不留情，但面對外族入侵時，卻表現得異常愚蠢。

咸豐六年（一八五六年）九月「亞羅號事件」爆發，葉名琛採取強硬態度，又不向廣州城調一兵一卒。

一八五六年十月以來，廣州城不斷被英法聯軍攻擊，他向咸豐皇帝報告的，卻是一連串的「剿匪」數字。專事剿匪，不僅是葉名琛的功名利祿之所在，而且也符合清朝統治者的利益，但他們永遠也不會知道為什麼「匪」越剿越多。

更可笑的是，當英法聯軍兵臨城下，這個愚蠢的大總督竟然仿效諸葛亮演了一齣空城計，在英法侵略者面前假裝鎮定。筆者只想說，西方人根本不稀罕這個，英法聯軍可不是一觸即潰的小股土匪，也不是司馬懿，葉名琛這傢伙《三國演義》看太多了！

不過，這個葉名琛還算有氣節，當英法強盜攻克廣州城後，他竟然沒跑，只是強裝鎮定。英法強盜將葉名琛送往印度，好酒好肉地供著，畢竟他是個一品大員。不過，老葉這人太有個性，兩個字：不吃！最後的結果只有一個——餓死了。

他死了不要緊，但他的蠢卻是致命的，此次事件直接導致第二次鴉片戰爭爆發，使老百姓又一次處在水深火熱之中。

現在，葉名琛還活著，他要和淩十八來一場決鬥。

徐廣縉後期對凌十八採用的戰略是圍而不攻，卻沒有圍死，故意留了個出口。

如果凌十八想從這個出口突圍或逃跑，那麼部隊必將鬆懈，只要在出口兩邊埋伏清軍，就可以一網打盡。這樣做的目的，是爲了防止凌十八做「困獸之鬥」。

這算盤打得挺好，但葉名琛完全不懂這些，只知道鎭壓造反就得趕盡殺絕、絕不留後患，於是直接派人把羅鏡墟圍得水洩不通。

一八五二年六月，僅剩下不到一千人的凌十八發動最後一擊，這場戰鬥持續一天，太平軍用已經滯鈍無比的片刀砍死六百多名清軍，還有一個都司，最後全部上陰間相會去。先前徐廣縉許下的一萬兩銀子承諾永遠不可能兌現，因爲凌十八跳井了。

這場在太平天國歷史上看似不起眼的戰鬥，整整持續了十六個月。

凌十八用三千名沒有經過任何訓練的農民武裝，幹掉清軍五千多人，同時包括一個四品都司、六個千總，而且參加此次圍剿工作的清軍既有總督，還有巡撫、總兵和副將，加起來不下於二十人。

清軍陣容如此之強大，竟然讓裝備極差的一夥農民打成這個熊樣，眞叫人汗顏！

凌十八結束了他的使命，但他的事蹟卻轟動整個粵西地區，這就是歷史上著名的「凌十八起義」，他那股不惜一切的豪情，將永遠爲後世傳頌。

第3章

封王

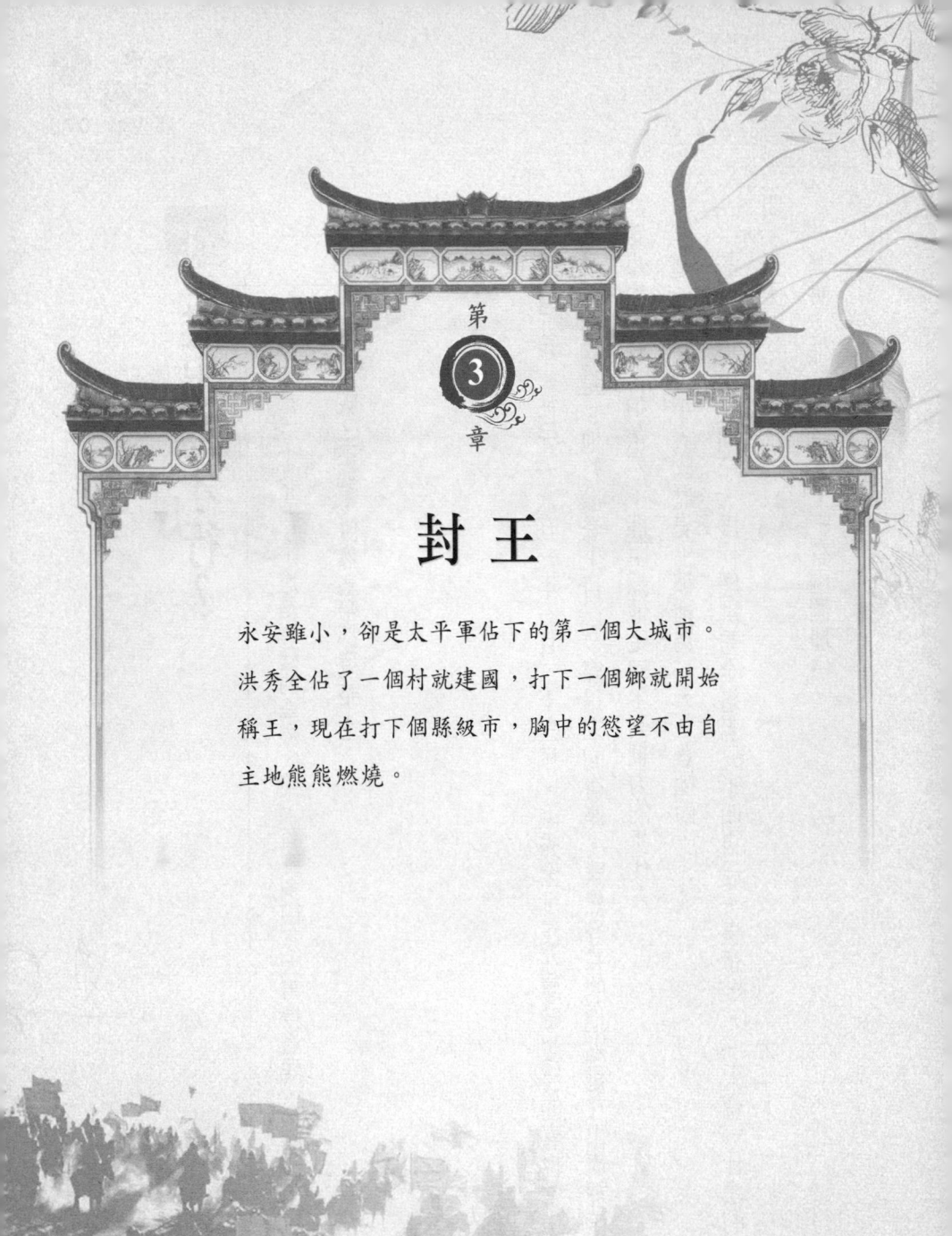

永安雖小，卻是太平軍佔下的第一個大城市。洪秀全佔了一個村就建國，打下一個鄉就開始稱王，現在打下個縣級市，胸中的慾望不由自主地熊熊燃燒。

1 誰出馬才行？

賽老頭都六十多歲了，還是清廷的軍機大臣，有許多國家大事得處理，怎麼能出去剿匪呢？不過，既然皇帝都發話了……

咸豐元年，西元一八五一年三月二十三日，洪秀全沉浸在屢戰屢勝的喜悅當中，但最值得高興的是：他終於登上自己夢寐以求的寶座。雖然登基的地點是在山溝裡，沒有咸豐皇帝光鮮，但依然不能阻擋他走向至高權力的步伐。

這一天在太平天國歷史上被稱爲「天王登極節」。

該有人提出疑問了，爲什麼洪秀全這老兄不叫自己「皇帝」、「天帝」什麼的，要叫「天王」？

其實，他自稱「天王」有兩個理由。

首先，洪秀全創立的是拜上帝會，上帝是自己崇拜的唯一眞神，在他心中，重名是個忌諱，要是名號與上帝的「帝」重複了，等於是對上帝不敬。

二，「天王」雖然沒有「帝」，在他眼裡卻比皇帝還要牛，皇帝稱自己爲天「子」，而洪秀全自稱是天「王」，誰大誰小自見分曉。

洪秀全既然敢跟咸豐平起平坐，那就得接受亂世的規矩，一個天下，怎能容得兩個朝廷？不是洪秀全歷史讀得少，是他太想當皇帝了，哪怕只有一天，也能帶來前所未有的愉悅。

搞傳教不如馮雲山，搞權術不如楊秀清，搞軍事不如石達開，爲什麼洪秀全當得上老大？只能說，老洪就是運氣好，畢竟這拜上帝教是他想到的點子。

自己都當天王了，手下的兄弟也得給個名分，他乾脆地封出五軍主將：楊秀清爲中軍主將；蕭朝貴爲前軍主將；馮雲山爲後軍主將；韋昌輝爲右軍主將；石達開則爲左軍主將。

在這五個人裡，最委屈的莫過於馮雲山，手下的兄弟是自己辛苦拉來的，同時還是拜上帝會的主要創始人之一，在排位置的時候，居然只排到老四。

作爲一個心理正常的人，內心深處難免有些牴觸，但爲了維持太平天國的整個大局，忠厚老實的馮雲山默默承受，沒有表現出任何不悅，依然努力工作。

這就是馮雲山的可貴之處，忠厚，能識大體。

洪秀全恰恰利用了這一點。現在楊秀清是「天父」，蕭朝貴是「天兄」，既然要拉攏這兩位燒炭大叔，必須給他們足夠高的地位，只好委屈自己的大表哥了。

洪秀全的「稱王」行為激怒了咸豐，加上先前向榮在三里墟大敗，咸豐同志年輕氣盛，立馬要下旨把向榮打入大獄。

這時，一個六十多歲，牙都快掉光的老頭說話了。

他是大名鼎鼎的賽尚阿。

賽尚阿蒙古正藍旗人，嘉慶二十一年中舉人，歷任內閣侍讀學士、都統及正部級戶部尚書等職，是清朝著名的蒙古族大臣，也是皇帝的親近大臣，同時又是滿蒙貴族，在注重血統的清廷佔有十分重要的地位。

道光二十一年（西元一八四一年），賽尚阿在第一次鴉片戰爭末期到赴天津及山海關一帶辦理設防事務，同時積極向朝廷上奏章提出多條防備建議，得到清廷大力讚賞。

隔年，英軍進攻江浙，沿海危急，賽尚阿以欽差大臣身分赴天津加強海防事務。《南京條約》簽訂後，賽尚阿撤防回京，後調任戶部尚書、步軍統領等職。

之後，他的仕途順遂無比，步步高升，直至現在，更是協辦大學士兼九門提督。協辦大學士相當於現在的政治局委員，九門提督相當於衛戍區司令，是軍務方面的重要職責，名聲威望在朝中都是首屈一指。

這時，咸豐用一雙詭異的眼神掃向賽尚阿，示意他說明理由。

賽尚阿提出意見，認為向榮兵敗事出有因，不能只怪一人。

既然大老都說話了，咸豐總得給點面子，不再追究向榮的責任，不過，吃了敗仗總得挑個人出來負起責任吧？

最後，咸豐皇帝決定下旨免去周天爵的總督銜，當回他的巡撫。

官場的變化就是讓人難以捉摸，周老先生才升任總督不到三個月又沒了，誰讓你什麼事都幹不好呢？

人是處理完了，但是「長毛」還是得繼續派人鎮壓。

咸豐問道：「有誰可以擔當滅長毛大任？」

賽尚阿雖然年紀大了點，頭腦還是很清醒，連忙答道：「老臣願前去剿匪。」

「那你就去吧！」

這個回答不止賽尚阿沒想到，連在場的大臣都以為自己耳朵聽錯了。

賽老頭都六十多歲了，還是清廷的軍機大臣，有許多國家大事得處理，怎麼能出去剿匪呢？不過，既然皇帝都發話了，賽尚阿是個老手，在官場摸爬滾打幾十年，當然知道「禮尙往來」的道理，立即撲通一下跪下，極其誠懇地回道：「老臣勢必剿滅長毛。」

雖然還有其他官員覺得此舉不大妥當，不過，既然老頭子自己願意去，也不好再多說什麼。

既然是朝廷首屈一指的人物，出去遠征總得講點排場。

御賜的寶劍、戰袍自是不在話下，另外，打仗最需要的是錢，咸豐從內府撥了一百萬兩白銀充當軍費，還升賽尙阿爲文華殿大學士，算是大出血了。

天恩浩蕩，老頭子感動得哭了，但他不知道之後再見到咸豐時自己也會哭。

2 哪招才能贏？

其實這招「坐戰」並沒有錯，但要在人數佔優勢的前提下施行才可，而當時太平軍的人數和清軍的人數差不多，以至於戰術應用起來無法得心應手。

賽尚阿帶著浩浩蕩蕩的軍隊前往廣西平亂。

此時，廣西已經亂成一鍋粥，李星沅病得快去見上帝了，周天爵、向榮連吃敗仗，連前來支援的烏蘭泰也被擊敗，情勢一塌糊塗。

一八五一年五月十二日，憂心忡忡的李星沅無奈地離開人間，從此告別瀰漫的煙硝、戰場的血腥和兩個混蛋無休止的爭吵，在廣西的幾個月裡只能用兩個字來形容他：憋屈。

死亡對李星沅來說，並不算是一場災難，起碼他保住了名聲，但負責接替他，現在人還在路上的賽尚阿可就沒那麼幸運了。

在賽尚阿沒來之前，周天爵得負起主要責任。他雖然不會舞刀弄槍，但兵書也沒少讀，發現主動攻擊屢屢受挫，索性就不打了，一改前面主動攻擊的方略，實施「坐戰」方針。所謂「坐戰」，不是坐著看別人打仗，而是挖長壕、築厚牆、建高壘，徹底包圍太平軍，打不過你，我就憋死你。

想法是好的，但奏不奏效是另一回事。

一八五一年五月十五日，太平軍出於無奈，開始想方設法突圍，幸虧老天爺主動幫忙，降下大雨。廣西山多，太平軍也大多是在山溝裡長大的，最擅長的事就是翻山越嶺，至於清軍這邊的士兵幾乎都是從平原地區調來的，別說爬山，只是登高都會發慌。

清軍的「坐戰」法徹底失靈，太平軍趁著雨勢，直接突圍奔向象州。這時周天爵可急了，無論如何也不能讓「長毛」跑掉，急忙調烏蘭泰自西北方向狂追太平軍。

烏蘭泰，滿洲正紅旗人，當時是副都統，正二品，而巡撫是從二品，但是清代沿襲的是明代「以文制武」的策略，有很多巡撫都加總督銜，只不過，周天爵才剛被免掉。

在賽尚阿沒來之前，周天爵暫時代理欽差大臣，周先生的面子，烏蘭泰還是要給的。同樣道理，雖然向榮不大願意給周先生面子，不過，眼下情況危急，太平軍如果再跑掉，自己恐怕就得見李星沅去了，也由東北方向圍堵。

太平軍也不是傻子，決定和清軍玩躲貓貓，自五月十五日起的半個月裡，太平軍徹底發揚不怕苦、不怕累的優良傳統，把躲貓貓這個遊戲玩到極致。

事實證明，游擊戰不僅僅在抗日戰爭時適用，只要條件符合，任何時代都是避敵擾敵的最佳選擇。

清軍不熟悉地形，根本玩不起這場躲貓貓，沒想到太平軍堅持要玩就玩個痛快的原則，五月末又來個主動出擊，一下子便把主將烏蘭泰打糊塗了。

清醒後，烏蘭泰立即調集一千多人，偷偷翻越獨鰲嶺，潛入南梁山村，直逼洪秀全在中坪村設立的臨時指揮部。

一聽清軍來了，太平軍急忙調集數千勇士還擊，打了一個星期也分不出勝負。

這時，太平軍的領導階層全慌了。再這樣拖下去，對方援軍一到，後果將不堪設想，如何能在最短時間內擊敗清軍，無疑是首要任務，於是好戲出場了。

作為國家一級演員兼跳大神「專」家，楊秀清把這齣戲表演得淋漓盡致，嘴巴裡說的台詞也很簡單，「孩兒們，你們應該遵從上帝旨意，發揚勇往直前不怕死的優良作風，誓與清妖玉石俱焚，以便及早步入小天堂。」

宗教的力量果然強大，太平軍像嗑了藥一般，冒著清軍的炮火前進，把「不要命」這個詞極致發展，真把自己當成刀槍不入之身。

烏蘭泰面對眼前這群不要命的人，完全無計可施，只能三十六計走為上計，跑！可惜，有時候跑也並不是一件容易的事，因為這場戰鬥的時間是晚上，地點在獨鰲嶺，後果可想而知，掉下去餵鱉的比被太平軍打死的還多。

烏蘭泰的慘敗使其他各路清軍心驚肉跳，誰也不想主動送死。最著急的是周天爵，皇帝已經生氣，原本想來個將功補過，沒想到事與願違，竟又損了上千士兵，心裡焦急，明白主動攻擊是不行了，如果又打敗仗，賽尙阿那老頭一到，沒準就先把自己砍了。

周天爵始終相信天無絕人之路，既然太平軍跑出包圍圈，決定來個更大的包圍圈，見人手不夠，又動用附近的地主武裝，不信憋不死對方。

然而事實證明，他還眞的拿太平軍沒法子。僵持了一個月，此時賽尙阿帶著大軍已接近廣西省會桂林，如果繼續困下去，就換太平軍倒大楣了。

石達開建議以正面突圍迷惑清軍，然後翻越大山，返回老巢紫荊山區。洪秀全二話不說地馬上答應。就在太平軍撤走的第二天，文華殿大學士兼欽差大臣賽尙阿威風凜凜地趕到桂林。

賽尙阿一到，第一件事就是處理周天爵。

周天爵心裡緊張得直打鼓，這老頭該不會真要送我去見李星沅吧？

幸好，情況並沒有像他想的那麼糟，賽尚阿只是數落了他一頓，又爽快地把他打發回京面見咸豐，巡撫的位置改由順天府尹鄒鳴鶴接任。

鄒鳴鶴，江蘇無錫人，道光年間進士。千萬不要小看順天府尹這個官，雖然只是正三品，比巡撫還低，但權力很大，相當於北京地區的最高行政首長。

在對向榮和烏蘭泰的態度上，賽尚阿採用了安撫手段，既帶來了黃馬褂，又給了銀兩，還順便批評一下周天爵，跟大家說最近戰事不利主要責任不在二位將軍。

向榮感動得眼淚都流出來了，什麼「誓死報國」、「與賽大人共存亡」之類的話……

新官上任的第一把火燒完了，總結起來四個字，「收買人心」。

賽尚阿在朝廷混了這麼多年，論起收買人心，的確很有一套，不過，在戰場上不能只靠這招，一個合格的軍事統帥，最重要的是要會指揮軍隊打勝仗。

經過思考後，賽尚阿一改周天爵的「坐戰」法則，調集三萬多軍隊，企圖一舉消滅太平軍。

其實，這招「坐戰」並沒有錯，但要在人數佔優勢的前提下施行才行，先前太平軍的人數和清軍的人數差不多，戰術才無法得心應手，讓太平軍鑽了空子。

可賽老頭子不明白，至少現在的他什麼都弄不明白。

3 向榮的慘敗

向榮帶著殘兵敗將連忙逃跑，這場慘敗徹底打破賽尚阿的作戰計劃。作為最精銳一支勁旅竟然讓長毛打得七零八碎？賽老頭子不由得內心漫出一股真正的恐懼。

一八五一年七月二十四日，賽尚阿組織好四路清軍，想一次把太平軍全端掉。與此同時，太平軍兵分兩路前去迎敵。前路由楊秀清、蕭朝貴等率領，駐守金田平原地區；後路由洪秀全、馮雲山直接指揮，憑藉紫荊山的天險阻絕清軍。

三萬清軍全部撲向紫荊山區，太平軍於各個要塞設置障礙，雙方拼殺半個月，各自死傷上千人，依然沒有阻擋住清軍前進的步伐。

見此，洪秀全第一次感到如此恐懼，在他眼裡，清軍只不過是一盤散沙，一擊就散，沒想到他們的行動力十分迅猛。

他忽略了一點，這次攻擊他們的大部分清軍是從各省急調過來的生力軍。再這樣熬下去，最不利的就是太平軍，如何扭轉被動局面才是首要任務。

既然上一次演戲後，兄弟們的戰力便直線上升，那麼這次不如來個續集，直接把大家變成超人吧。鬧劇又開始了，兩位國家一級演員在連續三天內不間斷地拍續集，不懂的人還以爲這哥兒倆會直接升天呢！

可惜戲雖然演完了，觀衆的反應卻不如預期，太平軍在正面戰場上的成果依然是節節敗退。最讓人苦惱的是，清軍向榮一部由地主頭子王作新帶路，抄了太平軍的後路。

王作新這名字大家應該再熟悉不過，就是當年把馮雲山抓起來的那位老先生，這次他不僅自己親身上陣，還號召兩個兒子一同平匪，擺出一副要和長毛軍鬥到底的架子。

鬥爭是殘酷的，是要用小命來換的，但老王不在乎，他對洪秀全一夥恨之入骨，最後王家老二的小命果然無私地奉獻給這場革命鬥爭。

如今太平軍已是腹背受敵，被迫撤入崇山峻嶺之中繼續打游擊戰。

太平軍堅守的位置是豬仔狹和雙髻嶺。

這兩個地方聽起來名字很古怪，其實這兩座山是對友好的鄰居，它們平日的職責就是你看我、我看你，在兩座山的中間有條小道，這條小道從來沒修繕過，比一些電影上看到的還難走，何況是大批清軍要走？

沒想到，這樣一個魔鬼般的地方竟然被清軍攻破了，難道清軍變成蝙蝠俠了？

肯定不是。

另外，太平天國內部有規定，教眾不許喝酒，不准出去嫖娼，不存在酒後站哨的嫌疑。最合理，也最令人信服的推測就是，太平軍內部有了叛徒，有人帶頭逃跑，才會讓這地方守不住，直接威脅到太平軍後方的大本營。

如果太平軍的最後一道屏障被攻破，留下的是赤裸裸的胸膛，就剩下挨刀子了，洪天王下詔要求楊秀清負責軍事，並且要求整頓軍隊作風。

得令後，楊秀清又再一次出馬，上演一部楊氏經典電影。

不過，這次戲碼比較血腥，抓到叛徒後，為了增加眞實感，楊秀清二話不說當場抽搐起來，口中高喊，「孩兒們，我們最近斬妖不利，是有小鬼在其中搗亂，阻止我們去小天堂，我們該怎麼辦？」

下面的回答很一致，「殺！」

於是，那兩個帶頭逃跑的好哥們便手牽手地去地下團聚了。

太平軍在演戲，向榮也沒閒著，繼續領兵攻打太平軍後方。

太平軍唯一的出路就是突圍，還得偷偷地，絕不能引起敵軍注意。

在一個月黑風高的晚上，太平軍又玩起躲貓貓的老把戲，奇蹟般地從金田地區消失了。向榮獲報後，氣得差點沒吐血，下令一把火將太平軍駐紮的新墟燒了。

新墟不是山，實際上是個村，村裡頭當然有著無辜的老百姓，因此當向榮縱兵放火後，太平軍憤怒了。一個人憤怒時，什麼事都幹得出來；當一夥人憤怒起來，爆發出的力量就是一股不要命的廝殺。

一八五一年九月十五日，太平軍在蕭朝貴與馮雲山帶領下演了一場好戲：劫營。

絲毫沒有準備的向榮只得慌張地與太平軍正面對戰。

太平軍出動將近一半的軍隊，向榮所率軍隊也幾乎全在，雙方都把家底押上。

這場戰鬥整整持續一天，很多人還沒拿好武器就被砍死，炮聲、喊聲、慘叫聲響徹整個山谷，到處都是哀嚎，到處都是死去的亡魂。

在強大的精神力量支持下，太平軍徹底擊敗向榮的部隊，不過，損失也不少。

向榮帶著殘兵敗將連忙逃回營中。

這場慘敗徹底打破賽尙阿的作戰計劃，作爲最精銳一支勁旅竟然讓長毛打得七零八碎？賽老頭子不由得內心漫出一股眞正的恐懼。

4 下一個目標：永安！

一旦城被攻破，受苦的就變成城裡的守軍，在無數次看到自己同胞倒下的時候，太平軍已經瘋了，瘋子要殺人，誰也擋不住。

官村之戰是太平軍半年中最大的一次勝利，殲滅清軍在廣西三分之一的部隊，還是精銳部隊。洪秀全明白，打游擊雖能保存實力，卻不是長久之計，打算找一個更加穩定的落腳地，至少也得有個像樣的宮殿，不能總在村子裡做皇帝。

再說，這一段時間實在太忙，他有很多妃子沒來得及享用，初步估計，這時的洪秀全至少有十個老婆，之後還會不停增長。

太平軍雖然重挫向榮，但損失也不小，急需有新鮮力量的加入，目前最好的去處就是永安，因爲清軍剩下的主力部隊都在南方，居於北邊的永安卻很空虛。

永安是今天的廣西梧州蒙山縣，在清代爲州治。

清代的州分爲直隸州與散州，直隸州直接歸布政使司管轄，最高長官稱爲知州，相當於現在的某地區首長。知州是正五品官，而知府是從四品，知府相當於現在的市長，直隸州本身底下有屬縣。相對於直隸州的複雜及權力，散州便很好理解，相當於現在的縣級市，規模比縣大一些，底下沒有屬縣，直接歸府管，最高行政長官也叫知州，不過品級要低上一級，是從五品。

永安這個地方便屬於散州，雖然不大，地理位置卻很特殊，四周群山環抱，境內丘陵起伏，地勢東北高、西南低，有湄江縱貫其中，發展出蓬勃農業，易守難攻又有糧食，非常適合拿來當成太平天國的基地。

雖然近在眼前，不過，永安並不是自己家，想進去就能進去，得下重本去打。

太平軍兵分兩路向永安進發，一路由蕭朝貴帶領沿陸路向永安進發，另一路是水路，由洪秀全、楊秀清指揮。

若從陸路進發，必經藤縣境內，藤縣縣城雖然人少，也有守軍，攻打藤縣主城沒有任何戰略意義，蕭朝貴立刻放棄進城的想法。縣城不進去，可以去農村，順便還可以拉些人入會，蕭朝貴在藤縣的大黎山區駐紮了幾天，派出小弟四處招攬生意。

招牌一打響名號，願意來做買賣的人肯定會變多，才短短幾天就有大批人馬願意加入太平軍，在這些人當中，有一個最重要的人需要介紹。他叫陳丕成，也就是後來的陳玉成，當時只有十四歲，若干年後成爲天國的重要支柱。

太平軍一邊招攬會衆，一邊慢條斯理地朝目標靠近，經歷幾次小打小殺後，終於在一八五一年九月二十五日抵達永安城下。

蕭朝貴命羅大綱爲前鋒攻打永安州城，太平軍雖然很能打，但打的都是游擊，都是在山溝溝裡，看別人不防備，當頭就一棒子下去。打有城樓的清軍還是第一次，但沒有經驗也必須打，你不打，別人就打你，因爲烏蘭泰的援軍馬上就到了。

雖然經驗沒有，但基本理論還是具備，攻城，其實就是一場「人肉」戰，是用無數屍體堆起來的一場血腥屠殺。

在兩軍交戰時，受利一面是城內的守軍，因爲可以居高臨下，同時有炮火掩護，如果架雲梯上去，就往下扔石頭，或是潑酒潑油地燒死你。

可一旦城被攻破，受苦的就變成城裡的守軍，在無數次看到自己同胞倒下的時候，太平軍已經瘋了，瘋子要殺人，誰也擋不住。

太平軍在無數次被炮轟死，被石頭砸死，被火燒死的折磨中，終於變得瘋狂了，傾盡全力攻城，永安城僅僅不到一天時間就被攻破。

永安雖小，卻是太平軍佔下的第一個大城市，洪秀全佔了一個村就建國，打下一個鄉就開始稱王，現在又打下個縣級市，胸中的慾望不由自主地開始燃燒。

折騰了大半年，也沒有個像樣的宮殿，洪天王一看永安州署比中平村裡的泥草房威武多了，立刻徵為公用，從此，永安州署就變成了天王府。

既然自己已經稱王建國，其他兄弟們當然也得跟著沾光。一八五一年十二月十七日，這天很暖和，洪大天王冊封了太平天國前期最重要的五王。

「天父」楊秀清封為東王，管制東方各國，估計應該包括日本和棒子國。

「天兄」蕭朝貴封為西王，管制西方各國，不知道英法聯軍聽不聽他的。

大好人馮雲山封為南王，管制南方各國，越南、菲律賓……看你們誰還敢猖狂？

土財主韋昌輝則封為北王，管制北方各國，不知道俄羅斯以前從清政府手中佔走的能不能要回來？

最後只剩下石達開一個，可卻也沒地方管了。

有人或許會說，不還剩中間嗎？錯了！中間那塊可是大詩人洪秀全的，在傳統文化中，中央的地盤通常最重要，地位也不同一般，當然不能亂封。

暫時沒地方封了不要緊，華夏文化博大精深，陸地上沒有地方，可以長個翅膀飛起來，上有天，下有地，中間空氣都歸你管，神通廣大，就叫「翼王」。

這洪秀全眞是有創意，才剛佔領一個縣級市，就要瓜分全世界，要是占領廣西全省，估計會把全宇宙都分了。

這些封號自然有位階，天王是萬歲，這很正常，舉凡皇帝都被稱爲萬歲爺，何況洪天王自以爲比皇帝這天子還大。

東王楊秀清是九千歲，當初不忠不賢的明朝太監魏忠賢也叫九千歲。此二人共通點倒還滿多的，他們都是文盲，都想讓主子受自己控制，最後死狀都很淒慘，最大的不同就是生理結構。

依此類推，西王蕭朝貴八千歲，南王馮雲山七千歲，北王韋昌輝六千歲，翼王石達開五千歲……可惜後來這些人的命運都沒有他們的封號位階吉祥。

另外還有個重點，各王均受東王節制。問題來了，既然這些人都歸文盲楊秀清管，那天王洪秀全的權力自然會被削弱，明眼人一看就知道不妥，但他還是這麼做了。

洪秀全與楊秀清、蕭朝貴的君臣關係明確，洪秀全萬歲，是君；楊秀清九千歲，是臣，關係很符合邏輯，只是後來這個君慢慢就變成「天皇」，而這個臣逐漸成爲「首相」。洪秀全雖然沒考上功名，至少也算是半個秀才，歷史上的反面教材應該讀了不少，爲什麼會把軍政大權全交給楊秀清？

5 天國曆

十分具有天國特色的曆法《太平天曆》正式施行，這是大才子馮雲山之前在監獄中研究出來的，他作詩不算行，不過，搞這些還是很有一套。

寫到這裡，不如先直接整理一下，究竟洪秀全在這幾年裡都做了什麼。

起初，火秀一直在考試，考了七、八年，連秀才的邊都沒摸上，弄得自己失魂落魄，沒事淨做夢，之後開始傳教，估計自己攬來的教眾連一百人都不到，主要功臣還是那盡心盡力的馮雲山。

後幾年的他領軍造反，論武功，估計隨便一個花拳繡腿的女子都比他強，整天只會做幾首破詩，進入永安後，見大城市美女更多，他更沒有時間想這些事。

總結起來，可以看出洪秀全在太平天國裡雖然有一定權力，卻不具備最高的執行力，這個最高的執行權力恰恰就在楊秀清手裡。

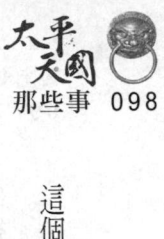

此人雖然是文盲，卻十分工於心計，曾經挽救拜上帝會於危難之中，救出拜上帝會的實際創始人馮雲山，又獲得從事「天父」代言的資格，在拜上帝會中建立起屬於自己的派系人馬。

到目前為止，除了韋昌輝、胡以晃這些極特別的小地主以外，加入拜上帝會的人基本上都是窮人出身，並且大多是楊秀清的燒炭同行。同一個階級之間更容易產生默契，這些人都很擁護他。

老實說，楊秀清的野心雖然大，起碼現在還沒有鬥倒洪秀全的意思，所以洪天王覺得自己權力還在。再說他老婆太多，整天「忙」得很，既然楊秀清那麼積極，讓他替自己管管也無妨，有馮雲山和眾兄弟在，能反到哪裡去？

估計有人還不服，你把洪秀全說得這麼無能，那他怎麼當上老大的？

答案很簡單，打個比方，你想開一家公司，但沒有足夠的資金，於是找上最好的朋友討論，可這位朋友也沒有太多錢，但他願意跟你一起創業，加上這個人口才相當好，找來幾個投資商，把公司辦了起來，也有了名號。

雖然你要錢沒錢、要力沒力，公司也是朋友幫忙發揚光大的，不過，點子是你想的，朋友也厚道不貪財，還是讓你當上董事長，可惜是個幾乎沒有股份的掛名董事長。

另外，在幾個投資商中最有實力的人便當上擁有實權的執行長，其他投資商自然就成了股東。

一間大公司只有董事會是不行的，還得有辦事的員工才行，於是秦日綱做了天官丞相，相當於重要部門的經理，胡以晃則做了地官丞相……有人或許會問，丞相還有分天上和地上的？

沒錯，在太平天國裡丞相共有六種，分別是天、地、春、夏、秋、冬六類，這六類裡又分成正副位階。

按史料分析，太平天國執行的是十二級官制，共分爲軍師、丞相、檢點、指揮、將軍、總制、監軍、軍帥、師帥、旅帥、卒長和兩司馬十二級，將軍以上爲天朝內官，東、西、南、北各王就是在軍師上面加上王爵，是朝中最高官階。

天國官制部份會在後頭加以詳細說明。

總之，該封官的都封了，不該封的也封了！像是洪秀全的兩個哥哥洪仁發和洪仁達，這兩位大爺什麼都不懂，被封爲國宗，混個皇親國戚的威風。

奇怪的是，爲攻打永安州城貢獻最多的羅大綱，卻只封了個管制，連個候補政務委員都沒當上，是太平軍賞罰不明，還是老羅平常人緣不好？

最重要的原因是主擁大權的楊秀清看他不上。這就好比一個人有能力，也受上司看重，但主管行政人事的領導偏就覺得你不順眼，對不起，你只好不升不降地乾耗著。

這個故事告訴大家，在任何地方都要跟主管領導搞好關係，即使對方一開始就看你不順眼，你也要主動討好，不然前途一片渺茫。

現在的羅大綱就是這般進退兩難，以前想跑還有機會，現在自己的兄弟都已七零八散，要是撂狠話起衝突，估計只有死路一條，只能算了，忍一下吧！

王也封了，官也當了，雖然土地面積還不到全國的萬分之一，但大小也算個政權，總不能繼續用咸豐這個混蛋的年號吧？

永安建制的下一步，十分具有天國特色的曆法《太平天曆》正式施行，這是大才子馮雲山之前在監獄中研究出來的，他作詩不大在行，不過，搞這些還是很有一套，寫應用文的能力可說是天國第一！

《太平天曆》又名《太平新曆》，在一八五二年二月三日正式頒布，這一天被定爲太平天國壬子二年，而前一年的金田起義則被定爲太平天國辛開元年。

6 打長毛的重點

朝中正缺人，一看姚同志還在守邊疆，趕緊把人調回來。皇令一下，姚瑩同志一下子便從一個小小的知州直接提拔為正三品的按察史。

當賽尙阿把洪秀全分封各王的事向咸豐報告時，咸豐差點沒氣暈過去。老子占的土地是你的一萬多倍，都沒敢分封全世界，你才占個小小的縣級市，就自以爲成了地球首席執政官？

在前線的主帥賽尙阿理所當然挨了一頓批。咸豐給他的回答很明確，長毛不消滅，就把你消滅。

當太平軍全體開入永安城後，烏蘭泰龜縮在城南邊，倒楣的向榮則是在賽尙阿的敦促下不情不願地進駐城東的龍寮嶺，不料被太平軍搞個突襲，一連病上好幾個月，什麼事都做不成。

古時候打仗不像現在方便，開飛機或是弄台卡車，短則一兩個小時，最長一兩天也就到了，再者，當時廣西這種山區根本沒有路，馬都跑不起來，只能靠雙腳，要想把附近各州府的軍隊全都調到這，是很難辦到的。

可才挨過罵的賽尚阿這次決心要把長毛子送上閻王殿，下令把周圍只要能打仗的軍隊統統調往永安，不管是正規軍還是民間私武，統統叫來剿匪。

在等待各方部隊到齊的時間裡，賽老頭子也沒閒著，沒事就派人往河裡放老鼠藥，或是封鎖敵軍的糧食運輸，專門搞點小動作，據說還眞起了不少作用，只是害死的都是無辜的平民。

清軍的所作所爲，變相地幫助了太平軍。本來老百姓對太平軍這一套還不太信服，現在身家安全都被威脅了，就改信上帝吧，孔老夫子先滾蛋！

楊秀清一夥人正好利用最佳時機，把當地富豪地主的部份糧食分給老百姓。這下效果更明顯，在一個戰亂的時代裡，吃飽了比什麼都重要，只要能塡飽肚子，跟誰都好！

這樣一鬧，加入太平軍的人數迅速增加。

折騰了兩個來月，老賽的部隊集結得差不多，據說有四萬兵馬，四萬多人圍攻一個小縣城，眞是勞師動衆。

太平軍在城裡也號稱四萬，不過，這四萬人真正能打仗的就一萬多，大部分都是老弱病殘孕，武器裝備也遠不如清軍。

爲了固守永安，太平軍將全軍收縮在永安一地，放棄先前本已取得的周圍據點。

這樣雖然可以集中兵力打擊清軍，但是人是要吃飯的，吃飯需要糧食，如果周圍都被圍住，糧食要從哪來？

雖然沒有答案，但太平軍還是這麼做了，因爲他們沉醉於立國建都的成就感當中，早把永安當做自己的「小天堂」，尤其是洪秀全，根本不想走，之前折騰了這麼多年，早就受夠了。

既然要固守，就得做出個姿態來。太平軍把所占地區，從東到西，從南到北設點佈防，將人馬分成四大隊，楊秀清命蕭朝貴、石達開、羅大綱、秦日綱各領一隊，同時馮雲山策應西、南兩路，韋昌輝策應東、北兩路。

最後，還把永安城池重新整修一遍，看這架勢，是想死賴著不走了。

另一邊，賽尙阿似乎不太著急，磨磨蹭蹭地至今還沒到最前線指揮。

可是咸豐等不了，他一聽到「長毛」這兩個字耳朵就疼，在一八五一年年底，對賽尙阿發出最後通牒，限期拿下永安城，拿不下就千刀萬剮。

賽老頭這次終於著急了，命令北路以烏蘭泰爲總指揮，南路以向榮爲總指揮，即刻攻取永安。

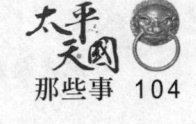

賽老頭知道，向榮所謂的稱病就是不想到前線打仗。

賽尚阿雖然軍事上不大靈光，但論起耍奸計，沒人比得過這隻老狐狸，立即派人傳話，「你不願意打仗可以，把提督的位置交出來吧，有那麼多人等著呢，皇帝也著急讓你回去。」

向榮一聽，只好無奈地收拾行李，準備跟長毛周旋到底。

一八五一年年底，清軍連續發生兩次進攻，依舊沒有任何進展。

老賽很頭疼，幸好這時有個人物出現，這人在當時小有名氣，起碼在軍事上比賽尚阿更有頭腦。

此人姓姚名瑩，安徽桐城人，有個很出名的文人親戚叫姚鼐。

咱們都知道江湖大俠愛搞幫派，什麼武當派、崆峒派……其實，文人也愛搞這一套，姚鼐創造的古文派系就叫桐城派，自家親戚姚瑩也就順理成章入了夥。

姚瑩，嘉慶十三年（西元一八〇八年）進士，雖然科舉考試平穩順利，在官場上卻晉升得慢，一直到嘉慶二十一年才混上正七品知縣。

他最崇尚的是程朱理學，幹啥事都講原則，事實證明，什麼事都講原則的話，最後就會被原則。不過，不要緊，是金子在哪都能發光，慧眼識金的人出現了，就是大名鼎鼎，虎門銷煙的林則徐。

雖然當時姚同志已經快五十了，仍舊英氣勃發，在林則徐一再舉薦下，於道光十七年（西元一八三七年）時擢升台灣兵備道，負責軍務。這個正四品的官位並不算大，卻有很重要的影響。

到達台灣後，姚瑩重點放在整治鴉片貿易，認真訓練水師，做官清廉，受到當地官員和百姓的信任。

道光二十年，鴉片戰爭爆發，英軍多次進軍台灣都被姚瑩擊敗，鎮守堅定。可惜清政府自己不爭氣，派人簽訂喪權辱國的《南京條約》，英國鬼子恨透了姚瑩，堅持要滿清處理他，否則就毀約繼續打！

朝廷實在沒法子，只好欽命老姚提前退休，讓他在老家好好過日子。

姚同志回家，讀書人的通病就來了，只要不當官，感覺像丟了魂似的，沒過多久，清政府受不了眾多輿論的抨擊，改把姚同志安排到川藏任知州。

川藏地方自古以來人煙稀少，兔子都不想拉屎，剛上任的姚同志也完全沒閒著，一得空就出去旅遊，實地研究西藏的地表、當地的風土人情，以及喇嘛教、天主教、回教源流等問題。

同時還對英法歷史、英印關係進行深入研究，對印度、尼泊爾、錫金入藏交通要道做了系統描述，也看出英國人侵略西藏的野心，向滿清政府上書，建議加強邊疆防務。

不過，道光當時很忙，奏摺都沒看就扔進垃圾桶了。

老姚很鬱悶，沒事發發牢騷，跟好朋友扯淡聊天。

要說這幾個好朋友，在當時可是一等一的狠人。

第一個就是啓蒙思想家魏源。魏源有一本書很有名——《海國圖志》，據說日本人視做寶物看待；還有一句話「師夷長技以制夷」更出名，估計只要上過初中的都知道。

第二個大人物是誰？

先讀一下他的詩：

九州生氣恃風雷，萬馬齊喑究可哀。

我勸天公重抖擻，不拘一格降人才。

這是大文豪龔自珍，可惜後來很早就死了。

姚同志沒事時就和朋友們侃侃大山，嘮嘮家常，一晃到川藏也待了七、八年了，曾經的姚同志慢慢變成了如今的老姚。本來以爲自己會在這兔子不拉屎的地方待上一輩子，不料，老天當眞開眼，讓人同情又讓人氣憤的道光皇帝去陰間見祖宗。

一朝君主一朝臣，咸豐即位後，廣西地區已經鬧得不行，朝中正缺人，一看姚同志還在守邊疆，便趕緊把人調回來。

皇令一下，姚瑩同志一下子便從一個小小的知州直接提拔為正三品的按察史。相當於現在的省紀委書記，很有權力！

姚同志最喜歡打英國長毛，雖然打國內的長毛還是第一次，不過，既然皇帝這麼看重，他決定拼命為國貢獻。

他一眼看透賽尚阿的苦惱，上前說道：「賽大人，長毛並不可怕。」

賽尚阿看了他一眼，答道：「你有何高策？」

姚瑩回道：「既然來硬的不行，我們就改從內部突破。」

賽尚阿略加思索，「好吧，這事你來辦。」

三言兩語間，一場好戲就要開演！

7 審判的藝術

周錫能一聽，才終於露出微笑，就在這一瞬間，楊秀清應聲倒地，比較遠一點的手下還以為是東王心臟病發作，但在場其他四王和周錫能都明白，這是「來神」了。

如今，永安城被四萬大軍緊緊圍困，裡面的人難免有些緊張，加上姚瑩鬼點子特多，也不攻城，只是三天兩頭用大炮轟一次，弄得城裡不得安寧。

太平軍城內實際能打仗的兵力與清軍之比是一比四，再這樣耗下去，早晚都要完蛋，可是廣東的凌十八拼命打也打過不來，只好在當地農村拉人了。

這時，一個小人物出場了，向楊秀清稟告，「九千歲，我願回家拉人，家裡小時候掏鳥蛋那些哥們跟我的關係還不錯。」

楊秀清略加思索，反正現在正缺人，便應允道：「那你就回去吧。」

這個小人物必須介紹一下，因爲他是太平天國早期第一個出名的叛徒，叫周錫能，廣西博白人，很早就加入拜上帝會，後來被封爲軍帥。

不要小看軍帥，手下能管一萬多名小弟，相當於現在的師長，在整個天國來說，他是個小人物，當時可是個很大的職位。

獲准後，周錫能摸黑從永安溜出去，回到家先是大吃一頓，然後再把自己的狐朋狗友全叫來開會，吹下牛皮勸大家投奔太平軍，「老子現在是師長了，兄弟們都跟我幹吧！好日子有你們的，能升小天堂。」

幾個哥們一看周先生說得頭頭是道，心想反正現在日子眞的不好過，就跟著他混吧。可惜，老周太不爭氣，回來的路上竟被敵方的姚瑩同志抓住。

這老姚玩人可有一套了，好酒好肉地供著，再找兩個美女陪聊，還說了些勸降就封官的話。周錫能在天國根本享受不到這些，更不用說都好幾年沒喝酒了，想了想，自己沒必要和金錢美女過不去，便決定直接拋棄信仰，順利地被拉攏到清營陣線。

這世上沒有無成本的買賣，既然歸順，就得幫忙辦事，姚瑩也不廢話，直接令周錫能回永安臥底，並策動反叛。

周錫能心裡確實不願去，可是沒辦法，現在命在人家手上，不去也活不了，索性豁出去了，只要幹完這一票，榮華富貴便享受不盡。

其實，老周這一次收穫確實不小，騙來了二百多人，不過，都被姚瑩扣下，只讓他帶走二十個清軍跟他一起入城。

楊秀清一看就帶回這麼幾個人，很生氣，但沒說什麼，畢竟冒死出城不容易。

周錫能回來以後，天天夜出晚歸，還總往城樓上跑。殊不知，從他回來那天起，楊秀清就派人盯著他，楊秀清雖然是文盲，但腦袋很好，疑心也重。

周錫能回來的第三天，自己帶來的那幾個清軍竟在城邊上喝酒，正好被巡邏的看到，急忙報告楊秀清。

太平軍裡明令禁酒，竟然有人敢喝酒，給我抓起來！這姚瑩聰明反被聰明誤，弄來這幾個人都是軟蛋，沒打幾下就招了。

楊秀清沒有立刻去抓周錫能，而是先把周錫能帶來的人都控制住，套問情資，並深沉地擬定計劃。

第二天一早，周錫能家門口站了一群人，態度似乎很不友好，「周軍帥，跟我們走一趟吧。」

「去哪？」

「去見東王。」

周錫能心底有些發怵，到了東王府，更被這五王俱在的陣勢徹底嚇傻。

東王問道：「你最近在忙什麼？」

周錫能回答道：「軍務在身，天天巡視城樓。」

東王又問：「你回博白一趟辛苦了，爲天國這麼操勞，眞是忠臣。」

見氣氛和諧，周錫能才把心稍稍一放。

東王笑瞇瞇地道：「知道今天爲什麼我們兄弟幾個都來了嗎？」

周錫能低聲回道：「屬下不知，請東王明示。」

東王溫和地說道：「我們討論了一下，想升你爲總制。」

周錫能一聽，才終於露出微笑，「屬下何德何能，怎麼能擔此大任？」心裡暗想，看來自己的小命是保住了。

就在這一瞬間，楊秀清應聲倒地，比較遠一點的手下還以爲是東王心臟病發作，但在場其他四王和周錫能都明白，這是「來神」了。

老演員就是有水準，楊秀清演技已臻爐火純青，披頭扯髮，說吐白沫就吐，絲毫不含糊，開始轉變角色，讓「天父」發言。

天父冷道：「周錫能，你爲什麼欺騙東王？」

周錫能驚訝地回話，「沒有，我說的句句是實話。」

天父罵道：「混蛋，快說！你是如何勾結清妖的？」

周錫能道：「我……」

天父哼道：「還有，你又是如何勾結朱八和陳五的？還有，你是不是勾結黃文安想謀害天王？」

周錫能被楊秀清一連串的反問弄傻了，勾結清妖、密謀同黨是眞，但謀殺洪秀全基本上是胡扯，自己根本沒那個膽，這是怎麼回事？

勾結清妖這回事，楊秀清自然是從那群清軍口中得知，至於周錫能在太平軍中的某些同黨，他也沒有十足的把握，但只要掐緊幾個平常和他要好的朋友親戚，再不濟也能歪打正著一兩人。

楊秀清又以天父的身分表達仁愛，「如果你把同黨全交代出來，我會看在你是他子孫的份上，減輕你的罪行。」

周錫能之前是會衆，對這種天神下凡的事還是相信的，心想，反正自己不可能跑得開，只好坦白，也好爲自己賺些籌碼，一下子揪出其他十來個人。

得到有用的資訊後，「天父」走了，「東王」回來了，「快把叛徒都給我抓起來！」接下來，便是請天王擬旨收拾這幾個反骨妖人。

洪秀全很好說話，「全交給你們看著辦吧。」

這時，楊秀清又耍起心眼，把事情的處理權交給了韋昌輝。

交給韋昌輝，不就是看重他嗎？

錯！實際上，楊秀清很不喜歡這個人，不喜歡的原因也很簡單，就看他不順眼，別人不喜歡幹的事，楊秀清都丟給他。

反觀，韋昌輝對楊秀清卻是極度奉承，只差沒給他提鞋拍灰塵了。

韋昌輝這個人一看就是個讀書人，臉長得白白淨淨的，不像楊秀清長得跟煤塊似的，但此人雖然臉不黑，心腸卻相當黑。

據史料記載，韋昌輝的大哥曾與楊秀清的妾兄因爭房屋鬧不和，在楊秀清要他處理時，竟用五馬分屍幹掉自己的親哥哥。此人最擅長的就是揣摩別人的心理，尤其是洪秀全和楊秀清的，既然老大把這麼大的任務交給自己來辦，就更要辦得漂亮點。

所謂的「漂亮」就是統統幹掉，韋昌輝一聲令下，命人把周錫能的家屬連同十多個叛賊全拉出去砍了，還是當著永安城老百姓的面砍的。

這次剷除內奸的活動，在太平軍內部形成一股極大的震懾效應，是那些原本不堅定的信徒，以及永安城裡的老百姓都更加相信上帝無所不在。

姚瑩的計謀失敗了，但他不甘心，繼續向賽尚阿獻策，採取圍而不攻的戰術，企圖困死太平軍。

老賽這次沒理他，因爲咸豐又催了，再不幹掉洪秀全等人，自己就快被幹掉了。一八五二年初，清軍連續進行三次大規模的攻城均未奏效，剛過完大年，咸豐的聖旨就下來了，要求賽尚阿馬上辦事，別廢話。

從賽尚阿到廣西，已經足足花了接近一千萬兩銀子，爲了滅長毛，咸豐把自己的私房錢全拿出來，白花花的銀子都是錢啊！

還沒過完大年初五，清軍又開始用火炮攻擊，而且炮彈越來越多，搞得城裡老百姓沒辦法睡好覺。清軍集中所有兵力攻打永州城，而且幾乎天天都有炮火，太平軍實在撐不下去，擺在他們面前的只有一條路——突圍！

第4章

慘痛的代價

見老馮倒下，心裡最痛苦的當屬天王洪秀全。沒有馮表兄，就沒有拜上帝會；沒有馮表兄，就沒有天國的典章制度；沒有馮表兄，也不能有如今的洪天王。

1 永安突圍

太平軍迅速收縮兵力，全軍披麻戴孝，把清軍誘入大峒山的埋伏圈，來了一個反衝鋒。他們眼珠子都綠了，見到清軍時，就好像好幾天沒吃到肉的老虎一樣。

經歷清軍十多次大規模進攻之後，永安城已無險可守，突圍成了太平軍高層領導的共識，即使有些人不願意走，也必須走。

只不過，在數萬清軍圍困之下，四萬多人想從永安突圍並沒那麼容易，再者，這群人當中大部分是無作戰能力的家眷。

一八五二年四月，太平軍開始被迫突圍。

早在三月中旬，人遠在北京，從來沒打過仗的咸豐就明確指出，太平軍只剩突圍這一條路，還派人特意囑咐賽尚阿，一定要堵住，不能讓他們跑了！

這種場面下，任何一個普通的將領都可以徹底殲滅太平軍，因爲仗打到這個時候，不但突圍不是秘密，就是突破口的預測也不難判斷。

北路和西北路的向榮已兵臨城下，後頭還有姚瑩的預備軍，就算是傻子也不會從這裡硬衝。西南方則有烏蘭泰領軍與向榮防線相連，南方依著水路，如果太平軍眞想從這衝出去，各方人馬也能迅速馳援。

唯一有點問題的只剩東面，更準確一點說應該是東北方。

這路清軍由王夢麟、寧珹二人帶領。這兩個小人物沒什麼經驗，如果說太平軍突圍失敗，他們應該會變成大人物，但歷史終究是歷史，發生了就不能改變，他們註定永遠是小人物。

當時，姚瑩認爲應該派向榮去守東面，做到萬無一失，賽尙阿卻不這麼認爲，覺得東面的防守十分牢靠，即使不增加兵力，太平軍也跑不出去。

事實證明，賽老頭子確確實實是個軍事上的大白癡。

一八五二年四月一日，太平軍派先鋒羅大綱進擊東路的古蘇沖。

羅大綱，第一個衝進永安的是他，第一個突圍出去的還是他，爲什麼總是他？

前面解釋過，最重要的原因就是楊秀清看他不順眼，派他當前鋒，正所謂「打死敵人除外患，打死自己除內亂」。此外，還有一個重要原因就是羅大綱打起仗來眞的很猛，在太平天國的狠人中應該能排到前三。

當羅大綱突襲古蘇沖時，賽尚阿還在洋洋得意，認爲這次長毛必死無疑。

但是很快賽尚阿等到兩個消息，一個好消息，一個壞消息。

根據大家的習慣，還是先說壞消息吧，「防線已被突破，彈藥也被搶走了」；好消息則是：「我們都沒事，一看擋不住就跑，不用擔心我們，我們會保護自己。」獲報，賽尚阿差點就沒氣死，急忙命向榮和烏蘭泰前去馳援，牽制太平軍，防止對方主力一舉突圍。

其實，此時仍有可能挽救殘局，畢竟太平軍的主力還在城中。偏偏老天爺眷顧太平軍，下起一場暴風雨來，太平軍趁機退出州城，冒雨向古蘇沖進軍。南線的烏蘭泰困於大雨，沒有進軍城內，只轟了一晚上的炮，炮彈浪費不少，卻沒打到幾個人。

第二天，清軍攻入永安城，發現太平軍已經走光了，賽尚阿命烏蘭泰立即追擊，務必趕上長毛主力。

當烏蘭泰趕到古蘇沖口時，遇到了殿後的秦日綱。烏蘭泰上去就砍，發現這夥太平軍太不經打，正處在混戰之時，蕭朝貴帶兵來援，秦日綱才得以脫身。

這些人不經打是有原因的，因爲大多數都是行動緩慢的老弱婦孺。

清軍把這些天憤怒和不滿都發洩在這些基本上沒有反抗能力的老弱婦孺身上，同時還俘獲了一個很有意思的人物：洪大全。

聞訊，太平軍極爲憤怒，死去的人中有他們的父母，有他們的兄弟姐妹。恨的更高一層就是仇，此時的太平軍對清軍由無盡的恨演變成了無窮無盡的仇恨，抱著「此仇不報枉爲人」的堅定信念，打了一個回馬槍。

太平軍迅速收縮兵力，全軍披麻戴孝，把清軍誘入大峒山的埋伏圈，來了一個反衝鋒。他們眼珠子都綠了，見到清軍時，就好像好幾天沒吃到肉的老虎一樣，拼命追趕。此戰結果可想而知，清軍一敗塗地，血債就要用血來償還，哀兵必勝就是這個道理！

此戰清營損失不下四千人，還被幹掉四個總兵，烏蘭泰更是狼狽不堪，差點被生擒，幸虧運氣好，加上平時堅持練長跑才得以脫身。

賽尚阿聽到這個消息登時傻眼，幸好中華文化博大精深，明明是太平軍不想在永安多待，自行突圍離去的，他給咸豐的奏摺上卻說是「自己率兵攻進永安州城，我軍浴血奮戰，傷亡巨大，太平軍狼狽而逃」。同樣一件事，只是語言稍微轉換一下，便成了另外一層意思。

可惜，遠在京城的咸豐不是三歲頑童，還沒弱智到被騙，但看在賽老頭的身分地位上，再給他一次機會，先降四級，命他戴罪立功。

2 一個可笑的內奸

這便是太平軍中的第二號內奸，洪大全既然投靠清妖，就得做點事，老實地把太平天國中的主要人物全介紹一遍，同時還不忘吹噓了下自己。

正當寒尙阿愁眉不展之時，身邊的謀士來報，「大人，姚大人抓到了一個長毛的重要人物。」

老賽長歎了一口氣，「你們可別尋我開心了，長毛不是都跑光了？」

身邊的人回答道：「此人自稱是洪秀全的弟弟，長毛的天德王。」

「喔？」老賽一聽，似乎又看到了希望。

這個天德王就是被抓到的洪大全，當時清將全玉貴在屠殺老弱的過程中，擄獲了自稱是太平軍中老二的洪大全。全玉貴立功心切，急忙把這個人交給姚瑩，姚瑩也基於同樣想法，立刻把他交給賽尙阿。

至此，一場太平天國歷史上最懸疑的鬧劇開始上演。爲什麼說懸疑，是因爲這個洪大全的身分向來是歷史學家爭論的焦點。

老賽雖然是個軍事白癡，但腦子還沒有壞，知道如果再沒有好消息傳回北京，自己的腦袋肯定會沒了，便把所有賭注全押在洪大全身上。

人押到賽尙阿大營的第一天，老賽就親自接見洪大全，不停問這問那，想套出這些長毛的重要底細。洪大全只是哼了一聲，「少廢話，要殺要剮隨便你，老子餓了，先弄點吃的來再說。」

老賽一聽這口氣，似乎很有來頭，命人弄了一桌豐盛的酒席。

洪大全吃完以後，還跟老賽說：「我是天德王，跟洪秀全是哥們，今天累了，想回去睡覺。」接著拍拍屁股回到大牢裡頭。

老賽身邊的謀士說道：「大人，咱們可以先審審那些跟他一起被俘的人，如此一來就能知道這個人的眞實身分。」

老賽想了想，「好，這事你去辦。」

另一頭，洪大全回到牢裡，跟他一起抓來的同夥就問他，「老洪，咱們會不會被弄死啊？」

他一笑，「兄弟們放心，今天晚上清妖肯定會提你們去審，你們只要記得說我是洪秀全的弟弟，在太平軍中排老二，說話相當好使，就連楊秀清都得聽我的，這樣就沒事了。」

其中一個小弟面露疑惑，「大哥，人家被抓了，都稱自己是小人物，哪有把自己往大說的？」

洪大全極具信心地回答道：「兄弟，這你就不懂了，反正只要按我說的去做，包你沒事。」

果然，晚上官兵把身邊的幾個小卒帶走，這幾個人還很會裝，被打了幾鞭子後才把洪大全交代的話全說出來。

隔天，老賽一聽，喜得都樂開花，還在酒桌上親自為洪大全倒酒，好聲好氣地要他勸「大哥」投降，洪大全的目的達到了。

這便是太平軍中的第三號內奸，洪大全既然投靠清妖，就得做點事，老實地把太平天國中的主要人物全介紹一遍，同時還不忘吹噓了下自己。

話說到現在為止，賽尚阿才知道太平軍中的主要領導人物是誰，可見清軍的情報系統真是不怎樣。

正在賽尚阿欣喜若狂之時，手下傳來軍情，說是太平軍已兵臨桂林城下，他一顆心又慌了起來，只能把希望寄託在洪大全身上。

這個洪大全果然不負眾望，馬上拿起筆寫了份招降書給洪秀全。

老賽暗自高興，等了一天沒消息，又等了一天，還沒消息，那洪大全還安慰他：「您再等等，我兄弟是個重情重義之人。」

豈料，傻傻地等了半個月依然無聲無息，賽尚阿頓感無奈的同時，也對洪大全產生懷疑。

另一方面，洪秀全確實收到清營送來的招降書，只不過只罵了兩句，覺得這事無聊得很，自己既然反了，哪有回頭路的道理？

一八五二年四月十九日，太平軍瘋狂攻打桂林城，剛遭慘敗的烏蘭泰在南門指揮時被炮彈轟死了……不會吧？這哥們在大峒山被太平軍偷襲時依然能死裡逃生，卻在陰溝裡翻船？

但事實就是如此，烏蘭泰確實死了。賽尚阿徹底慌了，在清軍中最能打的就屬烏蘭泰和向榮了，更讓賽尚阿恐慌的是，自己沒法向咸豐交代，剛折了四鎮總兵，現在又搭上一位高級武官，估計自己的小命也快到頭了。

不過，怎麼樣都還是得先爭取一番。賽尚阿又跟咸豐玩起文字遊戲，奏摺的大致內容是這樣，「烏蘭泰拼死保衛桂林，不幸身亡，雖然這次損失依然嚴重，但我們已掌握長毛的確切情報，同時還抓到了一條大魚，是長毛的二號人物。」

咸豐一聽，心想這老小子又在閒扯些有的沒的，直接下令叫他把人帶回來。

其實，賽尚阿現在心裡已經完全沒底氣，不斷懷疑洪大全的眞實身分，不過只得硬著頭皮照辦。

一八五二年五月，賽尚阿押解洪大全回京，沒想到還沒抵達京城，給事中陳壇便首先發難，指責賽尚阿拿冒牌貨哄騙皇上。緊接著，其他各位大臣也開始紛紛上書，質疑洪大全的眞實身分。

賽尚阿還在路上，但聽見風聲，心裡早已冷涼一片。

一八五二年六月，洪大全被押到北京，咸豐立刻派人審訊，洪大全一下子從賽尚阿的貴客變成戴上鎖銬的囚徒。

現在最擔心就是老賽，這幾個月都在煎熬，眼見洪大全的案件審到最後也沒弄出個確切結果，加上此時太平軍正準備攻打長沙，老賽的官肯定是沒了。

不過，這個看似懸疑又不怎麼懸疑的洪大全到底是誰？

3 賽尚阿退場

老賽徹底沒戲，本來應該被處以極刑，幸好他平常待人和善，跟同事關係打得還不錯，朝中很多大臣都向咸豐求情，才免去一死，不過，也就此離開了戰場前線。

筆者翻閱大量史料，證實這個洪大全原名叫焦亮，本來是個讀書人，因爲仕途上的挫折不滿，才開始對抗「朝廷」。

根據《焦氏續修族譜》上的記載，焦亮家住今湖南資興市，從小就十分聰明，記憶力也特別好，經常受到鄉里誇讚。

人被誇的時間一長，難免就有驕傲情緒，一驕傲就會不知天高地厚。

據說有一次，他到縣城參加考試，考官見他衣冠不鮮麗，就有幾分瞧不起，再見他舉止豪放，並不謙恭，也不講些討人喜歡的話，更有十分不滿。

進了考場，當焦亮旁若無人似地走到考桌前，拖了條凳子就要坐下時，考官冷笑一聲，指著焦亮的鼻子說：「粗手粗腳，一肚稀粥，小叫化子怎能應試？」

焦亮眼睛一瞪，指著考官立即回答道：「肥頭肥腦，滿腹糟糠，老飯桶如何主考？」說罷，把筆一擲，憤然罷考。

不管這事是真是假，焦亮確實是個自負的人，考場的失意也跟洪秀全相似，不過，這人特別有個性，竟然改當起和尚。不安分的人永遠都不安分，焦亮當了和尚，卻不好好去撞鐘，半途竟還加入了天地會。

天地會中大多數人都是農民出身，焦亮雖然是個讀書人，但很講江湖義氣，同時又有文化，很快便自立山堂，做了老大。

不過，焦亮並不是徹底的反清份子，曾經主動投奔李星沅，誰知人家老李根本不理他，只是告誡他趕快把破組織解散，不然就直接滅了。

焦亮很氣憤，本以為自己能混出業績，弄個功名，沒想對方竟把自己當賊寇，行！大爺我另找出路！

太平軍打入永安後，焦亮投靠了太平軍，至於到底有沒有「天德王」這個封號，「洪大全」這個名字又是怎麼來的，歷史上一直爭鬧不休。

有一種說法是焦亮自己創立招軍堂，為了弄一個響亮的名號，便自稱為「天德王」，而當時太平軍十分缺人，爲了拉攏焦亮，便直接認同「天德王」的封號。

還有另一種說法則是，這個「天德王」洪大全，完全出於賽尚阿的創作，太平軍中根本沒人有此封號。

不管怎樣，焦亮，或者該說是洪大全，享受了滿清最尊貴的死法：凌遲。

老賽徹底沒戲，本來應該被處以極刑，幸好他平常待人和善，跟同事關係打得還不錯，朝中很多大臣都爲他向咸豐求情，才免去一死，不過，也就此離開了戰場最前線。

在廣西這邊，自一八五二年四月中旬開始，太平軍多次強攻廣西省會桂林，都沒有任何結果。負責鎮守的廣西巡撫鄒鳴鶴已把全部家當賭上，深知一旦桂林守不住，官位不僅保不住，就連自己的腦袋都會搬家。

太平軍想盡各種攻城辦法，卻未產生良好的效果，唯一的收穫就是把烏蘭泰送上天，也算是一筆鉅款入帳。主將被砍死，清軍情緒變得十分激動，急忙趕來支援的向榮便利用此股士氣，把桂林城死死守住。

烏蘭泰已經走向地獄，賽尚阿也淡出太平軍的視線，現在最能打的就只剩下向榮一個。這塊石頭很硬，但太平軍依舊堅持啃下去，過了一個月，差點連牙都磕掉。無奈之下，楊秀清只好下令放棄桂林，改往全州方向進發。

全州距桂林約有一百二十五公里，北與湖南省永州市緊相隔七十九公里，地處湘桂走廊，若想進軍湘境，全州是必經之路。

在進軍全州途中，太平軍順便還打了劫，繞到小縣城興安去，想弄點糧食什麼的，但這地方實在太窮，只喝了兩口水，又繼續揮軍朝全州前進。

一八五二年五月二十四日，太平軍抵達全州城下，見城內僅有兵卒八百多人，根本沒把這些人放在眼裡。沒想到，就是這八百多人讓太平軍嘗到什麼叫「以少抗多」的守勢，他們連續攻打了三天，卻沒有任何進展。

全州的守將曹燮培一面請求向榮派軍來援，另一方面則不斷鼓動群眾。所謂的「鼓動」，說白了就是威脅利誘。

他跟全州的老百姓說：「如果毛匪攻入全州，看你們都留著辮子，一定會全拉出去砍腦袋，與其等死，不如現在大家拼死保城，以待支援，或許還有一線生機。」

同時，全州的知州也把監獄裡的囚犯放出來，讓他們去守城，並告訴他們，如果把城守住，就可以回家種地，藉此激勵囚犯。

這些毫無保留的忽悠玩得很大，不過，全州的老百姓都相信了！

4 雲山！你別走！

在這最後一刻，洪秀全讓所有人都出去了，他淚眼婆娑地看著這個曾經無私奉獻的兄弟，多麼希望躺在這奄奄一息的人不是他，是其他任何一個人都好。

全州城外的太平軍攻著攻著，突然聞到一股特殊味道，令人作欲嘔。

這曹燮培的腦子很好使，城內的炮彈沒了，弓箭也全射出去了，竟然靈機一動，讓城裡婦女用鍋熬粥，好拿來當武器。

這粥可不是什麼小米粥或八寶粥的，而是便粥。

什麼是便粥呢？

這問題細究起來很噁心，最好不要吃東西！便粥裡面有各種動物的糞便尿液，當然也包括人的，混合起來的味道可想而知，肯定「特別」！

當太平軍登梯攻城之時，曹燮培便命人將此物潑灑而下，讓太平軍比被砍死還要痛苦。見此，領頭的楊秀清氣得把嘴唇都咬破，高喊道：「如若攻破全州，勢必殺光城中所有人！」

另一頭，向榮的部下余萬清和劉長清已趕至全州西門外，但一直遠遠觀望，似乎看得很開心，不想出手幫忙。

城裡的人死的越來越多，太平軍的攻勢越來越猛，終於在六月三日攻破全州城，共歷時十一天。

一個小小的縣級市撐了這麼久才被攻破，原因之一是太平軍攻城的技術還不成熟，另一個主要原因則是城裡的老百姓拼死守城，可見無論在任何時代，人民的力量都不容小覷！

全州城一破，太平軍頭一件事便是毫不留情地幹掉所有守城的人，包括那些被放出來的囚徒和煮便粥的婦女。最慘的是地方的行政人員，直接被砍成肉醬，想找顆頭都難。

不過，這裡卻隱含著歷史上的一個大疑問，那就是「太平軍在全州屠城」此事是否屬實。

要想解開這個謎，必須先探討太平軍攻破全州後的進攻路線才行。

太平軍進入全州城之後，先是休整兩日，之後便順流而下，朝湖南永州（今零陵）進發。要進入湖南境內，最方便的便是走水路，只是必須經過湘江上游的第一險灘，蓑衣渡。

先來描述一下此處的地理環境，蓑衣渡在全州城北方水路約二十里，位於湘江東岸，四周丘陵起伏，中間還有農田，渡口處有一片叢林，是打游擊戰的極佳地點。

剛取得勝果的太平軍根本沒把清軍放在眼裡，加上打全州時，向榮的部下帶一萬多人在旁觀戰，未出一兵一卒，今天四萬大軍只是過個爛泥灘，又有誰能阻擋？

這想法基本上沒錯，向榮手下大軍的確實是附近實力最強的部隊，其他各處軍力也都跟全州城差不多，只有一小支守城軍。

沒想到其中一支小部隊便讓太平軍嘗到苦頭，這夥人的帶頭大哥叫江忠源。

江忠源是湖南新寧人士，道光十七年舉人，由於在參加國家公務員考試過程中，申論題沒答好，只好出來自主創業。

他平生最大的嗜好就是「剿匪」，自發性地組織附近鄉民對抗，進而受到清政府賞識，一八四七年時被破格提拔爲七品知縣。到了一八五二年四月，江忠源招募楚勇千餘，號稱「江家軍」。

太平軍攻打桂林之時，江忠源配合駐守部隊，挫敗太平軍的進攻，得以晉升從四品知府。這群楚勇，就是以後湘軍的雛形，後來曾國藩自募鄉勇的舉動也受到此人啓發。

一八五二年六月五日，這一天天氣很好，天是那麼藍，水是那麼清，馮雲山心情也很好，本來想放幾發炮竹，又怕驚動附近的清軍，只好作罷。

沒想到，有人幫了馮雲山一把，還順道把他的人放到半空中去。

蓑衣渡的河床狹窄，江水湍急，江忠源利用此點，命人在轉彎的淺水處釘下木樁，直接堵塞河道，欲使太平軍無法成功前進，卡在河道當中。

緊接著，江忠源一聲令下，炮彈便像煙火一般在太平軍的船上轟地炸開。

這時洪秀全等人感覺不妙，卻已經太晚了，一顆炮彈落在南王馮雲山腳下，炸得他應聲倒地。

見老馮倒下，心裡最痛苦的當屬天王洪秀全，雖然他的心很冷漠，卻唯獨對馮雲山的感情無比深厚。沒有馮表兄，就沒有拜上帝會；沒有馮表兄，就沒有天國的典章制度；沒有馮表兄，也不能有如今的洪天王。

在這最後一刻，洪秀全讓所有人都離開，淚眼婆娑地看著這個向來無私奉獻的兄弟，多麼希望躺在這奄奄一息的人不是他，是其他任何一個人都好。

按照電視劇情節，一般情況下，快翹辮子的人都會用最後的氣息說出一些十分重要的話，老馮也不例外。

他對洪秀全留下最後幾句話，「火秀，我走後，天國兄弟們一定要團結，千萬不能起內鬨，如果以後會有這種事發生，也一定是楊……」話還沒說完，便無奈地離開人間。

老馮肯定沒想到，自己說的話竟會這麼快應驗。或許他認爲這句話應該有個期限，可惜這個期限只有四年，更準確地說，是四年又三個月。

馮雲山從一個落魄的讀書人，變成拜上帝教的中心支柱，創立太平天曆，擁有人心名望，卻不爭權奪利，把教主的位置讓給洪秀全。

作爲一個正常的血性男兒，誰沒有野心？誰不想當老大？然而馮雲山不但自己老大沒當，就連老二的位置也讓給楊秀清，可見其心腸純善，就連太平天國後期的支柱，李秀成也在自述中大加讚賞。

5 全州屠城說

屠城在古代戰爭中是種普遍現象，不只是性格殘暴的人物及其軍隊才會屠城，任何人進行戰爭，都有可能將屠城當成一種必不可少的軍事手段。

人的一生最可貴之處不是擁有多少美女和金錢，也不是得到多少權力名譽，而是當自己面對誘惑時，懂得顧全大局，爲理想堅持下去！

馮雲山同志是一個純粹的人，是一個脫離低級趣味的人，是一個有益於天國的人，可惜，這些也註定他成爲太平天國中第一位悲劇性人物。

迄今爲止，史學界仍然對他的死因爭論不休，爭來爭去，唯一得到的相同點就是馮同志是中彈身亡，只是死亡時間和地點始終意見不一。

關於馮雲山是在全州戰死還是在蓑衣渡戰死一事，無論是史書還是全州當地的傳聞都各不同，以下筆者特地提出主要幾種說法，並加以分析。

說法一：縣城殉難說。

大概過程是這樣，當太平軍佔領興安後，兵鋒直指全州，馮雲山部下繳獲到一匹高大戰馬，馮雲山非常喜歡，常騎著牠巡視部隊和督戰指揮。

某天，馮雲山也騎著這匹戰馬督戰。雙方鏖戰時久，清兵最後不支，便吹起號角，準備收兵。沒想到由於這匹戰馬認得號音，便狂奔號音處，馮雲山控制不住，連人帶馬直接衝到城下，最後被清兵開炮打成重傷斃命。

筆者認爲，馮雲山騎戰馬受傷只有三成可信，暫且先不論戰馬是否眞有靈性這回事，就是「馮雲山直奔城下」這回事都有點可笑。

另外，更有許多人認爲，馮雲山是在坐黃轎過橋時，被敵方的一名小兵放炮擊斃，地點就在全州附近。

這個說法就更有趣了，筆者不禁要大嘆三聲。

當時可是戰亂年代，太平軍又才剛開始打天下，高層坐轎指揮這檔事可信嗎？

再說，馮雲山好歹也是常委中的一員，竟然會被一個小卒子用炮轟死，清軍小兵逃都來不及了，會有那麼積極？

此種死法可信度實在太低，按理說，處於劣勢的清兵想躲這些老太爺都來不及，怎麼會出動襲擊？除非他全家被太平軍幹掉，要不就是腦子壞了。

關於馮雲山戰死全州城的說法，一些史書也有記載。

據張德堅採訪整理的《賊情匯纂》記載，「都司武朝顯以勁兵四百，與賊大小十數戰；更率百姓登陣，以熱桐油稀飯澆之，十日之內，斃賊無數，賊馮雲山亦死亂軍中。」

蘇鳳文《平桂紀略》中，也有記錄太平軍攻打全州的場面，「崩塌城垣二丈餘，賊蟻附登，憤城中固守，賊黨馮雲山斃於炮，屠殺整修。」

另外，戴逸的《中國近代史稿》裡亦有「南王馮雲山中炮犧牲」之說，也因此，馮雲山戰死全州城的說法歷來仍受到一部份人的支持。

說法二：全州重傷說。

這種說法主張，在太平軍抵全州城時，原本無意攻城，只想虛晃一招，將前鋒直指城東的蓑衣渡。基本上跟第一種說法類似，只是這一炮並未直接把馮雲山打死，而是打成重傷，等他隨軍移到蓑衣渡後，帶著重傷指揮戰鬥，才因體力不支而死於戰場。

不過，這個說法也有疑點。馮雲山在太平軍中的主要職責是負責制定典章制度，沒事寫寫應用文什麼的，加上此時楊秀清、石達開等人都在，不大可能讓他重傷了還出來指揮戰局。

另一個說法是：太平軍在蓑衣渡水塘灣受阻後，南王馮雲山便在蓑衣渡的瀉母山觀戰，指揮太平軍用九節銅炮向伏在水塘灣的清兵轟擊。一炮打去，將一棵數圍大的古樟打斷，不料因此暴露自己所在地，清軍大炮猛向此轟來，馮雲山頓時中炮身死。

儘管南王馮雲山戰死何處的說法不一，但一般認爲，馮雲山在全州城受的傷，死在蓑衣渡。

到了一九四二年，史學家簡又文曾到全州城內外及蓑衣渡採訪。他認爲，在攻佔全州後，南王實已負傷，而後行至蓑衣渡時，又與清軍鏖戰，「在危急中，南王亦被抬上岸」，「至東岸，竟一瞑不起，先作國殤矣」。

另一方面，《全州縣誌》主編王竹齋先生等，也認爲南王在全州城曾經受傷，後在蓑衣渡去世。

綜合以上各種說法，筆者認爲最合理的推斷應是，馮雲山於路過全州城受了傷，但應該只是輕傷，並無大礙，爾後在蓑衣渡時受到的傷才是致命的一擊。

也就是說，馮雲山人應該是戰死在蓑衣渡才對。

這個謎團解開，咱們來解釋上一個謎團：太平軍是否於全州屠城？

或許有人不明白，爲什麼講全州屠城之前要分析馮雲山死於何處？那是因爲，衆多史料裡都秉持一個主張，太平軍在全州屠城的行爲，跟馮雲山的死有極爲密切的關係。

在拜上帝會的教衆眼中，馮雲山是名譽教主，對馮雲山的感情甚至強於洪秀全，要是馮雲山在全州戰死，太平軍屠城一事便可以理解。

可是，前面才論證過，馮雲山在全州城外可能受到的僅僅是輕傷，蓑衣渡才是他的亡魂所在，所以全州屠城建立在馮雲山戰死全州上的假設無法成立。

歷史要有證據，要有活生生的事實。僅僅靠這些還不足以論證全州屠城，所以接下來筆者提出透過多方查證搜集到的論據。

首先說一下古代戰爭中的屠城問題，經由考察二十五史中的基本史料後，筆者發現，史書中所謂的「屠城」對戰爭本身具有重要的意義。

屠城在古代戰爭中是種普遍現象，不只有性格殘暴的主將及其軍隊才會屠城，任何人進行戰爭，都有可能將屠城當成一種必不可少的軍事手段。

屠城的主要目的是恐嚇對方，使敵方不敢或是直接放棄抵抗，其次則是讓己方人員在屠城中獲得物質利益。

一方軍隊在對方頑強抵抗下，攻破城池後下令屠殺城內的人，在古代是可以理解的手段，因爲當時憤怒已經沖昏了攻方的腦袋。

屠城雖是古代戰爭不可少的步驟，卻並不代表太平軍在全州也做了同樣的事。主要的問題出在人數上。

據新編《全州縣誌》記載，當時城內有兵丁約五百人，曹燮培所率兵丁則不到四百人，兩者相加共八百多人。爲固守城防，曹燮培招募民團，並強征婦女上城熬粥，又釋放囚犯，總兵力達一千餘人，這與太平軍在戰中殺死的人數相符。

另外，根據資料考察，當時全州城中的老百姓除了跑的，剩下的包括守軍在內也不過兩三千人，清軍卻向朝廷報告有六千四百餘人被屠殺，分明是在胡扯。

客觀上來說，太平軍遭到頑強抵抗，在攻破城後，亂殺了一些無辜老百姓是有可能的，卻肯定沒有達到所謂屠城的程度。

事實上，大戰前太平軍還曾放出風聲，「凡百姓從小南門出逃者，皆不殺」，如今當地老百姓也有將小南門稱爲「生門」以茲紀念的習慣，加上曹燮培求救之血書也寫得非常明確，「城中所存者只千餘人，寡不敵衆」，可見城破時，已經沒有什麼老百姓。

那麼，「全州屠城」一說又是從何而來？

記載太平軍屠城的記錄大多是清廷一方記載的，當中是否有故意誣陷的嫌疑？

歷史是一成不變，但史書卻是可以改變，無論太平軍是正義還是邪惡，後人都應公正地去評斷這段歷史。

第5章

戰爭的轉捩點

攻打長沙畢竟是件大事，這麼艱鉅的任務，太平軍應該傾巢而出，自郴州直撲長沙才對。但太平軍高層卻僅派出蕭朝貴，帶著李開芳、吉文元兩位小將，總共一千多兵馬去攻打大城市長沙。

1 道州決策

這項決策十分重要，挽救了太平天國，挽救了拜上帝會，更挽救了楊秀清等人的宏圖大業，是攸關太平天國生死的轉捩點。

太平軍在蓑衣渡折騰了兩天兩夜，傷亡七、八百人，還搭上了開國軍師，可謂損失慘重。更慘的是，太平軍最後還是沒打通前進的道路。

迫於情勢，楊秀清只好下令將船隻銷毀，丟棄輜重，徹底放棄水路，在一個讓人鬱悶的晚上，辛苦地翻山越嶺，走陸路潛到湖南境內。

蓑衣渡成了太平軍永遠的痛，此戰是太平軍自建國以來損失最慘重的一次，也是最丟人的一次，興許都弄出心理障礙了。

戰後，最得意的無非是江忠源同志，此戰成就了他的官路，也讓咸豐小子明白，太平軍並不是不可戰勝，只不過他之前沒用對人。江同志的名聲很快就傳開來，連當時的曾國藩、胡林翼對其都讚賞有加。不久之後，他在長沙保衛戰又大展身手，很快擢升為湖北按察使，才短短一年，就由正廳級幹到省部級。

太平軍灰頭土臉地走到永州附近，一路上又折騰死不少人，尤其是那些無作戰能力的家屬，跑不動了只能扔在荒山野嶺，不少士兵更餓得只能嚥口水。

大夥見永州近在眼前，就拼了老命奔過去。

永州位於瀟、湘二水匯合處，自古稱瀟湘，這時恰逢瀟水暴漲，無法輕渡，加上太平軍的船隻都已在蓑衣渡一戰中被毀，無船可用，總不能自己游過江去，即使游過去，也會被清軍當成靶子練箭。

來個假設好了，如果瀟水沒漲，太平是否就能攻下永州？

答案還是很難。太平軍未入湖南之前，永州的各方人馬便已經開始嚴密防守，就算瀟水不漲，想打永州必須經由水路，可當時除清營外，附近船隻全燒光了。更重要的是，太平軍士氣正低，一意堅持強戰的話，八成沒好結果。

永州不行，就改攻道州吧！

道州是現在的湖南道縣，位於瀟水中游，當時負責設防的是提督余萬清，統轄一省陸路及水路的官兵，官階爲從一品，比烏蘭泰還高，在武官裡算是個響噹噹的人物。

不過，這位老兄有個習慣，他喜歡田徑運動，在道州城裡來了個萬米賽跑，給了太平軍可乘之機。

太平軍攻打道州時，創下攻城史上的最短紀錄，一個小時。

爲什麼呢？

原因很簡單，因爲兵士全跑光了，太平軍是從大門走進去的，毫無阻礙。

不僅如此，那余萬清還好事做到底，一溜煙地直奔衡陽而去，完全放棄道州旁邊的幾個縣城。其他縣城裡的官員見堂堂國家軍委要員都跑了，自己這群七品芝麻官還撐什麼？二話不說也跟著跑走。

行政長官接二連三地出逃，城中的老百姓頓時慌了，這些他媽的都什麼玩意兒啊？敵軍還沒到，全都跑得連影子都找不到了。

這種情形下，受益的當然是太平軍，他們進了城後，挖土豪、打劣紳，再順便幫天王選幾個小美人入宮，大家重新過回舒適的日子。天王洪秀全心情舒坦，還順便放了幾個二踢腳（即煙火）來慶祝。

只有這些還不夠，太平軍一得空，就開始搞輿論，今天拆個廟宇，明天砸個道觀，口中還直罵著孔老二。老百姓一看，發覺這群長毛確實有一手，什麼都不怕，看來眞有神靈護體，便帶著對未知事物的探索精神，加入這個「神聖的組織」。

當然，有些人的目的不是很純潔，在清政府裡混不開，索性跟著天國混。雖然加入太平軍後還是無財階級，但今天沒收李地主家的銀子，明天又去奪走劉地主家的，就算一分錢都撈不到，也解氣得很。

這麼一招攬，原本元氣大傷的太平軍立馬恢復了往日生機，但再怎麼舒服，道州畢竟是個小縣城，還是得另覓他處，擴張地盤。

就在這時，組織內部意見出現分歧，各位高層都有自己的主張。

有一部分燒炭的老鄉懷念故土，想殺回廣西，但燒炭大哥楊秀清不同意，還激動地把小弟們訓斥一頓，表示要攻向長沙。

翼王石達開則主張去四川，這個策略比較獨特，卻不一定好用，因為沒一個人和四川熟，光怎麼走都是個大問題。

偉大的上帝次子洪先生更不靠譜，竟然說要回廣東老家，不知道是腦子壞了，還是這兩天女人玩多了，才會沒頭沒腦地說胡話。

如果要去廣東，還不如殺回廣西，因為廣東老百姓根本不買他們的帳，估計洪先生的目的也不是從大局設想，應該是想炫耀鄉里。

正爭得不可開交時，韋昌輝建議大家投票，採取少數服從多數的原則。弄個投票不能說太平天國內部多民主，但投不投，結果都一樣。

為什麼這麼說呢？

想想這五位高層，蕭朝貴是楊秀清的兄弟，韋昌輝這個人善於揣摩別人心理，誰強勢他就喜歡跟誰。

結果可想而知，楊秀清勝出。其實，不用這麼做，大家最後也是得聽老楊的。洪秀全只是「天皇」，而楊秀清才是掌握實權的首相，何況現在他頭上還掛著「天父」的頭銜，要是不合己意，就拿起道具，請天父「下凡」。

見楊秀清贏了，洪秀全很失落，不由得想起逝去的雲山兄弟。

如果他在，起碼能多一張選票，那麼韋昌輝這個牆頭草說不定也會站到自己這邊。

老洪越想越傷心，越想越無奈。

從客觀角度來看，楊秀清的戰略是當下最具勝算的，明顯高出其他人一籌。

當時，清廷從各省調集的重兵，大部份還留在廣西，湖南清軍兵力明顯空虛，加上湖南本身鄉黨盛行，進軍兩湖，既可避實就虛，又能得到天地會的奧援，百利而無一害。

綜上所述，這是太平天國歷史上重要的軍事決定，史稱「道州決策」。這項決策十分重要，挽救了太平天國，挽救了拜上帝會，更挽救了楊秀清等人的宏圖大業，是攸關太平天國生死的轉捩點。

左先生沒有在悲觀中走向人生的沉淪，沒有像有些酸文人一樣，從此寄情山水。儘管他的詩文才華出眾，但他決定從此不再參加會試，不想在考試路上耗盡年華。

2 神秘人物登場

太平軍在道州的日子並不舒服，那裡不是療養院，而是血淋淋的戰場。

余萬清跑了，但咸豐還在皇帝位子上，一聽長毛軍已殺進湖南境內，還賴在道州不走，頓時火冒三丈。

其實，太平軍只想再歇個幾天，但道州城外的清軍表現十分曖昧，不強攻，卻喜歡撓癢癢，還是上萬人在撓癢癢。

清軍硬是在道州城外這麼撓了一個月，把太平軍都撓疼了。

一八五二年七月二十四日，太平軍撤出道州，向郴州方向進發，一路勢如破竹。這些都得感謝余萬清這老兄，弄得附近的縣官也跑個精光，只剩郴州的孫恩葆同志還執著一股堅定信念，率領二百官兵親自帶隊守城。

結果可想而知，孫先生犧牲了。

一八五二年八月十七日，太平軍進入郴州城內。這裡是湖南重鎮，北接衡州，南連韶關，盛產煤炭，有煤都之稱。

有煤的地方就自然有礦工，大家都知道礦工的活不好幹，而且還很危險，雖說是手工作業，沒有瓦斯爆炸，但要不就塌方，要不就漏水，安全指數頂多比零高上一些。再說，在當時，工作得再辛苦，還是吃不飽。

這些都被楊秀清看在眼裡，這些苦難的礦工可說是他的同行，一個是挖，一個是燒，容易產生革命情感。楊秀清的眼眶濕了，想起自己曾經受苦的日子，命人送給礦工們一碗碗熱騰騰的米飯，告訴他們，如果不想幹，就跟著太平天國混吧，不僅有白米飯，而且還有四菜一湯。

結果呢？

比較可信的說法是，有部分礦工加入太平軍，約莫一千多人。但當時郴州算是個不小的地方，礦工肯定比一千人多很多，可見楊秀清並不是一下就全部收買到所有工人。

不管怎樣，至少楊秀清的辦法起了一些作用。他接下來把這些善於挖洞的人組成一個部隊，叫做「土營」，專門負責挖地道、埋地雷，最後發展成一支成熟的工兵隊種。

這些行為都被一個人看在眼裡，這個人是湖廣的左宗棠。

左宗棠是何許人也？他是湖廣人士，字季高，號湘上農人，世居湘陰，幼聰穎，好讀書，卻屢試不第。

小時候，左家裡很窮，但父母秉承著「窮不能窮教育」的堅定信念，堅決讓他完成了高等教育。左宗棠中了舉人，那一年他二十歲，正值青春年少，意氣風發，可是接下來的公務員考試讓他嘗到苦頭，連續考三次都沒成。

「進士」沒考上並不代表沒有發展，一個人要想成功，不是因為你有多高的學歷，而是看你有沒有超出常人的學習能力。

偉大的左先生沒有在悲觀中走向人生的沉淪，沒有像有些酸文人一樣，從此寄情山水。儘管他的詩文才華出衆，但他決定從此不再參加會試，不想在考試路上耗盡年華。

既然成不了知識份子，就幹自己的老本行，務農。

左先生這個農民不是簡簡單單的農民，他關心的不是農作，而是當前的政治局勢，還連帶研究起了三十六計。

一八三八年，左宗棠來到南京，謁見赫赫有名的老鄉陶澍。陶澍是連任十多年的兩江總督，見左宗棠到來，顯得格外熱誠，因爲他們之間有過一段淵源。

那是一年前陶澍回鄉省親的事，途經醴陵時，縣所的一副對聯讓他若有所感，「春殿語從容，廿載家山印心石在；大江流日夜，八州子弟翹首公歸。」這副對聯徹底表現出故鄉人對陶澍的敬仰和歡迎之情，又道出了陶澍一生最爲得意的一段經歷。

走進廳堂，迎面是一幅山水畫，上有兩句小詩，「一縣好山爲公立，兩度綠水俟君清。」意思是醴陵縣那傲然屹立的山峰，皆是仰載陶公一腔凜然正氣而生。

沒想到小小醴陵，居然有我的知己！

這位六十多歲的封疆大吏心情激動，立即決定推遲歸期，要求見詩文作者。

沒多久，一個二十多歲的年輕人來了，他便是左宗棠，時任山長。

有人或許要問了，山長是什麼官嗎？其實，山長不是官，而是歷代對書院講學者的敬稱，雖然不是官，在學術上的地位卻不容小看。

其實，左宗棠並不瞭解拜上帝教，他要是知道楊秀清就是所謂的「天父」，肯定會換個說法來遊說，因為這麼一說，等於是在拆楊秀清的台。

3 左宗棠

陶澍與素昧平生的左宗棠徹夜長談，左宗棠不失時機地提出想拜陶澍爲師的念頭。陶澍喜歡有才華的人，答應了。

於是一個落魄的窮舉人，就這樣做了兩江總督府的幕僚。

陶澍甚至以一代名人之尊，提出要與左家結秦晉之好，將年僅五歲的唯一兒子陶桄許配給左宗棠當女婿，以表自己對左宗棠才學與人品的器重。

可惜左宗棠運氣極差，第二年陶澍就去世了。

他只好拾回老本行，回鄉下種地去，自稱爲「湘上農人」，過了十年，又有一位大人物出現，改變左宗棠的命運。

這個人就是林則徐。

當時林則徐途經長沙，指名要見隱逸在老家讀書的左宗棠。恰巧那天沒有月亮，三十七歲的左宗棠行色匆匆，心情激動之餘，竟一腳踏空，落入水中。

林則徐笑道：「這就是你的見面禮？」

兩人相談片刻，林則徐混沌的眼睛頓時亮了起來，他終於找到可以託付終生信念的人了！這位老臣立刻將自己在新疆整理的資料和細心繪製的地圖全交給左宗棠，並且誠懇地說：「我老了，不中用了，年輕人，好好幹，將來國家就靠你們了！」

後來，左宗棠征戰新疆，帶的就是林則徐繪製的地圖。

此刻，左宗棠眼眶濕潤，心裡暗暗立下誓言，絕不負重託！臨別，林則徐還寫了一副對聯相贈，「苟利國家生死以，豈因禍福避趨之。」

左宗棠將這對聯當作自己的座右銘，不忘時時激勵自己，「每遇艱危困難之日，時或一萌退意，實在愧對知己。」

之後，林則徐身染重病，知道來日不多，多次向咸豐皇帝上書稱左宗棠為「曠世奇才」，以後必有大用。

人要是點背，喝涼水都會塞牙，左宗棠才認識陶澍不久，陶澍便死了，剛結識林則徐不到半年，林老先生也走了，但不要緊，他的名氣還是打出去了。

一八五〇年，這一年的左先生已經三十八歲，依然還是一個農戶，雖然有很多做幕僚的機會，卻都拒絕了。

拒絕的理由很簡單，一是他這個人脾氣不太好，一般人他看不上。另外還有一個重要的原因，當年陶澍把五歲的小兒子交給左宗棠後，左宗棠一直教他讀書，即使陶澍死了，仍一如既往，用實際行動來表達自己對恩師的感恩。

一八五二年，這一年，左先生四十歲，這時太平軍已經打到郴州，威脅到長沙。

左先生雖然不出門，對天下大事仍然瞭若指掌，據說便出現了一段插曲。

在任何一個時代，人才都是稀有物種，當然也包括太平天國。自古湘土出英才，洪秀全和楊秀清商量之後，決定在郴州設立招賢館，招攬四方人才。

九月某一天，有個打柴模樣的人在太平軍的軍營外面觀望，被巡營的小兵抓到軍營裡去。小兵問道：「你這個清妖的奸細來幹什麼的？」

左宗棠微微一笑，「我是你們大王要找的能人，當世的諸葛孔明，趕快去通報一聲，要不然我就告你的狀，哈哈！」

小兵一聽，一溜煙跑向翼王的營帳，報告上級有個自稱是當今諸葛亮的人求見。

石達開一聽，「嗯？叫諸葛亮？真有意思，這個人倒要去看看。」他這個人的特點先前也提過，喜歡有知識、有文化的讀書人，當年聽馮雲山背了段滕王閣序就入會。

左宗棠聲稱：「在下是高季左，平常喜歡研究時事政治，今日路過，被小兵抓到，謊稱自己是當今諸葛亮，才能見到您。」

兩人越聊越開心，越聊越投入，石達開覺得這個人以後必有大用，難得的奇才。

石達開問道：「高先生，你這麼有才學，不如就留下來當軍師吧？我們這正缺像你這樣的人才。」

左宗棠仍是一笑，「高某乃閒雲野鶴之人，漂泊慣了，今日來此，純屬無心，得蒙石先生厚待，已不勝感激。」

石達開又勸道：「先生，既然來了，見見我們天王和東王再走也不遲，他們求賢若渴，特別是像先生您這樣的大才，一定得見上一面才行。」

第二天，石達開便把左宗棠引見給楊秀清。

楊秀清一開始很高興，現場的氣氛也很融洽，開口閉口都是「高先生」，沒想到接下來的對話令他十分惱怒。

左宗棠道：「東王，我在軍營中觀察幾天，發現你治軍嚴謹，軍紀也特別好。」

楊秀清故作謙虛地笑道：「謝謝先生誇獎，畢竟大家都是苦出身，要是再禍害老百姓就不應該了。」

左宗棠點點頭，「東王您能夠從廣西到湖南勢如破竹，主要原因是太平軍很得人心，另外一部分原因則是你們並未打著『反清復明』的口號，畢竟明朝在百姓心目中的印象早已淡出，這一點你們做得特別好，只是……」

楊秀清道：「高先生別介意，但說無妨。」

左宗棠慢條斯理地分析，「當今社會動盪、民心浮動，如果沒有偏差，大清國不久就會完蛋，天國現在武將有餘，文士不足，若想招攬更多天下賢士，拜上帝教便應改弦易轍。」

楊秀清一聽，臉上露出些許不悅，冷冷道：「怎麼個改法？」

左宗棠道：「拜上帝教作為招撫百姓的招數，與天地會、白蓮教及歷史上的許多教派如出一轍，這玩意兒矇騙無知百姓還可，但讀書人不稀罕這個。拜上帝教是洋教，恰是洋人欺辱我們，販鴉片、占口岸，讀書人痛恨至極，你們把洋教抬出來，當然會令天下讀書人反感。」

楊秀清越聽越不爽，只是硬忍著沒發脾氣。

其實，左宗棠並不瞭解拜上帝教，他要是知道楊秀清就是所謂的「天父」，肯定會換個說法來遊說，因爲這麼一說，等於是在拆楊秀清的台。楊秀清靠什麼混上來的？有很大一部分是借助「天父」這個名號，要是把拜上帝教弄沒了，不就等於顛覆天國？

楊秀清臉色鐵青，大喝一句「胡說八道」後，直接拂袖而走。

左宗棠無奈地搖搖頭，看了一眼石達開。

石達開從頭到尾一句話也沒說。他瞭解楊秀清，知道對方有能力，個性卻剛愎自用，況且這是關係太平天國根基的事。

大家可以這樣想，楊秀清現在的位置是老二，雖然不是萬歲，但軍權在手，而且關鍵時刻還可以利用「天父」下凡控制洪秀全，何樂而不爲？

如果把拜上帝教整沒了，楊秀清的位置就會降下來，不利於自己權力的控制。

左宗棠這一次是撞槍口上了。他很沮喪，臨走前爲石達開題了一手字，落款便是「高季左」三個字，倒過來念，就是左季高。

後來，石達開才知道這人就是左宗棠，但更令他想不到的是，這位「高先生」以後將成爲自己的勁敵。

4 迷霧中的真相

更為蹊蹺的是，當湖南巡邀請他出山時，左宗堂不斷拒絕，以各種理由搪塞，就連太平軍兵臨城下，他依然泰然自若。

這是在特定的歷史時期和歷史條件下才出現的軼聞，基本上並無確鑿可信的歷史證明。爲了考察此一傳說的歷史眞實性，筆者曾查閱所能接觸到的記述或提及此一傳說的文獻資料。

民國時期，日本學者稻葉君山所著《清朝全史》出版，該書寫道：「據長沙人言，洪天王圍長沙時，有一人布衣單履，與天王論攻守建國之策。天王不能用，其人乘夜逃去。後湘人欲縛此獻策者，因不知其姓名，其事遂寢。」

著名歷史學家范文瀾撰著的《中國近代史》，沿襲並進一步地肯定此說法。他在上冊中寫道：「根據比較可信的傳說，當太平軍圍長沙時，左宗棠曾去見洪秀全，論攻守、建國的策略，又勸他放棄天主耶穌，專崇儒教。秀全不聽，宗棠夜間逃走。」

簡又文所著《太平天國全史》一書，第七章的一個注釋中，也引述上述傳說，「據傳說，左宗棠初以懷才不遇，鬱鬱不得志，嘗投太平軍，勸勿倡上帝教，勿毀儒、釋，以收人心。惟洪、楊以立國之源頭及其基礎乃在新教，不能先自壞之，不聽。左乃離去，卒爲清廷效力。」

關於左宗棠投太平軍的說法，在太平軍圍攻長沙的當時並不存在，此後至左宗棠逝世前的二十餘年間也沒聽見有人講過。甚至在左宗棠逝世後近三十年之久，還不見有人提起，一直到辛亥革命時期才開始出現，距太平軍圍攻長沙已經超個半個多世紀！

這顯然與當時民族革命運動高漲的形勢密切相關，即反清政治鬥爭的需要，促使革命宣傳家們呼喚歷史的亡靈，改換古人的服裝，以達動員民眾的目的。

所以，這個故事一點可信度也沒有嗎？

倒也不盡然。

很多野史和小說都記載，年輕的左宗棠是一個憤青。憤青這個詞在現代社會可是個流行辭彙，從字面意思來看，憤青的意思可以理解爲「憤怒的青年」，如果要從深層次挖掘，憤青也可以理解爲對社會現狀不滿，而急於改變現實的青年。

如今網路上的「憤青」似乎是貶義，舉個簡單的例子，比如某位大俠義正言辭地說：「面對日本，國人應時刻保持理性，抵制日貨是一種不理智的行爲。」那麼所謂的「憤青」就會群起而攻之，堅決用口水淹死不順眼的主張，給人冠上各種頭銜，比如「漢奸、走狗、賣國賊」等響噹噹的稱號。

左宗棠人在長沙時怒罵權貴，抨擊時政，甚至說出「這樣的政府不如推翻算了」等反革命口號，後來事情鬧大，連咸豐同志都知道了。咸豐聞後大怒，「狗日的農夫，竟敢罵老子，給我就地正法。」

幸好，左農夫人緣在當地還不錯，消息傳出後，許多有識之士紛紛上書爲他說情，最有份量的一句話當屬翰林院學士林祖蔭的「天下不可一日無湖南，湖南不可一日無左宗棠」。

左宗棠的命算保住了，但是那張嘴還是管不住。今天跟老王講清政府橫徵暴斂，明天又跑去跟老李講清政府不重視人才。總之，左先生秉著把「憤青」進行到底的堅強決心，義無反顧投身到「反革命言論」的大潮中。

更爲蹊蹺的是，當湖南巡撫邀請他出山時，左宗棠不斷拒絕，以各種理由搪塞，就連太平軍兵臨城下，他依然泰然自若。種種跡象表明，左宗棠對清政府很不滿，只是自己還挑不起大旗。

事物之間就怕做對比，本來很差的東西和更差的東西一比較，那麼這個很差的東西就是好東西。他既憎恨滿清政府的昏庸無道，又不滿太平天國打著洋教旗號，左憒青在選擇跟誰混的道路上變得猶豫不決。

和曾國藩與胡林翼相比，左宗棠更瞭解洪秀全。他也經歷過科場的失意與彷徨，但左先生心態很好，既沒有發瘋，也沒有做夢，只是繼續進行他平淡的生活，繼續種他那幾畝薄田。

最不能讓左宗棠容忍的是，洪秀全竟然改認了祖宗，自稱天父之子，不僅令所有喜愛尋根的國人非常鬱悶，而且把國內那些清醒而痛苦著的窮書生弄得十分困惑，無法想像跟著他去造反算不算一條出路。他有大批盲目的追隨者，卻無法調動大多數書生造反。

左先生也想成就一番大業，但他想通過正規的途徑，即使是造反，也要有一個讓世人折服的旗號。

洪秀全是個窮秀才，和左宗棠處於同一社會層面。他懂得人間疾苦，很想建立和諧的社會，「有田同耕，有飯同食，有衣同穿，有錢同使，無處不均勻，無人不飽暖」，也是左宗棠正在家鄉實踐的理想。

但是，洪秀全是用暴力用戰爭來改朝換代，同時掃蕩中國的傳統文化，還迫不及待地自立爲天王，幾乎聽不進有識之士的勸諫。

這場由洪秀全發起的戰爭，在中國讀書人的心中打了一個大大的問號。

就左宗棠這樣的憂國憂民之士而言，反對腐敗的政治，救民於水火，那是好事，可爲什麼要否定傳統文化？爲什麼要信奉洋教，又在所到之處焚燒宗廟，把土地文星菩薩全部打倒？滅絕傳統，斯文掃地，究竟想把中國折騰成什麼樣子呢？

左宗棠對洪秀全有沒有同情？未必沒有，因爲野史的特點不是無中生有，而是捕風捉影。正如人們常說的，歷史沒有如果，所以左宗棠與洪秀全既然沒有共事一場的緣分，就只有相互爲敵的可能。

太平軍賴在湖南不走，最著急的不是別人，正是北京的咸豐帝。趁著太平軍在郴州等地休整的時間，清廷立刻抽調川、貴、贛、陝、豫、閩等地的軍隊馳援。

不料，各路人馬明明三天能到，偏偏以各種理由敷衍，不是說路上下雨，就是說刮沙塵暴，當時科技不發達，沒有天氣預報，大家想說什麼就說什麼。

既然援軍沒到，就只能靠自己，湖南的清兵把船隻及周圍橋樑統統破壞，斷絕敵方進攻可能。船壞橋垮都可以日後再修，長毛要是佔領了長沙，沒了的可是小命。

5 攻向長沙

雖然長沙的兵力也不足，也只兩千人左右，但有件事太平軍顯然沒有搞清楚——攻城講究的是以多攻少，一萬攻打兩千，人數都不算太多，何況現在是一千多比兩千！

這時，太平天國還沒有對攻打長沙展露高度重視。

按理來說，攻打長沙畢竟是件大事，這麼艱鉅的任務，太平軍應該傾巢而出，自郴州直撲長沙才對，但太平軍高層卻僅派出蕭朝貴，帶著李開芳、吉文元兩位小將，總共才一千多兵馬去攻打大城市長沙。真不知道他們的腦袋是進水了，還是被門縫夾到。

在介紹這場艱苦戰役之前，得先將李開芳和吉文元這兩位的背景交代一番。

李開芳，壯族，廣西武緣（廣西武鳴縣）人，另有一說是廣西鬱林州人，在太平天國中與林鳳祥齊名。

三國時的蜀有個「五虎將」，清末的太平天國也有，當中就有李開芳，另外四個人分別是林鳳祥、胡以晃、黃文金，以及羅大綱。

關於李開芳的身世，筆者閱眾多史書，大概整理出以下一個說法。

李開芳曾在清軍中當過兵，後來逃兵跑回家鄉，改到貴縣一帶做小買賣。在當時，逃兵的後果很嚴重，要是被抓到，估計小命也就嗚呼了。至於他是怎麼加入太平軍的，卻幾乎無據可查，只有一條是確定的，他對清政府很不滿。

另外一位將領吉文元的資料則更難找，只知道他是廣西人，在天國裡當過侍衛，幹過將軍，官位最大是曾做過春官副丞相。

雖然長沙的兵力，也只兩千人左右，但有件事太平軍顯然沒有搞清楚——攻城講究的是以多攻少，一萬攻打兩千，人數都不算太多，何況現在是一千多比兩千！

想當初，洪都（今南昌）只有幾千守軍，陳友諒率領六十萬大軍都沒能前進一步，何況現在長沙經過一個多月休整後，已然變成一座堅城。

話雖如此，蕭朝貴還是上路了。

起初很順利，太平軍自郴州出發，一路勢如破竹，先後取下安仁、攸縣、茶陵等地，一路上殺紅了眼，揮舞片刀砍了十六天，殺到離長沙只有十里的石馬鋪。

駐守石馬鋪的清軍是西安鎮綠營兵和瀏陽鄉勇。

恰巧這時陝西兵新到，蕭朝貴趁其立足未穩，發動突襲，激戰半日，破營七、八里，斃敵九百餘人，斬獲總兵副將各一人。瀏陽鄉勇見狀，立刻作鳥獸散，駐守金盆嶺的朱瀚亦不戰而逃，槍炮器械全部被太平軍繳獲。

次日，太平軍轉攻黃土嶺，清軍仍是不敵，潰退回城。

這時，最緊張的不是別人，正是湖南巡撫駱秉章。雖然他已經卸任，但是朝廷文件還沒下來，還是得管著一畝三分地，要是丟了，估計腦袋也丟了。

沒有最緊張，只有更緊張，這位比湖南巡撫更不安的人就是湖北巡撫羅繞典，硬被弄到長沙變成前線總指揮，責任一下奇大無比。

眼下形勢危急，援兵還須等些時日才到……羅先生雖然不是軍事天才，好歹也讀過幾天兵法，知道只靠這點人要想守住長沙很難，只好就地取材，召集湘勇保衛湘土，同時命令提督鮑起豹加緊巡邏，嚴防長毛分子滲透清軍內部。

說到這裡，必須介紹一下這位鮑起豹同志。這名字相當唬人，可別看鮑先生是個二品武官，這威武的名字一點都不適合他。

豺狼虎豹乃世間之猛獸，鮑先生的性格卻偏偏像一個受驚嚇的野兔，見到誰都想跑，可惜就算跑得了長沙，也跑不開咸豐小子的「王道樂土」。

九月十一日，太平軍開始攻城，由於急於攻破長沙，沒有詳細偵查地理環境就發動攻擊，誤以為城東南的高樓便是主城樓，等到發現錯誤，返回南城門時，城中守軍早已各就其位。蕭朝貴失去一次破長沙的大好機會。

雖然太平軍錯失良機，仍佔據城外一些民房，同時送給長沙守軍幾百枚炮彈。這時，有枚炮彈正好落在城中街上賣燒餅的小車裡，老百姓可嚇壞了，幸好野兔提督鮑先生立時派上用場。

雖然他打仗沒有什麼經驗，可欺騙老百姓還是很有一套。他利用湘楚人民崇拜城隍神的特點，想把城隍廟的神像搬到南城樓震懾長毛，不過，得先編點好聽話讓老百姓接受才行。

鮑先生開始喊話，大概意思是這樣的，「同志們，你們不要怕，不用慌，剛才落在地上的其實是長毛的鬼蛋，我們有城隍神，專門降服牛鬼蛇神，沒什麼事大家回去洗洗睡吧。」

這一套對於普通的平民確實管用，因為城隍神的強大已經在他們心中深深地紮下了根。可惜，這對只尊上帝的太平軍沒有絲毫用處。

6 天兄殞逝

蕭朝貴雖然中道而逝，猶如曇花一現，但他的軍事才能，卻已譽滿全軍。在太平天國的文獻中，一再高度讚揚他衝鋒破敵武略精，豐功蓋世。

九月十二日，已經掌握地形的太平軍對長沙發起全面攻擊，主攻地點是南門，由於太平軍人數不多，不適合分散作戰，只好選擇強攻一門。

最近幾年因爲攻城經驗大增，太平軍已經掌握到攻城的一般技巧，明白只靠強攻的話多半沒希望。這次，蕭朝貴採取先佔據制高點，然後拿炮轟得對方稀裡糊塗，最後再趁亂打劫。這構想是很好，重點是那個時代的炮彈威力並不大，轟個土坯房估計還可以，但現在轟的是磚土城，效果自然沒那麼好，作用也打了折扣。

這時，主將蕭朝貴高喊著，「同志們，衝啊！」

同志們得令後，二話不說地衝上前去，卻也直接了當地倒下一大片。爲什麼？因爲清兵有槍，這東西可不是鬧著玩的，打在身上就一個窟窿。

這下蕭朝貴可急了，拿起大旗拼命揮，一邊大喊道：「兄弟們！玩命吧，你看，我都豁出去了！」

在戰爭中揮舞大旗是個危險的活。在戰鬥中，旗幟代表的是向前衝鋒，是永不言敗的精神，同時也是最引起敵人注意的東西。既然蕭超貴這麼想引人注目，清軍就只好成全他，立馬一個笨重的炮彈朝蕭同志打去，雖然品質並不算好，也夠蕭同志倒下了。

見西王在戰場上倒下，李開芳立刻命衆人停止攻城，同時派人星夜兼程，趕回郴州通報。獲報後，楊秀清慌了，沒想到蕭兄弟快不行了，他可是我的親密戰友，我還指望他和我一搭一唱的啊！

救歸救，卻也得考慮客觀因素，那個年代不是二十一世紀，沒有高速的通訊系統，更沒有現代化的交通工具，等大夫到長沙，估計蕭朝貴都快入土了。

苦苦熬了半個月以後，蕭朝貴終於走向人生的終點。從他死去的那一刻起，四周兄弟們的心中開始有了懷疑，天兄哪去了？上帝又到哪去了？

至此，太平天國的第三號人物，西王蕭朝貴真的駕鶴西歸，這一切似乎與他的封號那麼雷同，也不知道這是上天安排，還是偶然的巧合。

說起來，這個五大三粗的大漢能走到今天確實很不容易，從一個家境貧寒，連字都不認識幾個的燒炭工，一躍成爲太平天國的西王，一路走來是多麼艱難。他受過背井離鄉、跋山涉水以及顛沛流離的生活之苦，經歷過社會的世態炎涼和戰爭的風風雨雨，這個肩膀寬闊的漢子曾以「天兄」的名義穩定住拜上帝教早期的不安局面。

綜觀蕭朝貴的一生只有短短三十二年，但終不枉來這世上一回。

從金田的烽火到官村大捷，以及現在的長沙惡戰，蕭西王經歷過的大小戰役不下二十次，每次都是首當其衝。

西王雖然勇猛，卻不魯莽，雖然在戰場上奮力廝殺，卻不濫殺無辜。

蕭朝貴雖然中道而逝，猶如曇花一現，但他的軍事才能，卻已譽滿全軍，在太平天國的文獻中，更是高度讚揚他衝鋒破敵武略精，豐功蓋世。他的老部下李開芳更是盛讚蕭朝貴打仗最厲害，清方文獻也記載，蕭朝貴驍勇善戰，遇敵當先者屢見不鮮。

蕭朝貴不僅謀略、才智出衆，而且作戰英勇，爲太平天國革命做出重要貢獻，也是太平天國的開國元勳，在中國近代軍事史上佔有一席之地。如果要給太平天國的將領做個排名，蕭朝貴在名將當中雖不是第一名，但在猛將當中絕對是老大。

但無論如何，西王還是走了，逝去的就永遠不會再回來。

第 6 章

建都

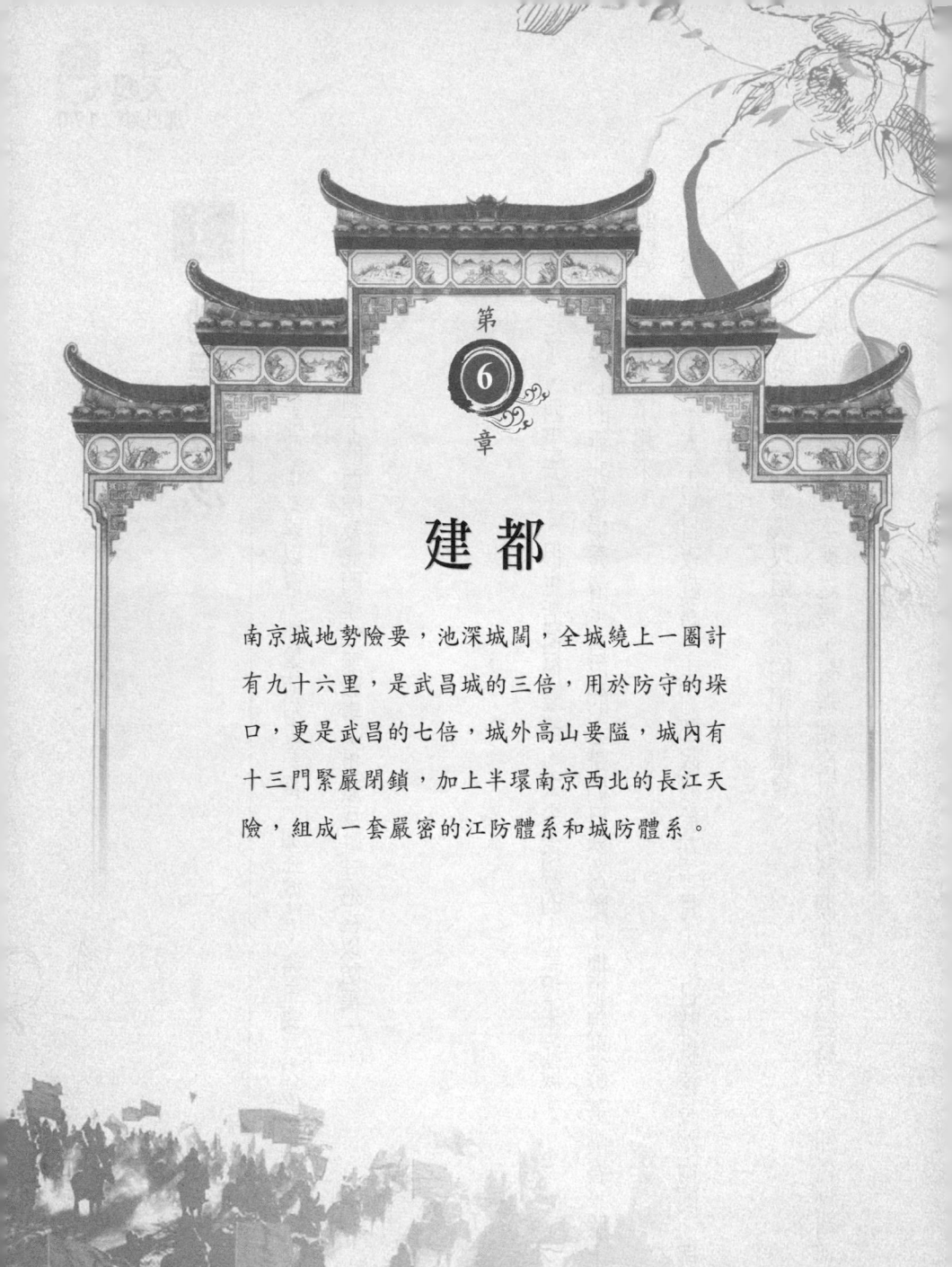

南京城地勢險要，池深城闊，全城繞上一圈計有九十六里，是武昌城的三倍，用於防守的垛口，更是武昌的七倍，城外高山要隘，城內有十三門緊嚴閉鎖，加上半環南京西北的長江天險，組成一套嚴密的江防體系和城防體系。

1 馳援長沙

長沙守軍在援軍到達以後，即搶佔附近要害，加強城防，將主要兵力放在南門及東門，剩下的西門及北門雖然無戰事，也派兵駐守巡視以防萬一。

南王走了，西王去了，但生活還得繼續，太平天國的大業還未完成。此刻最傷心的無非是楊秀清，自己的老哥們已然遠離，他狠狠地咬著嘴唇，臉上青筋開始一條條浮了起來。

過了一個月，太平軍日夜趕路，主力部隊終於在十月十一日時抵達長沙南門，與蕭朝貴死後留下的隊伍會合。

此時，太平軍已經喪失攻陷長沙的絕佳機會。

長沙城在遭遇蕭朝貴突襲之後，幫辦湖南軍務的前湖北巡撫羅繞典、卸任湖南巡撫駱秉章，以及湖南提督鮑起豹等人，馬上飛諮兩廣總督徐廣縉，要求速派大軍應援，同時要求駐在岳州的湖北提督火速引兵赴援，又將朝廷派來增援湖南的部隊調去長沙。

在洪秀全、楊秀清到達長沙以前，敵人增援的大致情況如下：

九月十八日，楚雄協副將鄧紹良率精銳九百人到長沙。

九月十八日左右，江西九江營一千人起赴長沙，先到永州，於二十四日抵達長沙。

九月二十二日、二十三日，鳳凰廳同知賈亨晉及永綏協（今湖南花垣縣）副將瞿騰龍部率兵勇二千人到長沙。

九月二十四日，河北鎮王家琳率兵千人到長沙。

九月二十六日，綏靖鎮和春、鎮遠秦定三等率大軍到長沙。同時，江忠源率軍達一千五百人入長沙馳援。

九月二十五日前，副都統銜一等侍衛開隆阿等率兵七百餘到長沙。

十月六日，新任湖南巡撫張亮基所統之兵二千餘人到長沙。

連同招募的鄉勇，長沙城內外清軍的兵力，據估計，至少達五萬人。

如以五萬人計，剔除在十月上旬以後到達長沙增援的李瑞、福興等軍的人數，保守估計，在洪、楊到達長沙時的清軍兵力，應有三萬餘人，較蕭朝貴初攻長沙時，增加了三、四倍。

在這段時期內，清軍的指揮力量也有所增強，除了湖南巡撫張亮基，早在一開始，新任湖南布政使潘鐸也已迅速進入長沙備戰。

前面說了這麼多，主要是引出一個人，即是號稱「今亮」的左宗棠。他隱藏深山四十年，現在終於出山。

前面說過，左宗棠有很多次出山的機會，但都被他拒絕，爲何此時他會出現在亂軍包圍的長沙，原因有三：

一、湖南是左先生的老家，眼見自己家鄉生靈塗炭，又有誰會不挺身而出？

二、推薦左宗棠的人是胡林翼，此人可不是一般人，於官場上相當出名，也是著名的戰場老將。

三、張亮基本人對左宗棠也禮遇有加，奉爲上賓，給予無限尊重。

左宗棠加入使清軍如虎添翼，但太平軍還在做白日夢，認爲長沙指日可得。

張亮基入城時，帶了三件寶，第一件是「今亮」左宗棠，第二件是兩千名士兵，最後一件便是火藥兩萬餘斤及子彈兩萬餘斤。這樣一來，城內的軍火特別充裕，士兵抵抗太平軍的熱情也開始高漲。

還有一個重要人物，就是太平軍的老朋友向榮。

這個和太平軍作戰已近兩年的常敗將軍，又一次被賦予統領四川、河南、陝西等省清兵的重責，於十月二日時抵達長沙和衆人會合。

他到達長沙後，立即將五千斤大炮置於城東南天心閣最高處，向太平軍轟擊。在這之前，城中竟無人敢用此武器，可見向榮的作戰方式還是有一手。

這一轟，太平軍制高陣地瞬間被毀。

筆者在此先簡單統計此時長沙城內的具體情況：城內有一位幫辦大臣、兩巡撫、兩提督；城內外總兵、副將、道府以下等數十人。大小頭目蜂聚蟻集，是太平軍起義近兩年以來未曾碰過的大陣仗。

其實，太平軍應該感到光榮，因爲這表示清廷的最高領導，也就是咸豐皇帝十分關注這場戰爭的勝負！

長沙守軍在援軍到達以後，立即搶佔附近要害，加強城防，將主要兵力放在南門及東門。剩下的西門及北門雖然無戰事，也派兵駐守巡視以防萬一，至於城外各營之間，則靠挖掘長壕互相連接。

這些佈局，對後來戰事的發展有極大影響。

例如，江忠源於九月二十六日抵達長沙後，即率領本部共一千五百人去搶佔城東南天心閣附近的蔡公墳高地築壘佈防。太平軍起兵來奪，江忠源以前隊抵抗、後隊築壘的辦法死命掙扎。

江忠源這個名字相信大家並不陌生，他便是把馮雲山送上天堂的那個主。這小子或許是嫌上次占的便宜不夠，升的官也不夠大，這次又跑來長沙「幫忙」，不過，這次並不像之前那樣幸運，更差點把自己的小命也賠進去。

交戰地點位於城外重要的戰略據點蔡公墳，若攻南門，此據點必須拿下。

或許，有人會質疑，剛才還在寫蕭朝貴直接攻打南門，怎麼現在又多了個據點呢？那時蕭朝貴率領的部隊確實靠近過長沙南門，但由於他的陣亡和洪秀全、楊秀清的疏忽，使這個絕佳的機會葬送，蕭朝貴的部下只好後撤，這樣就給了江忠源可趁之機。

太平軍一聽前面駐守的是江忠源，眼睛都開始冒火了，「狗日的，今天必須拿下你的狗頭！」

短短幾個小時，江忠源的部隊就被幹掉好幾百人，他本人的腳踝則被刺穿，險些直接到陰間去見老敵人馮南王。

太平軍正想趁勝追擊時，和春的大軍從側面殺來，在白沙井一帶與太平軍展開鏖戰，將蔡公墳穩穩握在手裡。

另外，長沙東門的情況就更慘，早被清軍用大炮轟得摸不清東南西北。

說句實在話，戰鬥的時機轉瞬即逝，一分鐘就能決定戰鬥的勝負，要是機會失去了，就算改日再浴血奮戰也已經毫無益處，因爲時間拖得越長，清軍的增援部隊就越多。可惜，楊秀清是個倔性子，不相信自己會失敗，堅信自己在長沙建都的夢想還沒破滅。

洪秀全、楊秀清等人見硬攻長沙未有成，開始轉換思路，想偷偷挖掘地道攻進長沙城，同時派出石達開領著兩千多人西進湘水，分散清兵的注意力，這也正是楊秀清的聰明之處。

石達開，身爲太平天國的第一名將，他盡情表演的時刻終於到了！

2 長沙再見！

正巧資江水大漲，楊秀清認為這是天父之賜，違之不祥，向洪秀全建議，所有糧草輜重裝在船上，浮江而下，直取岳州。太平軍終於徹底跟長沙拜拜了。

十月十七日，翼王石達開奉命率領數千太平軍強渡湘江，控制住西岸的水陸兩路，並留兵把守，接著進佔河西靳江、市鋪尾、象鼻壩、龍回潭、陽湖和灣鎮一帶，並在猴子石搭建浮橋，將東西兩岸連成一體。

河西為長沙西通常德、北入洞庭的要道，可以直通常德、岳州。

最重要的是，當時正是秋收季節，一旦繳獲大批糧草，便能源源不斷地送往東岸軍營，糧草一充足，戰士們也來勁了，馬上有了長期圍城的資本。

石達開在打通西岸的同時，太平軍繼續對長沙發動進攻，使出挖地道的老法子。

太平軍那邊有辦法，左宗棠這邊也有對策相應，雖然「今亮」不是真的諸葛亮，但在用兵方法很有一套。

首先，他出謀劃策，從長沙的富商諸如黃冕、賀瑗、孫鼎臣及歐陽兆熊手中籌措出十二萬兩白銀，安定城內軍心；接著讓清軍圍繞城牆開鑿濠溝，並且找來城內的全體瞎子，在城牆根下挖坑，讓瞎子們在裡面日夜監聽。

靠著瞎子們的敏銳聽力，太平軍的掘地部隊還沒靠近，長沙城內便已獲得情報。對付炸塌的城牆，左宗棠也有辦法。當城牆缺口時，他急中生智，令部下用石塊填補缺口，同時發下規定，只要向缺口拋石頭，便一塊賞一千文。一聽有錢，城內老少立刻全部出動，石塊不斷從缺口中飛出，連帶砸死砸傷大批太平軍。

在這種情況下，太平軍終難越過雷池一步，雖然在城南魁星樓和金雞橋一帶已挖掘多條地道，也曾經三次轟塌城牆，卻因被迅速堵住而無重大進展，戰情就此陷入僵局。

在此期間，洪秀全也沒閒著，決定頒制太平天國的玉璽，又設置詔書衙，人模人樣地正式當皇帝，同時也提拔出一批將領，如賴漢英、林鳳祥、李開芳、曾水源等，分別被提拔爲指揮、將軍、侍衛。

太平軍在長沙已經圍城八十多天，既不能殲滅城外之敵，也不能合圍破城。

另一方面，見清朝援軍不斷開來，太平軍由主動逐漸轉爲被動，爲了保存實力，只好暫時放棄久攻不下的長沙城。

在一個昏暗的夜晚，無月高掛，連星星也沒有幾顆，太平軍在蒼茫夜色掩護下緩緩撤離長沙城邊，靠著石達開先前搭起的浮橋，安全渡過湘江，趕赴河西的常德、岳州一帶，另闢新的戰場！

至此，長達八十一天的「長沙惡戰」就此結束。

太平軍撤離長沙後，自寧鄉北出，很快便攻佔下益陽。益陽距離長沙約三百里，太平軍先是乘船依水順流而下，停在資水和湘江交會處的臨資口，這裡屬於湘陰管轄。

太平軍還在攻打長沙時，湘陰的清軍便已開始部署防務，大興土木，用木樁巨石封鎖江面，還派了兩千水勇防守，擺出一副嚴加防備的態勢。

沒想到這麼做，反而是為太平軍送去一支龐大的水軍力量。

資水乃湘江到益陽的水路要道，江面一旦被封鎖，等於切斷來往商路，使在上游貿易的商船進退不得，被阻在益陽一帶。當時江面上往來商船約莫五千多艘，大部分是運送糧食、木材等民船，平日接受雇傭，收取微薄運費以維持生計，航路一斷，立即受到重大影響，進而對清軍怨聲載道。太平軍都還未完全撤離長沙，便有人開始喊起革命口號接應。

太平軍順流而下，極其快速地清理江面，疏通河道。清軍方面雖然已用木樁、巨石鎖江，但畢竟兩千水勇的軍力過於微薄，不敢強行抵擋，一看大事不妙，便抓緊小命跑得老遠，花費數月建成的封鎖線，頃刻間毀於一旦。

而那些在江上滯留好幾個月之久的商船及船上物資，自然都成了太平軍的戰利品，就連大批的貧苦船夫也在楊秀清等人強力忽悠下，毅然加入太平軍一同造反，人數達六千人之多。

本來，在長沙撤退後，太平軍領導人中還有一部分持「從陸路經常德北上，取河南為家」的意見，現在水軍逐漸龐大，看法也逐漸發生改變。

更幸運的是，當地的天地會會眾前來報告，說在洞庭湖上有大批船隻停留，縴夫、船戶對清朝廷也非常痛恨，心向太平軍。

正巧資江水大漲，楊秀清認為這是天父之賜，違之不祥，向洪秀全建議，所有糧草輜重裝在船上，浮江而下，直取岳州。

太平軍終於徹底跟長沙拜拜了，這場惡戰終於徹底告一段落。

戰爭是孕育軍事人才的搖籃，這一次也不例外，清軍裡出了個左宗棠，太平軍裡則出了個石達開。

很多人會羨慕歷史名將的風采，也想體會在戰場上指揮千軍萬馬的暢快感受，甚至有人會暗恨自己沒降生在金戈鐵馬的時代。

但無論是石達開、左宗棠、曾國藩，還是後來的陳玉成、李秀成等人，他們都必須在一次次的殘殺中倖存下來，看著周圍的人死去，忍受無盡死別，經歷必然的失敗，從無數士兵的屍體再次站立，打敗對手。

眞正的名將之路，是一條痛苦、孤獨、血腥的道路，在這條路上，能信任和依靠的人只有自己。

3 岳州寶物

起兵之初，太平軍的武器較為落後，大多是些刀槍棍棒、斧頭大錘之類的冷武器，最先進的也只是自製的土炮，殺傷力遠比不上清軍的連珠火炮。

十二月三日，太平軍很輕鬆地殺進益陽城，劫掠了水上數千隻民船，水陸並進，殺出洞庭，迅速攻克岳州，順勢又搶了幾艘大船。

岳州處於湖南湖北交界處，地理位置重要，清廷的湖北巡撫常大淳在太平軍進攻前，更專門到當地「考察」，提出看似完美的方案，命人用大石沉船塞進土星港，癱瘓水路交通。

孰料，太平軍行至土星港後，四處抓人，拉出一支工程大隊，一天內便把常大淳花了一個月工夫派人塡塞的沉船大石全搬乾淨，毫無阻礙地直逼岳州。

更糟的是，常巡撫派到岳州鎮壓的博勒恭武將軍見狀，立刻自顧自逃開，頗得八旗先人的眞傳。太平軍一槍未發，未傷一兵一卒，直接入主岳州。

此時，大多數船民心中對清政府斷他們生計之事早已生怨，索性全體加入太平軍，致使太平軍的水師人數一夕劇增，船隻遮天蔽江，極爲壯觀。

當太平天國駐在岳州時，有個老漢找上翼王石達開，並且告訴他一件奇事，「在附近山上有寶。」

旁邊的人一聽，眼珠子早就紅了，唯獨石達開的神情十分淡定，「有寶？」

既然有寶物，太平軍當然不能放過，在石達開周密安排下，一次聲勢浩大的尋寶活動便直接上演。經過仔細搜索，終於在一個山洞裡發現所謂的「寶物」。

令人訝異的是，那並不是金光閃閃的黃金，也不是光彩奪目的翡翠瑪瑙，而是技術較爲先進的大炮和槍枝！

對太平軍來說，這些武器的價値絲毫不亞於黃金鑽石。

原來，這些兵器是當年吳三桂留下的，當年他「衝冠一怒爲紅顏」引清兵入關，被冠上漢奸之名，後來又不滿足現狀，反抗清政府。

這些兵器就是吳三桂和清軍決戰失敗後放到山洞裡的，山洞位置極爲隱密，要不是有人指出具體位置，根本不可能找得到。

太平軍在岳州的收穫不少，籠絡人力，還尋到寶物，這可是自起兵以來收穫最好的一次。

起兵之初，太平軍的武器較爲落後，大多是些刀槍棍棒、斧頭大錘之類的冷武器，最先進的也只是自製的土炮，殺傷力遠比不上清軍的連珠火炮。

之後，武器開始改進的第一階段是在道州停留的時期，在近兩個月的滯留裡，除了確定著名的「道州決策」外，還進行一場大規模的「增修戰具，補益軍目，製備軍火」等擴展軍備活動。太平軍在道州「搜取銅鐵各物，製造大小炮位三百餘尊」，才總算使武裝程度明顯提升一個層級。

到了太平軍攻向長沙之前，由於途中不斷繳獲大量武器，包含大炮之類的重型武器，武器水準不斷改善，只可惜，仍遠遠不如清軍。

這次從岳州獲得的武器在一定程度上來說，已經相當先進。明朝的某些武器甚至比清代還要先進，吳三桂也算是明末的一員猛將，武器上自然也繼承了明王朝的衣缽。

說了這麼多，下面還是接著介紹岳州的情況。

太平軍占取岳州僅僅十天後，洪秀全、楊秀清便下令向武昌進軍，十二月二十二日，太平軍順水順風地連克漢陽、漢口兩地，隔江遙望武昌城。

武昌扼長江中游，與漢陽、漢口隔江相望，統稱武漢三鎮，一旦控制武昌，向西可以進入四川，向東可順江而下佔據富庶的江南，向北可以問鼎中原，戰略地位極為重要，為兵家必爭之地。

時節正值深冬，長江水淺，大大降低造浮橋的難度。

此刻，充分體現出楊秀清這位燒炭工的軍事眼光，先前收編的水師也終於派上用場。他命人用鐵鍊將船隻連在一起，用巨型纜繩綁住粗大木頭，上面放置鐵塊，一夜之間，寬闊的江面上便架起一座浮橋，人馬往來自如，為攻城創造出最有利的條件。

當時，武昌守城清軍僅三千多人，湖北巡撫常大淳立刻下令，將城外兵勇全數撤回城內堅守。

從客觀條件來看，太平軍想一舉攻破武昌城頗為困難，畢竟武昌是座大城，固守待援的話，肯定能伺機反撲，爭取一線生機。誰曉得這位常巡撫偏偏喜歡折騰人，竟然無視老百姓，硬是把距城十丈周圍的民房全放火燒掉。

大火燒了七天七夜，也燒出無家可歸的人心中熊熊怨恨。

百姓恨之入骨，紛紛跑來投靠太平軍，還不斷提供武昌城內的各種情報。

十二月二十五日，羅大綱率軍攻城。

作為太平天國的一員猛將，羅大綱不知擔當了多少次先鋒，但此次攻城並不順利，太平軍的傷亡很大。

正尾隨太平軍的清軍向榮部也於二十五日到達武昌城南的白木嶺，被太平軍的後隊所阻，只好繞往東南方，駐營卓刀泉，進占洪山。

為了保障前線作戰，大後方的太平軍刻意採取繞圈圈的辦法，使向榮軍無法輕易朝城內靠近。

一月十日，太平軍主力合圍武昌成功，在文昌、平湖各門開挖地道。

一月十二日晨，在文昌門附近，只聽轟然一聲巨響，城牆轟塌，羅大綱領著太先鋒部隊率先衝入缺口，其餘方向的太平軍則緣梯而上，不斷攻入城內。

清軍這時慌了，手裡武器全扔了，開始百米賽跑，更有些聰明的人乾脆在原地裝死。總兵常祿和王錦繡在亂戰中被殺，只剩下常大淳一個長官。

此人雖是百米跑手，但實在怎麼跑也跑不掉，放眼望去一群一群的全是長毛，只好選擇一種勇敢的死法——自殺。

4 二次決議

南京是相對優秀的選擇，只是地位最高的天王洪秀全堅持要去河南，其他人根本無法高聲駁回。正在這時，楊秀清突然從椅子翻下來……

武昌失陷的消息很快便傳到北京，咸豐很生氣，馬上革去徐廣縉的官銜，又命湖南巡撫張亮基接替兩湖總督之位。不過，這次太平軍的老對手向榮倒是逃過一劫，非但沒進監獄，還當上了欽差大臣，專門負責兩湖軍務。

面對如此嚴峻的形勢，中央政府只好重新安排軍事部署，以遏制太平軍。

第一路是向榮所領部隊，主掌兩湖；第二路則以兩江總督陸建瀛為欽差大臣，主要負責安徽、江蘇兩省的軍務；第三路以河南巡撫琦善為首，駐守湖北、河南等地；最後則令雲貴總督羅繞典專守荊襄之地，企圖將太平軍圍困在湖北境內。

這時，武昌裡的太平軍則正沉浸在勝利的喜悅之中。高興是正常的，這畢竟是太平軍攻入的第一座重要城市，同時也洗刷先前在長沙的恥辱。

有些書上寫說，武昌城內的百姓不停敲鑼打鼓、鳴放鞭炮，表達心中對太平軍的熱烈歡迎，筆者倒認爲這完全是胡扯。

要知道，清軍總是爲老百姓們灌輸許多關於長毛的負面評論，儘量將其妖魔化，一旦城破，裡頭百姓的恐懼肯定又更深一層，何來的夾道歡迎之舉？加上太平軍的打扮外表與當地人士更是格格不入，必然會引起一陣騷動。

再說，當時城內的大小官員幾乎都殺進城的太平軍砍翻，那些「熱烈歡迎」的儀式根本沒人帶頭。

在百姓畏縮恐懼的情況下，太平軍再度搞起宣傳的老本行，開始向老百姓講解萬能的上帝，拼命讚揚上帝的好。

只搞宣傳是不夠的，要有銀子才是重點，沒錢靠什麼打仗？

不過，太平軍弄錢的方式不是平分，當然也不能據爲己有，而是一律充公，不管是富紳，還是普通老百姓，統統上繳，然後由太平軍的有關部門打一張「白條」登記起來。

有人或許會說，只要把錢財藏好不就行了？

這是個好辦法，關鍵是你能否藏得住。

據說，有一個姓劉的財主，在當地可謂是首屈一指，知道太平軍要求上繳財產時，把家裡的金銀財寶全埋在院子裡，卻沒能逃出這幫人靈敏的嗅覺，挖了兩天兩夜，硬是翻出來了。最後這劉財主非但錢沒留住，連自己的命也沒保住。

對敢出言不遜、宣揚儒教、公開反對天朝的，那就更不客氣，基本上是死刑，而且立即執行。

太平軍有一樣倒還蠻特別的，就是對強姦婦女的犯人絕不姑息，一槍斃命。

洪秀全進了武昌後，就開始大量尋覓美女，他可以夜夜笙歌，可憐的士兵卻連多看一下女人的屁股都會受到處罰。

此時，太平軍已經在武昌住了快一個月，該搜刮的財富也差不多，接下來的動向是去是留，得先找兄弟們開個會討論才行。

太平天國的「二次決議」就此拉開序幕。前面講過，由於票數上的差距，楊秀清在道州決策裡占了上風，可是現在蕭朝貴已經升天，只剩楊秀清一人唱獨角戲，事情會不會起了什麼變化？

石達開一如既往地想去四川，還說就算進不了四川，去陝西也可以；洪秀全這次倒想開了，不想回老家廣東，想直取河南，進逼北京，因為這樣就可以挑選全國美女供自己享受。

就在這時，楊秀清同志又有新的創意，他主張去江寧（即今南京），因爲裡面有「王霸之氣」，雖然楊秀清是個燒炭工，看來一些說書話本也沒少聽，知道南京是六朝古都。

中國古代歷史上建都城一般是有山有水，有險可守是很重要的。例如明代，明太祖朱元璋選擇在南京建都，就是認爲南京有長江天險，歷來都是北方遊牧部落最頭疼的問題，因爲他們擅長騎兵，南方大山、大河，多不易攻克。並且皇帝建都，都會派朝中最擅長奇門遁甲、天文地理的人，選擇有王氣，能保帝國永世長存的地方建都。

太平天國的建都意見分歧，其實就是戰略觀點差異。從天王和東王的戰略選擇上看，天王主張狂飆急進，趁清廷沒有做好萬全準備時直擊北京，取一局而定乾坤；東王則主張南下，割據東南半壁，和清廷形成長期對峙的局面。

實際上，割據江南比直擊北京更爲可行，雖然現在大多數人認爲太平天國建都江南是個敗筆，但細細分析，建都河南且揮軍直擊北京的決定並不理想。

首先，當時太平軍的人數有限，又多是南方人，長途跋涉下，即使再精銳的部隊也會變成強弩之末。更何況，太平軍的士兵並不算受過專業的軍事訓練。

另外，北方是清廷的根本所在，即使清營軍士腐敗，但蒙古、滿洲等地騎兵仍有戰力，且有數十萬之衆，是道無法輕易跨越的難關。

其次，就建都地點來看，河南地窄人貧、糧餉難濟，又是四戰之地，易生戰火，就算能夠以此攻克北京，也不一定能長久固守，反而容易無所依託。

反觀南京，至少還有長江天塹和紫金山可做屏障，加上江浙地區向來富庶、人口密集，籌糧籌款甚至攬人都較為便利，肯定比河南更適合。

那麼，再看看石達開「建都川陝」之見，是不是真的可以圖謀天下呢？

可惜答案是否定的，雖然川陝自古為一體，然而圖川和圖陝仍有不同。

若是圖川，可以逆長江而上，由三峽進取成都，然而，四川既易於割據一方，也容易受人封鎖，若是北無關中、東無荊襄，必然受他人所制。

若以圖陝而言，占關中是歷史上很多統一王朝謀求根據地的一步，以當時情況看，走南陽盆地，經武關占西安是最安全的路線。但陝西雖然地理位置不錯，還是離富庶區域稍遠，對需要糧款人才的太平天國來說並非首選。

如果直接建都武昌呢？會不會比前面三者更有說服力？

這首先得分析一下武昌的地理形勢，武昌北受三關，西守三峽，佔據長江中游，以兩湖為依託，順江之下可以攻掠蘇皖浙閩等地，逆江則能經四川成都等地進伐中原，接著分兵山西、山東等地，合擊河北要衝。

地理位置看似萬無一失，但弱點偏偏就在經濟問題上。武昌本地資源過於貧乏，對長江上下游的水路交通依賴極重，只要清廷以重兵切斷上下游的商路運輸，即使不直接進攻，武昌也撐不了多久。

從幾者比較來看，南京是相對優秀的選擇，只是地位最高的天王洪秀全堅持要去河南，其他人根本無法高聲駁回。

正在這時，楊秀清突然從椅子翻了下來，衆兄弟頓時一愣，但很快大家就反應過來，東王「來神」了。

天父道：「爾等可知天父旨意？」

衆人無語，天王更無語。

「爾等若要步入小天堂，必取南京方爲上策，爾等可知否？」

既然天父旨意，大家只能乖乖順從。

其他人都沒有天王洪秀全心底明白，所謂的「天父」無非只是楊秀清個人意志的轉移，只是一旦揭開這個謎底，就等於拿石頭砸自己的腳。

太平天國的下一個目標只好就此定下，往南京出發。

5 定都南京

三月十九日，天還沒亮，大霧籠罩著儀鳳門，被太平軍折騰了一天的清軍，還在夢鄉之中，突然間，幾聲巨響震醒城中所有人的夢境。

一八五三年二月九日，太平軍離開武昌。

今日之太平軍已非往昔之長毛匪，男女老少加起來大約有五十萬人，不僅人口多了，武器裝備也搞上來了，最重要的是同志們底氣很足。

太平軍分成陸路和水路兩支部隊向南京開進，陸路大軍由胡以晃、李開芳、林鳳祥等統領，沿長江兩岸，鋪天蓋地朝南京襲來。

水路大軍是太平軍的主力，承載著攻打南京的重要任務，由楊秀清、石達開、秦日綱、羅大綱、賴漢英等統領，領著綿延數十里長的戰船，桅桿林立，場面相當浩大。

當中最能擺譜的當然是洪先生，他坐在特製龍舟上，左右兩旁還有美女隨伺，一下捶腿一下揉背的，真是威風得意。

從武昌到南京之間，有一千八百多里的江堤防線，清軍在江西九江、安慶、蕪湖等地都安下重兵，卻沒起到絲毫作用，苦心經營的江防體系瞬間土崩瓦解。

陸路方面，大軍經過一個月的行進，在三月八日時先行抵達南京城下，在城南方的西善橋一帶紮下重營，想從氣勢上壓倒對方。

太平軍逼近南京的消息很快傳進咸豐皇帝的耳裡。幾近絕望的咸豐，決定把這個燙手山芋直接丟給南京的文武大員，叫他們自己看著辦，反正拿工資就得幹活，這是幾千年來的老規矩。

事實上，南京城裡的一幫政府官員，比咸豐更加絕望，他們寧可直接辭掉這份工作，把以前貪的錢也全退回去。

太平軍紮營後，隔天便直接從南門的報恩寺高塔上架起大炮轟擊南京城。

又過四天，太平軍的水師大隊來到下關江面七里洲，順利登陸，攻下與南京隔河相望的浦口，和陸路一同合圍。

此時，南京的最高長官是兩江總督陸建瀛，可惜自古以來，打仗不是看官職大小，而是看主帥有沒有能力指揮。

如果把主帥分成四類，筆者會這樣分：

第一類有勇有謀，此乃韓信、徐達是也，也就是所謂的名將風範。

第二類是有謀無勇，此類人謀略超群，上陣搏殺卻不大行，膽量也只是一般，也就是所謂的儒將。此類雖是讀書人，指揮卻很有一手，典型代表便是春秋戰國時期的孫臏。

第三類是有勇無謀，此乃關羽、李元霸等人，也就是所謂的猛將，一刀既出，絕無生魂。

第四類就糟糕了，既無勇，又無謀，沒辦法打贏，也沒勇氣出城決戰，南京城的最高長官陸建瀛便是此類。

總督既是如此，再瞧一瞧他們另一位二品大員吧！

當時主守南門的是江寧布政使祁宿藻，年齡大了些，加上有病在身，一時間壓力過大，心理素質不佳，最後竟嘔血而死。

客觀上來講，祁宿藻不該對南方的城防如此沒有信心，歷任皇帝都十分重視南京防務，在城內駐紮八旗和綠營重兵，軍務規模僅次於京師。

再者，南京城地形易守難攻，是塊不大好啃的硬骨頭。

南京城地勢險要，池深城闊，全城繞上一圈計有九十六里，是武昌城的三倍，用於防守的垛口，更是武昌的七倍，城外高山要隘，城內有十三門緊嚴閉鎖，加上半環南京西北的長江天險，組成一套嚴密的江防體系和城防體系。

陸建瀛眼睜睜地看著祁宿藻嘔血而死，心裡難免有些不安，但也只能硬著頭皮坐鎮南京，發公告通知大家南京很安全，也告誡城中百姓千萬不能逃跑，並且表示自己一定不會帶頭逃跑，誓與南京共存亡。

原本負責前衛的陸建瀛，變成守門員後，再無後路可退，終於說出了大義凜然的言辭，不過，他還是感覺心裡沒底，天天燒香拜佛，求菩薩保佑。

正當城內上下人心惶惶時，李開芳派出一支兩三百人的小突擊隊，殺進城南街區，守將急忙請求支援。誰知陸建瀛竟不同意，認爲這可能是太平軍的誘敵之計，決定進行「炮火支援」，命令炮手向城南街戰場開炮！

一開始，連太平軍自己都傻眼，後來才反應過來，原來清軍決定玩場貨眞價實的「苦肉計」，趕忙趴在地上，讓炮火去攻擊那些傻傻站著的清兵。

另一方面，突然被炮轟的那群新兵除了傻眼外，心裡更是不安，以爲太平軍已經攻入城中，有位兄弟也喊得很及時，「兄弟們，快跑啊！長毛已經破城了，總督陸建瀛也被幹掉了！」

此話一出，果然管用，大傢伙一哄而散，誰也不想留下來當炮灰！

陸建瀛這場瞎指揮，使太平軍有了可趁之機，決定在三月十九日重施故技。攻城之前的準備很重要，太平軍故意派出間諜，化裝成和尚混入南京，散播明日攻城之說，製造恐怖氣氛。

城北靠近儀鳳門一帶的民居，牆壁上和大門上，都被劃上形形色色的暗號，有的畫紅圈，有的畫白圈，有的寫一字，有的寫二字，做接頭之用，免得到時誤傷了自己人。南京城內則是人心浮動，他們將因為陸建瀛的專斷和頑固，喪失苟延殘喘的最後一線生機。

陸建瀛也因為拒絕下屬善意的建議，將自己推往離死亡更近的絕境。

三月十九日，天還沒亮，大霧籠罩著儀鳳門，被太平軍折騰了一天的清軍，還在夢鄉之中，突然間，幾聲巨響震醒城中所有人。

原來，太平軍引爆城北儀鳳門地道裡的炸藥，同時架起大炮，對準城牆猛烈轟擊。即使是再堅固的城牆，也禁不起這般折騰，轟了幾炮之後，城牆上開始出現好幾道大口。

林鳳祥見到這個情況大喜不已，當下便命敢死隊衝進缺口。三、四百人的敢死隊分成兩路，一邊招呼百姓關門避險，一邊吹響螺號，揮舞杏黃色的軍旗，迅速向市區殺進，迅速搶走城北的制高點雞籠山和鼓樓崗。

鼓樓崗的太平軍作為預備隊策應，雞籠山的太平軍再分成兩路，一路殺向小營，準備攻擊滿城；另一路持續前進，試圖攻佔太平門。

陸建瀛被炮聲驚醒，得知太平軍殺進城來，面無人色，急忙坐上四人抬轎，由數十名清兵開路，逃往內城。

駐守在內城的祥厚，是南京地區的最高軍事長官，官居從一品將軍，是個道道地地的封疆大吏。雖然在職務上與陸建瀛相同，但祥厚總以滿洲正統自居，向來看不起這位漢族的文官總督，這時不僅不願打開城門接待陸建瀛，還批評身爲欽差的他根本不該跑到旗人的地盤，應該組織百姓抗擊太平軍，守住外城才是。

陸建瀛登時傻眼了，只好命令轎夫抬著自己四處逃竄，逃到一半，卻正巧碰上太平軍的敢死隊。

護駕的清兵一見立刻哄散，轎夫也把轎子一丟，扔下陸建瀛走人。

敵方小兵一看，明白這肯定是個大角色，馬上把他腦袋剁了去領賞。

另一頭，好不容易打開的缺口，卻被清兵迅速堵上。太平軍殺了陸建瀛，但攻城計劃卻功虧一簣，重新被攔在城外。

陸建瀛被殺的消息卻很快在軍中傳開，本來士氣就很低落的清軍頓時分崩離析。

爲趁熱打鐵，太平軍緊接著又發動第二次總攻，這次幾乎動用所有主力部隊。

太平軍從南京城的各個方向湧入，炮轟聲、喊殺聲、哭叫聲匯成一片，很快外城守軍被一舉攻破。

這時，人在內城的封疆大吏祥厚終於察覺到事情的嚴重性，迅速帶領八旗兵及其家屬數萬人負嵎頑抗，豈料和太平軍激戰兩天兩夜之後，最終仍是寡不敵眾，統統被殺。

這場攻城戰中，被幹掉的不僅兩名從一品的高官，其他大大小小武官加起來更不下於二十人。經過這場血戰，南京城內火光通天，屍橫遍野，慘不忍睹。

兩名大官的死訊很快就傳回北京，咸豐聽到此事，又氣憤又傷心。氣的是陸大總督和祥大將軍爲啥不好好搞關係，傷心的是南京丟了，還搭上滿清一員大將，損失慘重。

一八五三年三月二十九日，洪秀全和楊秀清在幾十萬人簇擁之下進入了南京，經過一場激烈的討論之後，決意定都於此。

第 7 章

可怕的制度

有人或許會問，太平天國的律法哪去了？都不管管這種亂象嗎？原因很簡單，天國的法律只為有權力的人制定，普通人，特別是可憐的女性同胞，根本不在此列。

1 天朝田畝制度

《天朝田畝制度》裡還竭力鼓吹禁欲主義，諷刺的是，那些只針對天國的臣民和最底層的勞動人民，對於天國最高領導洪秀全來說，全都只是一個屁。

此時的南京名叫江寧，南京在歷史上有很多種叫法：北宋時期叫江寧，南宋時期叫建康，元朝時叫應天府，到了明朝，南京的名字才開始第一次使用，等到了清朝又更名為江寧。

不過，洪大天王爲了表現出與他人不同，估計也是爲了和自己的名號相配，遂把江寧改名爲「天京」，正式建都。

任何朝代或者是國家的建立，都要建立一個政治綱領，所有的法律及條例都應以其爲依據，並且具有最高的法律效力。太平天國也不例外，一八五三年冬天，號稱天朝第一綱領的《天朝田畝制度》正式出爐。

這份《天朝田畝制度》不僅僅是個土地政策，而是一個涵蓋政治、經濟、文化甚至包括軍事、婚姻等各項制度在內的綜合綱領摘要。

首先，這個綱領強調的概念是「平均」，由於土地是任何國家絕不可少的關鍵，所以第一要務自然是平分土地，但怎麼個分法呢？

由分法便可得知，天國還是很有創造力的，按糧食產量將土地分為九等，分別是上上田、上中田、上下田、中上田、中中田、中下田、下上田、下中田、下下田九類，然後再按各家人口數進行平均分配，不分男女，也不論胖瘦，只按年齡進行分配，十五歲以下者則只能分到一半。

平分土地後，受益的人看似老百姓，但關鍵是這個方案究竟可不可行？再者，這個綱領最重要的地方不是分地，而是土地的歸屬者是誰。

在太平天國中，所有田地自然都是上帝的財產，一切土地財富都歸上帝所有，而上帝的代言人，現下是洪秀全和楊秀清兩個。

農民交出自己的勞動成果以後，只能維持著跟以前一樣的生活，跟以前的地主收租沒有什麼區別，有時甚至更加嚴苛不合理。

一八五四年時，天京的存糧全部吃光，天王府竟然下令，除了諸王以外，其他人全部喝粥！這玩笑可開大了，大夥之所以跟著太平軍混，還不就是混口飯吃？現在弄到連飯都吃不上，誰還跟你混？

為了緩解這個被動的局面，同時隨著戰事的逐漸增多，洪秀全和楊秀清只能一改之前土地政策，要求百姓繼續交糧納稅。不過，納稅必須要有稅法，當初太平天國在編制法律時壓根沒安排這些，偏偏田賦又不像賣白菜那麼簡單，裡頭學問大著呢！當時，天國沒有相應的田賦政策，只能暫時用清政府的，而且這一制度允許地主階級的存在，承認租佃關係，在雙重力量的壓迫下，天國百姓的「小天堂」馬上變成了破滅的肥皂泡。

說得更白些，在天朝的「新社會」裡，老百姓只是高層利用的工具，什麼「無處不均勻，無處不保暖」，都只是遙遠的夢而已。

更有創意的制度還在後頭，太平天國的地方政權竟然是按照軍隊的編制設立的，每一萬三千一百五十六家便設立一個軍帥。為了表達得更清楚，筆者便拿同時並行的清朝軍制做個比較。

天國的軍帥相當於清軍的副都統，手下士兵的人數規模相當於現在的師長。往下排，每個軍帥下面管五個師帥，這個師帥相當於清軍的正參領，也就是統帶官，當時享受的正三品的待遇，規模上相當於現在的團長。

師帥再往下就是旅帥，在清軍編制中，這個職務相當於協參領，屬於正四品，規模上相當於現在的營長，再下去分別是卒長（相當於現在的連長）、兩司馬（相當於現在的排長），最後是伍長（相當於班長）。

這個地方政權的編制很有個性，很有新意，能夠不與清政府相同，而且最重要的，打起仗來完全不用重新編組動員，直接拎著鋤頭就能上。

講完了地方政府組織，再回中央軍制上頭。

方才介紹的軍帥到兩司馬都是鄉官，在縣級政府上有「監軍」，在市一級的政府上有總制，總制是直接由中央任命。

總制和監軍都是軍中要職，軍中最大的當屬總制，相當於現在的軍長級別，總制和監軍直接領導鄉官……或許有人開始覺得有點混亂，沒關係，這是很正常的現象，因為天國本身就很亂。

剛才介紹的軍帥等職銜都只是相當於軍隊的某個職務，並不是實際職務，即使在軍隊裡，他們享受的待遇仍是遠遠低於同質性的清朝官員，因為總制之上還有將軍、指揮、檢點、丞相等。

清政府裡，文官和武官都是都是從正一品向下排列，各有各的高低，但在太平天國裡完全不同，因為軍中的官與其他官員壓根不是同個檔次，即使和清政府的官制相比較，也不具有實際意義。

更有意思的是，太平天國的基層組織還透過「民主選舉」產生。這個基層單位負責人叫兩司馬，管理二十五戶，舉凡所有吃喝拉撒睡都歸他負責，既是村長又是會計，既是檢察長，又擔任法院院長，是全權代表。

在這裡，不僅農民的糧食需要上繳，就連飼養的雞、鴨、狗、豬都要交給國庫管理，老百姓完全不具備任何支配的自由，就連結婚生孩子，也需要經過國家批准。

在基層單位裡，大家學的不是四書五經，而是設立一個「禮拜堂」，每逢周日時都得在那裡誦讀聖經。老百姓連詩經都不想讀，讓他們去讀聖經，簡直是種折磨，時間一長，人民自然開始有了怨言。

另外，《天朝田畝制度》裡還竭力鼓吹禁欲主義，諷刺的是，那些只針對天國的臣民和最底層的勞動人民，對於天國最高領導洪秀全來說，全都只是一個屁。

2 太平天國沒有太監？

既然太監是宮廷內不可少的存在，那麼為何在太平天國的宮內硬是沒有太監，而是大規模地使用女官？這並不是因為洪秀全多麼仁慈。

在研究「太平天國有沒有太監」這個問題之前，先討論一下太監這個特殊職業。

太監也稱宦官，通常是指中國古代被閹割後失去性能力而成爲不男不女的中性人，專供皇官內部人員役使的奴僕，又稱寺人、閹人、閹官、宦者、中官、內官、內臣、內侍、內監等。

太監這個職業出現的原因也很簡單，因爲宮裡除了皇帝以外，只有女人。皇帝老婆太多，爲了保證皇帝陛下不戴綠帽子，宮裡當然不能有其他男人。可問題是，皇宮太大，裡頭有上千人要吃喝拉撒，重活總得有人幹，女人沒力氣，男的不能進宮，就只好不男不女了。

宦官制度起源於先秦時期，《詩經》、《周禮》、《禮記》中都有關於宦官的記載。周王朝及各諸侯國大都設置宦官，通常是由身分卑賤的人充當，或由處以宮刑的罪人充任。秦漢以後，宦官制度更加詳備，宦官經常成爲一種特殊政治勢力，對許多朝代政局產生重大影響。

一直到了明代，宦官權勢日增，人們把所有宦官尊稱爲「太監」，於是太監就成爲宦官的代名詞。

據歷史記載，中國歷代封建王朝，太監的人數都不下於千人，明朝甚至達到十萬，如此龐大的隊伍，需要多少閹割師傅呢？

大家都知道，農業社會裡會有人專門幫忙閹豬，古代那麼多太監，當然也有專門負責閹人的淨身師。這個行業競爭很激烈，爲了招攬更多的生意，廣告必可不少，比如像「功夫一流刀一流」，「快刀斬斷，安全可靠信賴」，又比如「祖傳功夫，無痛，保證無任何後遺症」等等。

據說淨身師都是父傳子、子傳孫，當然也有例外，比如自己沒有兒子，就只能認個乾兒子當徒弟。

在古代，窮人家子弟做太監最多，要想當太監還得先按照禮數行事。最簡單的見面禮是一顆豬頭、一隻雞、一罐白酒，起碼要準備這三項，有錢的當然另外談。

要閹割以前得先打契約，當時古代叫文書，像醫院手術動刀前的切結書一樣，甘願閹死不賠。閃避法律問題其實不是重點，重點是淨身師要保障自己的利益。

怎麼說呢？看清朝的李蓮英當上太監後權勢多大，淨身師讓人簽了這張合約就是在等一個盼頭，要是自己刀下的人哪一天出息了，便可以此合約沾點甜頭。

合約的用意第一是閹死不賠；第二用意是淨身師做投資，希望閹過的人，將來有出息時能回報，因為幫窮人家淨身等於白做工，只能把希望寄託未來。

淨身房是一個單間，四邊沒人住。閹割之後很可憐，不能穿衣服，又至少得痛上三、四天，淒厲的叫聲沒人想聽，所以附近才沒人住，只讓他們自己在房間裡叫，可比人間煉獄。

一個男人要閹掉做太監，也要有高於常人的勇氣。

閹割的前一天，不准吃東西，由於閹割過程及術後都十分痛苦，所以手腳要綁起來，手術時不可亂動，術後也不可亂摸，否則容易引發感染，送了小命！

手術後，至少一、二天不能小解，不管大便小便都不可以。這時會準備一支玉米骨，用剪刀修一修，修得圓圓滑溜，玉米骨軟且有水分，要插進尿道，像裝一條塑膠管似的，忍不住時便從這玉米管尿出來，若沒插管進去，光是尿水漏出，便會痛不欲生。

手術好的第二天，可以喝粥，但不可吃硬的食物，床的下面，放一個破的盒子，是要放屎用的。

經過三天以後才能下床，這時下面的傷口還沒好但已結疤，還要痛苦一下，會抽筋，一天三次，腿痛得要命，混身發抖。據說不抽筋會佝僂，尾椎骨從此不直，所以一天要抽筋三次。

割起來的那話兒怎樣處理呢？淨身師會當做寶貝收起來保管，太監不能將這東西拿回去，淨身師有權保留它。

淨身師父會準備一盆子，裡面參雜石灰，將二粒睪丸擺好，以便讓石灰作用吸水分，保持乾燥，這樣睪丸才不會腐爛。手術的契約書則用油紙包好，放在盆中，然後用大紅布將盆子包起來，用繩子綁好，吊在中樑之上，意思是預祝太監以後福氣一直來，步步高升。

雖然成爲太監的過程如此痛苦，可歷史上割掉命根子的人依然前仆後繼，義無反顧。有的人甚至到了三、四十歲，在社會上混不下去，也想自宮，像是明朝的魏忠賢就是這樣再起人生的最高峰。

歷史比較出名的太監大多是大奸大惡，筆者特別搜集從秦朝到清朝各大太監的代表，以下只按時間順序進行，排名不分先後。

第一位當屬趙高，他眞可謂臭名昭著，一個「指鹿爲馬」的成語足以道明一切，秦始皇肯定怎樣都想不通，爲何鐵打的大秦江山會毀於一閹人之手？

第二位是東漢張讓。

東漢末年，以張讓爲首的十常侍宦官集團獨霸朝綱，權傾天下，又在漢宮西苑設立「裸遊館」，專供靈帝淫樂，哄得靈帝喜笑言開，口口聲聲稱張讓爲父。太監竟然做了皇帝的老爸，可眞是千古第一人。

第三位當屬唐之高力士。

他是大唐最有權謀的太監之一，從一流浪少年，入宮侍奉女皇帝武則天，目睹深宮中種種險惡和殘酷，領會一套厚黑學，又在神龍革命中隨機應變，投靠李隆基，助他幹掉韋后和太平公主，最終成爲了唐明皇最忠實的心腹奴才。

第四位是宋朝童貫。如果大家看過《水滸傳》，應該對此人十分熟悉，他眞可謂流毒四海，臭名遠揚。不懂軍事，偏偏率領二十萬大軍北伐，浪費大筆資源，就只爲了一己之私。

第五、六、七位都出自明朝，分別是王振、劉瑾、魏忠賢。

說來也怪，各朝代中，當以明朝最爲注重太監的管理。明太祖朱元璋更是對太監相當嚴格，規定宦官不可識字，刻意打壓宦階，還懸鐵牌於宮門上，明禁議朝干政之舉。

可惜的是，規章制度是有，子孫後代執不執行就是另一回事了。從秦朝開始，太監最多的一個朝代便是明朝，號稱十萬，林子大了，什麼鳥都有，出現三個「極品」太監也就順理成章。

第八位，也就是清朝，最有名的當屬厚黑第一閹李蓮英。

他算是比較特別的一個太監，在清宮長達五十二年，是慈禧太后最寵愛的貼身太監，也是清代品位最高、權勢最大、財富最多的一位大宦官。

他對主子的奴才嘴臉，和對同類的兇狠殘暴，簡直達到登峰造極的地步。他狐假虎威，有恃無恐，舉國政朝綱無不干預，朝臣大員更需仰其鼻息過活。

在漫長的中國封建社會歷史中，太監不僅涉足王公貴族、高官顯爵的生活中，還涉足於複雜的政治鬥爭中，和宮廷的關係密不可分。

既然太監是宮廷內不可少的存在，那麼爲何在太平天國的宮內硬是沒有太監，而是大規模地使用女官？

這並不是因爲洪秀全多麼仁慈，才放棄使用太監。

洪天王也曾經希望能在宮裡面有些太監好使喚，便在南京找了八十個男童，去做絕育手術，卻因醫療水準不高，整死了七十七個，連剩下的三個也半殘不活。

洪秀全根本沒有想過，原來閹割太監還是個技術活，由於醫學水準遠遠不及，洪大天王只能大量選用女子來處理後宮各項繁雜事務。

據統計，當時的天王府裡，除了天王、幼天王以外，其餘全部都是婦女。可以識字辦公、打雜跑腿、端茶送水的行政人員便屬女官，大概有千人左右，其他人則大多是漂亮的「床上用品」，在天王府的唯一任務就是要把洪秀全伺候好。

太平軍每佔領一個地方，就要把城市裡面的男人擺到男館裡面去，女人擺到女館裡面去，除了各王府以外。

洪秀全不是什麼神，他只是個普通凡人，人有的一切弱點他都有，只有以凡人之心去看他，才不會過分頌揚，也不至於因感覺受騙而辱罵指責，立場失衡。

3 天朝法制

太平軍佔領南京還不到三天，就急忙發佈「男女別館」的命令，命令男女必須別宿，不得有任何交集。此令既下，南京城中父母妻子分散，人心惶惶……

說起來，天朝的法律並不像其他朝代那樣複雜。由於太平天國認爲自己是以拜上帝教起家的，而拜上帝教源自於基督教，因此沒什麼特別摧殘人的刑罰，主要便是枷刑、杖刑、死刑等。相對來說，當中比較殘忍的刑當屬「點天燈」。

這是一種極其殘酷的刑罰，行刑前先把犯人衣服剝光，再以麻布包裹，放進油缸裡浸泡，等到入夜後，將犯人頭下腳上地拴在一根木頭上，在腳部點火，如此一來，犯人就會在極其痛苦中被活活燒死。

在司法方面，人民擁有層層上訴的權利，但最終解釋權仍歸天王所有。洪天王是靠造反起家的，最怕有人造反。這倒不足爲奇，無論古今，沒一個朝代不怕造反，但在洪秀全眼中，鎮壓造反這檔事要做得十分徹底，找出叛徒也絕不姑息。

太平天國打著平等的大旗造反，卻從來沒看到這項理念得到發展，當中最詭異的莫過於天國的婚姻制度。

一八五三年，定都南京後不久，太平天國便正式頒佈治國的基本綱領《天朝田畝制度》，其中亦談到男婚女嫁，明確倡導一夫一妻制。

不過，上述規定僅僅具有象徵性的理論意義，卻與現實卻嚴重脫節。

早在金田起義時，太平軍便已劃分男行女行，用軍事編制直接取代社會基礎的家庭組織，規定除了洪秀全和後來被封為王爵的楊秀清等人，一律嚴分男女，即使夫妻也不得同宿，什麼嫁娶之事自然無從談起。

其次，一夫一妻制僅僅針對廣大官兵和老百姓而言，至於洪秀全、楊秀清等諸王一開始實行的便是一夫多妻制，完全兩個標準。

如果說男女別行是為了嚴肅軍紀，提高戰鬥力利於作戰，那麼定都天京後，時勢相對平和，卻執意繼續頒行這種政策，可就大大不智。

可惜，在洪秀全的理念中，「姦淫邪亂」恰恰為惡之最大者，所以太平軍佔領南京還不到三天，就急忙發佈「男女別館」的命令，命令男女必須別宿，不得有任何交集。

此令既下，南京城中父母妻子分散，人心惶惶，才短短幾日，就把一個六朝金粉生成的花花世界變成禁欲主義的樂園。

中國人向來「不患寡而患不均」，若是太平天國上下都沒有性生活也就罷了，壞就壞在洪秀全實行的是雙重標準，犯了大忌。

法令上，一切性行爲被嚴格禁止，不管是夫妻生活、通姦、強姦，或是兩相情悅，只要一被發現，便至少有一人要被斬首示衆，情節嚴重者，還得遭受「點天燈」的酷刑。

即使是高級將領也不得擅自婚配，更不用說一般士兵，甚至男女之間的普通交往，也明令「處斬」，毫無通融之處。

可是另一方面，洪秀全及各王卻大肆選美，充塞自家後宮，每逢起義之日或諸王壽誕等特殊節日，更在城中女館選妃「慶祝」。

以高居天王之位的洪秀全爲例，他前後的妻妾就有八十八個之多，比起歷代帝王略高一籌，其他各王的妃子也大都在十個以上。

據說東王楊秀清更是因縱欲過度而大傷肝腎，雙眼幾至失明，雖以丞相之位和白銀萬兩爲賞，仍尋名醫不得。

如此一來，廣大將士百姓受到性壓抑煎熬時，還得眼巴巴看著諸王縱欲，享盡齊人之福，兩相對照下，叫他們如何心服？離心離德大概也由此而始。

性生活乃人類天性，如果有傳統道德的約束，倒還可以維持一定的社會規範，不過，太平天國的將士本來就是將舊的信仰丟掉，卻尚未建立濃厚新信仰的人群，因此過分性壓抑引起的後果在他們身上會表現得更爲激烈。

將士們在戰場上玩命，回家以後竟連一個溫暖的被窩都沒有，生理上的不滿逐漸使他們的心理扭曲，既然上有嚴刑酷法限制，衆人不得不另覓他途，以排遣性壓抑帶來的苦悶。

禁欲主義的氛圍，與異性完全隔絕的環境條件，身心上難以排解的性壓抑及性苦悶，終於滋生出病態的性行爲，他們開始大搞同性戀，孌童、雞姦風行。

據史料記載，稍有地位的軍士，看到相貌俊美的江南少年，便收爲義子或結爲義弟，以堂皇的名義，行抒發性壓抑之實。

長此以往，對軍風軍紀的影響可想而知，迫不得已，天國只好再追加命令，禁止男子同宿，可是夜闌人靜之時，又會有誰知道？

在當時，清軍與太平軍中暗暗流行不少隱語，其中有一些還是通用的，例如「打水炮」又作「打水泡」，指的便是姦淫婦女；「打銅鼓」即「打童股」的諧音，指和男子進行性行爲。

男人受不了沒有性的生活，自己會找到生理的出口發洩，另一方面，女人也是人，古代女人更需要男人的照顧和愛護。

在天國裡，洪天王不僅限制女性生活，還不斷進行奴化教育，宣揚天父、天王無所不在，將女人們徹底洗腦成只聽天王天父話語的棋子。

據載，曾經有女館首領慰勉民女說：「既吃天父飯，就要替天父辦事，不要只會記掛老公，等到天王打平江山，一個人可以有好幾個老公，到時候就怕妳們消受不了。」

這一天卻始終沒有到來，只有噩運慢慢向太平天國中的女子逼近。

隔絕男女政策無論在軍中還是民間，都引起極大的心理反彈，這種「只許州官放火，不許百姓點燈」的做法顯然無法讓人心悅誠服，進而引發一連串預想不到的社會問題，造成國之不安。

沒過幾年，這政策終究執行不下去，洪秀全頒布恢復夫妻家庭生活的上諭。

禁令一解除，隨之而來的自然是縱欲之風大起，儘管新頒佈的命令實行的是十分嚴格的婚姻制，只允許部分高級將領娶妻婚配，一般普通士兵則仍無「性」福可言，但既然政策開了道口子，焉能不一發不可收拾？

人是一種動物，當本能受到長時間壓抑時，便會出現異於常人的行徑，比如連續餓了七天，突然看到食物時，一般人還冷靜得下來嗎？

正因如此，太平天國內時時出現過激行爲。在官場上，官員們「一年九遷猶嫌不足，一月三遷還嫌太慢」，而當中的升遷之道很簡單，多以性賄賂爲主，畢竟物以稀爲貴。

一般士兵方面，由於明令不得娶妻，便狎妓成風，更有甚者，竟當街姦淫婦女，無惡不作。

時人筆記曾記載，太平軍某次行軍途中，士兵「見美者至沿路逼淫，力拒慘死者十之六七；或帶至賊館充『貞人』，少違意，使衆賊輪姦，至憊極而後殺之。」可憐的女人，在歷史中又一次成了男子發洩獸欲的工具。

有人或許會問，太平天國的律法哪去了？都不管管這種亂象嗎？

原因很簡單，天國的法律只爲有權力的人制定，普通人，特別是可憐的女性同胞，根本不在此列。

4 天朝科舉

太平天國摒棄了科舉考試綿延千年的以四書五經為核心的內容，以當時中國人十分陌生的上帝教教義為內容，使太平天國科舉考試面臨空前的尷尬。

緊接著我們來講下一話題：科舉。

從客觀上講，科舉制度最大的特點，就是使處於社會底層的「寒士」通過科舉取得功名步人上層社會，爲統治者所用。此外，科舉制度使社會上下層在和平與合法的狀態下進行對流，進而緩和了社會各階層的矛盾。

太平天國的考試制度，基本上沿襲清朝科舉制度而來，各科考試，初期分爲縣試、省試、天試三級。

在三級考試制中，縣試的主考爲縣的監軍，考取者爲秀才；省試，也稱鄉試，主考由中央選派，考取者爲舉人；只要考中舉人，就有官做，省試的第一名可以享受軍帥相同的待遇，第二名以下封職同師帥。

天試，是天國最高級別的考試，只有具備舉人資格的人選才可以參加這個考試。在天試中，又分爲三甲，其中元甲爲三名，其餘無定額。元甲第一名爲狀元，第二名爲榜眼，第三名爲探花，冊封的職位相當於指揮；二甲考中者爲翰林，封職同將軍；三甲考中者爲進士，封職在軍帥以上將軍以下。

這種三級考試一直持續到一八五九年，洪仁玕主持太平天國朝政後，提出改革考試制度的主張，經過洪秀全的同意後，便和陳玉成、蒙得恩主持改革工作。

三人擬訂了一個《士階條例》，按《條例》規定，將原來的縣、省、京三級考試制度改爲鄉、縣、郡、省、京五級考試制，一八六一年經洪秀全正式批准施行。

起初，考試的時間縣試和省試爲一年一次，天試爲一年四次。所謂的「天試」不只是洪秀全一個人是主考官，天試的四次包括「天試、東試、北試、翼試」，幸虧馮雲山和蕭朝貴死得早，不然就是一年六試了，話說回來，太平天國的考試頻率竟然比現在還高，著實讓人不可思議。

偉大的洪大天王爲了證明自己的皇恩浩蕩，把自己的生日作爲天試的日子。這樣一來，楊大神就看不過去了，你既然可以把自己的生日定爲考公務員的日子，我們也可以，緊接著韋昌輝和石達開也爭相效仿。

洪秀全一看，這樣不好吧？自己本來是別出心裁，想弄個新花樣，大家這樣做就不對了，我洪天王向來是「一直被模仿，從未被超越」，索性就把兒子的生日定爲考試的吉日。

很快地，各王又相繼改了考試時間，包括當時沒有子女的石達開竟然也認了個乾兒子來趕上這場時髦的運動。

科舉考試的時間年年都在變化，這可是以往任何一個朝代都不曾有過的事。

不過，這場鬧劇依然沒有結束，「天京事變」後，楊秀清、韋昌輝相繼被殺，石達開率兵出走，偌大的南京只有洪天王一個人，考試的時間想怎麼定就怎麼定，洪天王又找回了昔日的神威，只是略顯淒涼。

一八五九年以後，洪仁玕主持全面工作，又對天國的科舉制度進行了全面改革，最大的改革是考試由每年一次改爲三年一次，由原來的三級考試制變爲現在的五級考試制，而且考上後的功名更是花樣繁多，完全可以作爲現代碩士和博士的原型來解釋。

五級考試中，考中者除天試元甲相同外，二甲爲威士，三甲爲壯士，鄉爲藝士，縣爲英士，郡爲傑士，省爲猛士。

太平天國不僅考試時間別出心裁，錄取比例更是高得驚人，初步做了一下統計，從進行科舉到其滅亡的這段時間內，科舉的錄取率竟然高達八成，某些縣城錄取比例竟然更是有考有中。

如此高的錄取率是有原因的——因爲參加考試的人太少。

在南京首次開考時，告示竟說：通文墨而不應試者，斬首不留。

即使如此，偌大南京，被刀劍驅逐到考場的，不過五十多人，其中還有一些在試卷上故意痛罵發洩，以求一死，如鄭之僑、夏宗銑等文人。

其後幾次的科舉京試，更是爲慶祝諸王的生日而舉行，根本與治理國家無涉，只是一種新政權的裝飾點綴而已。相比起來，連李自成大順政權那種阿諛奉承的《大順定都西京賦》式的科舉都不如。

事事有因必有果，有果也必有因，千百年來，科舉考試都以四書五經爲依託，宣揚的大多是中國古代先賢的一些重要思想，而天國的考試似乎有些差強人意，非但不是四書五經，連祖宗都忘了，考的統統是一些《天王詔書》、《新約》、《舊約》什麼的。

說到試題就更不靠譜了，如天王試題爲「天父鴻恩，廣大無邊，不惜己子，遣之受難，因爲代贖吾儕罪孽，尚未報恩，又得榮光」等莫名其妙的考題，天國的試題更多是宣揚上帝的無所不能，完全背離中華傳統文化。

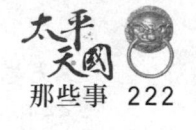

太平天國摒棄綿延千年的以四書五經爲核心的內容，反以當時中國人十分陌生的上帝教教義爲內容，使科舉考試面臨空前的尷尬。

首先，熟讀四書五經和子史文集的學子文人對完全陌生的所謂「太平天國旨准頒行詔書」完全不屑一顧，而且中國的文人最大的特點就是認死理，八匹馬都拉不回來，你洪秀全算老幾？

再者，參加太平天國造反、爲了混碗飯吃，篤信上帝教的泥腿子們雖然希望通過科舉謀自己的前程，卻又苦於缺少文化或者沒有文化。

這麼一來，太平天國的科舉考試才會出現「報名者寡，錄取者衆」的奇觀。

或許有人提出疑問，難道天國的考試這麼容易，不看學生的成績好壞就錄取？

任何事件都有前提，天國科舉被錄取的前提就是只要你不反對太平天國，試卷中也無譏諷太平天國詞句，不寫錯避諱字，而且名字不與四王重複，那麼恭喜你，你馬上就能升官了！

5 天國科舉之弊

科舉制度遴選人才和穩定社會的重要作用，完全無法在太平天國內充分發展，位高權重的職位皆由高官至親好友把持，科場出身的人只能充任卑微或毫不重要的文職。

中國古代科舉考試的一大特色是考試的平等權，在科舉考試面前，無論是達官貴人，還是貧民寒士都一視同仁，有平等的機會進入上層社會。

太平天國在這方面也不例外，會在大考前貼出告示宣示，規定應試者必須在規定的日期內報名，不報名者不得參考，更重要的是，不限制報考者的出身門第，甚至種族。

凡天朝臣民，「無論何色人，上至丞相，下至聽使，均准與考」，「鄉試中者無定額，亦不論門第出身，取中即為舉人」，「無論布衣、紳士、娼優、隸卒，取中即狀元、翰林諸科」。

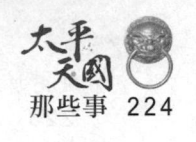

此外，太平天國也對清政府科舉考場的失意者和落魄者遞出善意：天京考試，凡清之生監，職非天爵，均行革除，不才者許赴天國考拔，量才援用也。

太平天國起義後，將科舉考試作爲立國的求才大典，前後長達十餘年，確實網羅到一批人才，充實國內各級機關，大大改善行政人員的素質，也吸引到一批地主階級知識份子，提升太平天國對外的形象。

可惜的是，這些人卻對天國事務少有建樹，也沒有改革推動朝政的實權，作爲選拔人才的一個重要手段，科舉制度在天國卻沒有發揮什麼作用。

科舉制度是歷代王朝選拔人才的重要工具，經過精心設計，形成一套組織嚴密、行之有年的選士方法，當中規定之嚴謹，取士之嚴格，在在說明這套制度對朝廷，對社會的重大影響，對當時的士子來說，更是人生榮耀的大道。

太平天國的開科取士，從形式、內容到人才的選拔使用上存在著許多致命缺陷。

清代鄉試三年一次，而太平天國光是京試就考了四次，明顯過於繁濫，也破壞了科舉考試的嚴肅性，爲時人所不屑。

太平天國科舉考試內容的改革則最爲失策，這幾乎拒絕了天下所有的知識份子，也因爲徹底摒棄被奉爲文學經典的四書五經，而遭到多數讀書人的強烈抵制。加上太平天國將儒家書籍視為妖書，進行刪改和焚毀，更是激起封建士子的群起敵視。

另一方面，太平天國爆發於兩次鴉片戰爭之間，當時人民傷痛尚未撫平，那些熟讀四書五經的讀書人，早已對蠻夷恨之入骨，在這種環境下，洪秀全宣揚的拜上帝教教義肯定被視為異端。

湘軍首領曾國藩更以此大作文章，力陳：「士不能誦孔子之經，而別有所謂耶穌之說，新約之書，舉中國數千年禮義人倫詩書典則，一旦掃地蕩盡，此豈獨我大清之變，乃開闢以來名教之奇變，我孔子、孟子所以痛哭於九泉，凡讀書識字者，又安可袖手安坐不思一為之所也？」主張要維護孔孟尊嚴。

當他這麼揮臂一呼，在保護「儒教道統」的旗幟下，順利網羅到許多能人學士組成湘軍，無數讀書人群起跟從，向太平天國展開猛烈進攻。

當中也出現許多赫赫有名的大將，如羅澤南、王鑫等人。

反觀太平天國這邊，自始至終沒有經由科舉考試選拔出眞正的棟樑之才，也是最後覆滅的重要原因之一。

一八五六年天京事變前，東王楊秀清是太平天國的把舵人物，其餘如洪秀全、韋昌輝、石達開等均是起義之初的中堅力量，沒有一個出自於科舉。

天京事變後，洪秀全雖自任軍師，但文官依賴洪仁玕和蒙得恩，武將則仰望李秀成和陳玉成兩人，其中洪仁玕來自香港，李秀成和陳玉成則皆由軍功提拔至高位。由此可知，太平天國前後期領導核心成員，沒有一個是科舉出身，國內的開科取士雖多，任用上卻乏善可陳。

那麼，太平天國內經由科舉制度選出人才，又都在做什麼？據史料記載，這群人多數僅擔任文職，佐理文案、負責草擬文書或安排考選等事務，幾乎無人出任地方大員，或擔當朝政重任，更沒有人統率軍隊、執掌兵權。不僅如此，這些人才裡頭，也沒出現什麼奸寵或叛徒，也進一步說明通過太平天國科舉的人完全不會受到任何重用。

從另一個角度來看，太平天國的科舉其實表現出高層領袖對科舉的不滿情結和對社會的反叛，也等於變相打壓科舉在選拔人才上的重要性。

在開國之初，太平天國便是一場多元政治，楊秀清、韋昌輝、石達開等人各自透過家庭、親戚、部屬等裙帶關係，形成自己的勢力，同時控制住一部分軍隊，嚴格說來，和小國諸侯差不多。

京試之所以實行四次，表面上是為了宣示諸王地位平等，其實是因為洪大天王當時根本得罪不起手握兵權的各位兄弟，特別是身兼天父的東王楊秀清。

到了太平天國後期，家天下的傾向更加明顯，洪秀全把洪姓兄弟、子侄，乃至駙馬，全提拔到領導人行列當中，完全不問其才。

上行下效是官場政治不變的眞理，在洪秀全的影響下，其他高級將領也自發性地搶佔地盤，形成不大不小的分散勢力。

如此一來，科舉制度遴選人才和穩定社會的重要作用，完全無法在太平天國內充分發展，位高權重的職位皆由高官至親好友把持，科場出身的人只能充任卑微或毫不重要的文職。

反觀清政府，以曾國藩爲首的一批封建士子們緊緊團結，利用自古以來積沉的文化思想領域的優勢，加緊向太平天國發起進攻……此消彼長下，太平天國又如何不覆滅？

後世史學界中，有許多文章高度讚揚太平天國的科舉制度，但據筆者瞭解後，發現這文化底蘊不佳，從十四歲到三十歲考了四次後連秀才都考不上，靠忽悠衆人混上天王的洪秀全，其實內心有一股對知識份子的深刻敵意。

在這種敵意漫生下，太平天國的科舉制度，根本就是一場悲慘鬧劇。

6 紊亂的公務員制度

太平天國的官銜，只是一種「職稱」，代表的是級別待遇，不一定是從事的工種，要找文官，就得看在「丞相」、「檢點」之後的具體工作內容。

科舉制度的最終目的是爲了做官，但太平天國不僅考試制度有點亂，官員的級別更亂，而且文官和武官之間的分際也完全不明顯，總之，亂得不能再亂，沒天份的人甚至一時分辨不出差異。

在太平天國正式立國的十四年中，刀光劍影、腥風血雨，無一日不戰，武將們很容易青史留名，相形之下，文官便顯得黯淡無光。

按理來說，一個制度健全的國家政權，勢必要同時實行文治和武功兩項手段，若偏重任何一方，都會使國家變成跛足巨人，寸步難行，進而進退失據、轟然倒地。

太平天國的失敗在很大程度上，要歸咎於文官體系的畸形和孱弱。甚至可以說，這個國家根本沒有完整的文官體系。

清政府擁有一套行之有年的成熟官制，一看就很容易區分出哪些是文官，哪些是武官，文武各司其職，各執其事。反觀太平天國內的官制，只能用一個「亂」字來形容。

在太平天國前期，朝內官職最大的是軍師，其下爲丞相、檢點、指揮、將軍……等，從名稱上來看，「檢點、指揮、將軍」一類似乎應屬武官，「軍師、丞相」則歸於文官，不過，事實並非如此。

先從軍師開始分析吧。

軍師分成五路，由楊秀清、蕭朝貴、馮雲山、韋昌輝和石達開（他在一八五六年前還不是軍師）分管中、前、後、右、左，最初各有一個軍，攻下永安後增爲兩個，破武昌城後增爲各六個，等到建都天京，又發展成爲一路十九個軍，共九十五個軍。

很明顯地，這軍師不但是個武官職，還是太平天國最高層級的武官。

那再看看第二大的丞相吧。

丞相在古代職責是輔佐皇上處理國家大事，是最高權力機關的執行首長，是百官之首，按理來說應屬文職，歷代多半由一人擔任，至多則由二至六人分任，以防止擅權。

不過，太平天國的丞相人數可不得了，一開始便分成天、地、春、夏、秋、冬六類，取正、副、又正、又副等四項，如此一來便有了二十四位丞相。

在實務上，許多重大軍事行動的主將皆由丞相出任，如太平天國最重要的兩次軍事行動「北伐」和「西征」，前者的三位主將，林鳳祥是天官副丞相，李開芳是地官正丞相，吉文元是春官副丞相；後者的主將賴漢英則是夏官又正丞相。

也就是說，丞相即便不是武官的專稱，至少也不會是文官的專稱。

有人或許想問，究竟太平天國的文官都上哪去了？各式官銜又代表什麼含義？

原來，太平天國的官銜，只是一種「職稱」，代表的是級別待遇，不一定是從事的工種，要找文官，就得看在丞相、檢點之後的具體工作內容。

比如陳承鎔這個人，其官銜先是侍衛，然後是指揮、檢點、丞相，從前三個的名稱來看，這應該是個武官吧？

錯了！在當時，陳承鎔可是「天國文臣之首」，工作性質是寫寫文件、整理資料，是個再眞不過的文官。

又比如石達開的岳父黃玉昆，在任職夏官正丞相、衛國侯其間，曾被楊秀清委以「主刑名」之責，也就是負責審理全國刑事案件，被歸入文官類別。

還有天官正丞相曾水源，曾負責爲天王擬稿；天官又副丞相曾釗揚和地官副丞相黃再興，分任天王的左史、右史；春官又正丞相蒙得恩，在前期掌管女營事務，後期一度擔任過朝政總管；夏官正丞相何震川，後來負責刪改儒家經典……這些人當然也都是文官。

另外，像是掛著「職同檢點」或「職同指揮」之類的官員，又或者諸如天王府的侍臣、掌朝儀、通贊、引贊，各王府的尚書、承宣，朝內的各種典官、考試官、育才官，這些人理論上也是文官。

像後來當上王爵的黃期升，也當過典朝儀、左正史，負責天京城內的政治思想工作；後期鼎鼎大名的賴文光，也曾以天王原配賴氏娘家親戚的身分，在文官堆裡當一顆沒沒無聞的螺絲釘，連具體職銜都未能保留。

到了太平天國後期，丞相、檢點已變成十分常見的官等，一支百來人的隊伍裡，通常會有十幾位丞相，每個大大小小官員幾乎都有了爵位。

在這陣「飛黃騰達」的升官潮中，文官終於被賦予明確的頭銜，並配印進官執照、刻大印，像是前面提到的黃期升，他後來封為相天義、相王，掛了「真神殿大學士」的頭銜。

太平天國前期，負責官員選拔或戶口管理等行政事務的官員大多是臨時委派，到後期時才終於設置專部司掌，例如吏部天官、戶部地官、禮部春官、兵部夏官、刑部秋官、工部冬官等六部，共計有二十四名行政人員。

此外，也設立了負責朝政的掌率、負責考試的文衡總裁，還有負責官吏監察的京內總鑑、京外總鑑……等等各類典官，從形式上來看，後期官制是比前期像樣且明確多了。

自宋以後，歷朝官制的最大特色，就是地方官多以文官為主，不過，太平天國不同，由於軍民不分，文武混淆，在外人眼中根本分不清誰該做什麼事，又是哪一類官職。

尤其是太平天國後期，官爵多如牛毛，隨便路上抓一個便可能是個侯爵，地方軍隊裡的大官更是成千上萬，地方郡縣官員卻還沿用總制、監軍的職稱，自然令文官地位十分低下。

相較於前期那種文武混淆的局面，後期在地方上最顯著的變化，便是設立了省級最高文職「文將帥」，負責全省的民政大權，雖然這名號看起來不倫不類，至少是個改善。

文官不文，武官不武，這太平天國的官制真是亂七八糟。

7 文官不文

重要幹部中有秀才功名的僅有三人，分別是何震川、韋昌輝、胡以晃三人，但除了何震川之外，其後兩位一個是靠錢買的，另一個則是武秀才。

在天國中的文官，雖說是文官，可是眞正有文化的人並不算多。翻閱資料後，筆者發現，在太平天國有記載可查的文官中，具備秀才學歷的人似乎只有一位，是夏官正丞相何震川。

這位來自廣西象州的秀才主要工作又是什麼呢？一開始，他負責每個月編寫出一本洪秀全語錄，然後送交有關部門提審並備案，後來則依洪秀全旨意，任意更動或刪改四書五經中的文字。

比如把「唐太宗」改爲「唐太侯」，把「孟子見梁惠王，王曰『子不遠千里而來，將以有利於我國乎』」，改為「孟軻見梁惠相，相曰『叟，不遠千里而來，將以有利於我郭乎』」，或是因為洪天王的禁酒令，而將經史子集裡的「酒」都改成「茶」字等毫無意義的變化。

其餘文官的學歷就更慘了，曾水源、曾釗揚都只是鄉下的私塾先生；黃玉昆則是訟師出身；被稱為「太平天國才子」，曾協助馮雲山制定朝儀的盧賢拔，是楊秀清的姻親，起義前靠在鎮上幫人代寫書信維生。

至於前期號稱文官領袖的陳承鎔，史料上清楚明白地給了他四個很不客的字：「識字無多」。

以官職來說，諸王府裡的承宣應是負責宣傳的文職，但目前有據可查的承宣，多是一些運字也不認識的武將，如金田起義時是博白上帝會領袖的黃文金曾任東殿承宣，「目不識丁，兇悍異常」的西王妻弟吉志元也曾出任北殿承宣。

後期的文武官制雖然區分較為明顯，但文官素質依舊沒有多大改善。以文衡總裁為例，這是負責科舉考試、選拔文臣的重要文職，正總裁由洪秀全族弟、當時為朝政總理的洪仁玕擔任，副職的人選卻是一字不識且人經常不在朝中的英王陳玉成。

後來，洪秀全又針對考試管理班底進行調整，沒想到結果卻更加荒唐，令人啼笑皆非。他竟命楊秀清、蕭朝貴、馮雲山為正副文衡總裁，又派洪仁玕、黃期升兩人擔任他們的助手。

事實上，三人中死得最晚的楊秀清，那時也早已死去五、六年了，找三個死人來當考選長，洪天王的腦子看來眞是糊裡糊塗得很。

另外，負責監察要務的總鑑職責相當重要，筆者目前查到的人選卻更加可笑。京內正總鑑由洪秀全的外甥，同時也是蕭朝貴的次子蕭有福出任，身分是顯貴沒錯，但此人在天京陷落時，只有十二、三歲。另外，又正總鑑、又副總鑑則爲天王的哥哥洪仁發、洪仁達，兩人也是半文盲；其餘幾位正副總鑑都是洪仁發的兒子，大的不過二十出頭，小的恐怕還不到十歲。

不只中央，地方官的問題更多。

某些地方比較幸運，讓有文化的人擔任地方官，例如湖北蘄州的第一任監軍便是江西人李嵐谷，另外江西的第一任監軍則是明宗室靖江王朱守謙的後裔朱衣點，兩人都有詩文傳世，文采、見識在太平軍中算是相當不錯的了。

可更多地方文官的文化水準實在不高，或者可以說毫無文化可言，如後期的江南省文將帥李文炳，還有掌管寧波海關關務的潘起亮，前者粗通文墨，後者連自己名字都不會寫。

造成太平天國「文官不文」的最重要原因，是來源。

洪秀全本人是屢試不中的小知識份子，初期起義核心中，高級知識份子人數原本就不多，重要幹部中有秀才功名的僅有三人，分別是何震川、韋昌輝、胡以晃三人，但除了何震川之外，其餘兩位一個是花錢買的，另一個則是武秀才。

一開始，文官不是由熟人、親戚擔任，就是從行伍中直接尋找「讀書人」充當了事，例如後來當上丞相的黃再興，就是因為謄寫功勞簿時文字通順，才從軍隊裡被提拔成高級文官。

太平天國建都後雖然屢屢進行科舉考試，並從中選拔人才，卻因洪秀全激烈反儒，主流知識份子很難與之合拍，選出來的人如鳳毛麟角般稀少。

在太平天國中，文官的地位並不是很高，由於連年征戰，相對於武將，文官集團明顯沒有得到應有重視。

例如前面提到的黃期升，他是天王的表親，也是金田起義中的元老，始終活躍在朝中，一直到後來天京陷落，幼天王出走湖州，仍然不離左右。只是，這樣一位「骨灰級文官」，在長達十四年的朝官生涯裡，卻連一件像樣的事都難以羅列。

在太平天國覆滅後不肯死心，一直聯合捻軍頑強奮戰直到一八六八年的名臣賴文光大名鼎鼎，也是天王親戚，文官生涯也同樣黯淡無光。

若不是有位名叫張曉秋的文人在一八五四年初的私人筆記裡隨手記了他一筆，賴文光是否眞如自己所言「職司文務」、「位列文班」，都會成爲歷史的一件無頭公案。

更令人匪夷所思的是，一八六〇年初，太平天國設立了蘇福省、天京省，將原本江南省所轄的天京、鎮江、常州、蘇州、松江、宜興六郡分劃給上述兩省。不過，實際上已無寸土可管的李文炳卻依舊掛著「江南省文將帥」這個本該取消的頭銜到死。由此可見，即使是一省最高文職，在太平天國高層眼中，也只不過是個可有可無的閒差。

當然，例外總是有的，比如前期的陳承鎔、中期的蒙得恩，還有後期的洪仁玕，都是有職有權也有地位的重臣。但這些人之所以地位重要，是因爲他們以重臣、親信的身分出任文臣，而不是文臣的本身職務很重要。

再說，即使文官有職有權，也會遭一些武將怠慢輕視，例如蒙得恩的朝政總理位置很快不保，洪仁玕則是始終未能得到陳玉成、李秀成等天國大將的尊重，被俘後依舊耿耿於懷。

諷刺的是，曾借住在天王府裡的羅孝全留下記載，說王府中最重要的文官六部尚書，辦公地點竟是在一個煤炭倉庫的樓上，地位可想而知。

武將的地位就不一樣了，既有地盤，又管財政，讓許多朝臣熱衷領兵打仗這回事，即使自己幹的分明是文官的差事，也非要硬著頭皮去打仗。

此外，太平天國的政體也非常獨特，前期楊秀清大權獨攬，後期洪秀全乾綱獨斷，兩人動輒「上天入地」，拿「天父天兄聖旨」壓人，使得許多文官朝臣心裡總擔驚怕事，乾脆領兵出征。

不過，太平天國在軍士的選拔上也十分草率，許多大將的出身匪夷所思，有的甚至只是處理瑣事的雜職官，也能領軍出征。

例如，太平天國資格最老的軍醫何潮元，被派去鎮守湖口縣，最後在南康縣搶糧時光榮戰死；而起義前推車賣米，起義後擔任糧倉管理工作的金田元老余廷璋，後來也被派到天京城外的雨花台要塞鎮守，最後戰死在江西鄱陽的小池口。

還有，天王洪秀全的御用廚師侯裕寬，早期就曾被派出防守湖北田家鎮，後期更成爲陳玉成麾下主要領兵大將，甚至在陳玉成死後被封「爲王」，繼續領兵東征西討。

立國之途，旨在文武並重，在武將方面，太平天國並不比主要對手湘軍高明多少，但在文臣方面，差距卻是以道里計，成敗利鈍，也就一目了然。

只顧安邦，卻忘了定國，太平不亡，天理何在？

8 想當然爾的天國外交

天朝領導人狂熱的宗教情結作祟，對擁有相同信仰的列強抱有過度幻想，但後來局勢的發展情況證明，這無疑只是太平天國的一廂情願罷了。

外交是種國家以和平手段對外行使主權的活動，如果引用一個哲學觀點來解釋的話，應該是這樣：外交不是交易，外交不是科學，外交是徘徊在雙方第三空地裡的教訓。

簡單地說，外交的目的便是達成雙方利益的平衡，但太平天國卻始終生活在夢幻之中，想當然爾地認為自己與西方列強同樣信奉上帝，所以大家都是洋兄弟。

可惜洋兄弟卻不是這麼想，在他們眼裡，拜上帝教根本是塊消化不良的糟粕，簡直是在玷污基督教的聲譽。

但楊秀清同志卻一廂情願地跟洋鬼子稱兄道弟。一八五三年，他派人送給英國公使文翰的誥諭中說：「爾海外英民不遠萬里，歸順我朝，不僅天朝將士兵卒踴躍歡迎，即上天之天父天兄，亦當嘉汝忠義。茲特降諭：准爾英酋，帶爾人民，自由出入，隨意進退，無論協助我天兵殲滅妖敵，或照常經營商業，悉聽其便。望爾等能隨吾人勤事天王，以立功業報天父深恩。」

文翰一看，覺得這文章寫得眞是亂七八糟，「天王」跟自己有什麼關係？即使沒得到回應，楊秀清同志依然自我感覺良好，拿滾燙的臉皮去貼洋鬼子冷冰冰的屁股。可惜，臉和屁股永遠不會貼在一起，即使貼上，也是源於利益的驅使。洋鬼子爲了利益無孔不入，處處緊逼滿清政府的同時，開始將矛頭指向太平天國。

起初，太平天國並沒有出現萬國朝貢的大好局面，但隨著天國地盤逐漸擴大和軍事力量迅速增強，列強馬上聞到血腥味。

首先，是號稱「日不落」的英帝國派人訪問天京，緊接著，法國人和美國人也陸續來到太平天國，獲得相應情報以後，很快便離開了。

這與其說是訪問，倒不如說是偵察。

英、法、美等強國來還能理解，畢竟他們控制著許多交通口岸以及海上商路權益，而當時這些利益有很多都屬位處江南的太平天國管轄。

最令人可恨的，是遠在西伯利亞的俄國人竟也來跟著湊熱鬧。

一八五三年十一月二十九日，沙俄的一份《秘密報告》中提到，「目前中國的內亂，正是開闢黑龍江航線的大好時機，我國已在黑龍江河口屯駐三年之久，事事順利，未曾受任何威脅，是今後成功的可靠保證。」

沙俄的醜惡嘴臉在中立假象的掩蓋下，逐步蠶食中國的領土。

一時間，「中立」這個詞成爲太平天國與外國人交流的頻繁辭彙，所謂的「中立」，無非是外國人先靜靜看著天國笑，最後再瞄準時機獲取最大利益。

到了太平天國運動後期，洋鬼子便開始撕開那層「中立」的面紗，轟地支持清政府，甚至派兵「助剿」太平軍。

即使受到攻擊，天朝的領導者們卻仍然認爲洋人與他們一樣，「同拜上帝耶穌，一教相傳，並無虛假損害之念」，「義誼之篤，如同一家」，甚至還妄想他們會協助自己滅清。

因爲天朝領導人狂熱的宗教情結作祟，對擁有相同信仰的列強抱有過度幻想，但後來局勢的發展情況證明，這無疑只是太平天國的一廂情願罷了。

一八六〇年，太平天國與西方列強就上海問題展開的一系列外交，徹底突顯出天朝在外交上的愚昧無知。

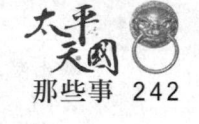

七月，太平軍逼近上海，卻因顧慮上海的通商地位，始終沒有攻取上海的堅定決心，只把希望寄託在和平談判上。

關鍵性的失誤是在於談判人物的選擇上，太平天國的當政者們竟然把兩個外國傳教士當成談判對象。

說得更明白點，這兩個人根本不可能具備西方各國的官方代表資格！天朝的當政者們卻對兩位傳教士的話信以為真，以至李秀成坐著轎子率領大軍，大搖大擺地進入上海城，遭到洋人的炮擊時還渾然不知，直罵洋人「背信棄義」。

其實，西方列強根本沒有一位具備官方代表資格的外交官曾與太平天國達成任何協議，同意天朝軍隊進入上海。具備官方代表資格的各國駐滬領事，都拒絕與太平天國方面進行任何談判，只是太平天國方面不願面對現實罷了。

另一個致命錯誤則是認知上的。

從當時的國際環境來看，太平天國從一開始就不應該染指上海，再者，上海對太平天國來說並沒有多大戰略價值。

上海是西方列強在華利益的集中之處，染指上海必然引起列強干涉，使列強找到藉口公開武裝支持清政府鎮壓太平天國，等於對當時舉步維艱的太平天國營造出極為不利的國際環境。

正如茅家琦先生所總結的論述，「太平天國最主要的錯誤在於沒有能夠利用清王朝和外國資本主義侵略者長期存在的、很難解決的矛盾，阻止兩者相互勾結反對自己，使外國資本主義長期執行中立政策。如果能夠做到這一點，就有利於集中力量打擊主要敵人清反動王朝，避免兩面受敵。由於沒有能夠做到這一點，就使自己陷於兩面受敵的地位，這個錯誤又具體表現在處理進攻上海問題的行爲中。」

平心而論，太平天國的外交活動走向失敗的原因十分複雜，既有思想上的一廂情願，又有外交活動的愚昧無知，還有外交主張的不切實際，導致外交活動中的種種失策。

另外，太平天國和西方列強之間有兩個無法調和的基本矛盾：第一，太平天國堅持獨立主權，不承認清政府簽下的不平等條約，這和西方國家的殖民利益產生衝突；第二，太平天國明令禁止鴉片貿易，而當時西方從鴉片貿易獲得的暴利，遠遠超過正當商業貿易，絕對不可能放棄。

這兩大矛盾使太平天國在政治及經濟利益上都不符合西方列強的利益期待，列強當然不可能支持太平天國。

然而，這並不表示太平天國的外交會直接走向失敗，至少可以試圖爭取西方保持中立的態度。

第一，太平天國初期聲勢蒸蒸日上，使西方列強不敢輕視，也不得不慎重考慮與之為敵的後果；第二，太平天國的政治、經濟政策都比清王朝開放，對沒有政治惡意的外國人抱持歡迎態度，和西方進行商業貿易的表現也非常積極。

如果太平天國成功奪取政權，西方可以不必依靠鴉片貿易，便和中國建立起長久穩定的貿易關係，最符合長遠效益。

如果太平天國能在短期內取得決定性的勝利推翻清政府，那麼西方出於對其勢力的忌憚和對長遠商業利益的需要，是可能採取中立、坐觀其成的態度（正如後來西方對待國民政府北伐的態度），但是由於太平天國本身的內鬨和種種決策失誤，局勢非但沒有走近勝利，還越來越不利。

如此一來，西方不再擔心自己不是太平軍的對手，也沒有耐心去等那個不知道能不能實現的長遠利益。另一方面，太平天國的對手清王朝做出了「借師助剿」的決定，徹底接受西方以協助其鎮壓太平天國為條件提出的交換要求，至此，西方各國全面倒向清王朝是必然的發展。

第8章

北伐不歸路

太平軍順勢觀走、趁隙前進，進軍速度奇快，很快便過邯鄲、克正定，還攻佔了保定南邊的張登鎮。消息傳回清廷，咸豐此刻再也坐不住了。

1 以少攻多？

既然誰也不會派二萬人去主動攻打二十萬人防守的地方，就表示這場戰爭的意圖並不在於得勝，那麼太平軍的真正意圖究竟是什麼？

太平軍建都天京後，尾隨其後的向榮也抵達城郊。向先生連吃敗仗，但是心理上還很堅強，很快便在城東安營紮寨，與分兵退駐丹徒（今鎮江境內）的提督和春互爲犄角之勢，意圖截斷太平軍的東突之路。最關鍵的是，北邊有從河南南下的欽差大臣琦善駐紮在揚州城四周，組成「江南大營」。

琦善這個人要給大家介紹一下，如果大家喜歡看清宮劇，估計對這個人不感陌生。他是滿族人，世襲一等侯爵，幹過文官也做過武官，文官做到一品的文淵閣大學士，武官做到從一品的都統，一生宦海沉浮，大起大落。

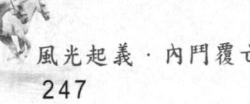

琦善的政治生涯很長，歷經嘉慶、道光、咸豐共三位皇帝，晚年還趕上了鴉片戰爭，也因這場戰爭被迫離開政治舞台，連家產也被查抄得一乾二淨。

常人說得好，一朝君子一朝臣，老子不能用的人，不代表兒子不能用。道光死後，咸豐便重新拔升琦善老兒，還給了他「欽差大臣」這等要職，命他對戰長毛子。

大批清軍分駐江南、江北，兩大營兵力加起來超過四萬，武器也相當精良，對剛剛才在天京落地生根的太平天國威脅不小。

在這種看似複雜危急的情況下，太平軍能做的只有一件事，那就是加強天京的防務工作。接著，爲求保險，又分兵攻取附近的鎮江、揚州等地，短短時間內，便鞏固住天京城的周邊防衛。

一八五三年五月八日，爲了展示天國神威，也爲了先下手爲強，太平軍開始組軍北伐，負責領隊的統帥是天官副丞相林鳳祥及地官正丞相李開芳。

在太平天國中，丞相是按天、地、春、夏、秋、冬排序，所以林鳳祥的職位還在李開芳之上，就像副省長再小，也比市長大。

聊聊林鳳祥吧，他在太平天國的名氣可不小。

此人命苦得很，小時候母親就死了，老爸既當爹又當媽地一個人把孩子拉拔大，有時難免照顧不周，逐漸養成林鳳祥放蕩不羈的性格，宛若行走江湖的大俠。

大俠可不是那麼好當的，一八四八年，爭強好勝的林大俠終於出事，把當地一個鄉紳弄死了。

這下問題大了，殺人就得償命，林大俠不是傻子，見犯下大事就想開溜，卻苦於囊中羞澀，想跑都沒辦法。幸虧他有個好叔叔，把家裡的四頭母豬賣掉，讓林大俠跑路。

後來，廣西的拜上帝教到處開花，林大俠很快結識了洪秀全、楊秀清等人，一同參加一八五一年的金田起義。從金田起義到攻破南京的一路上，林鳳祥充分展現出傑出的軍事才能，同時身先士卒，深得楊秀清賞識。

受到領導的賞識就會得到重用，最後他當上了北伐軍的主帥。

林、李二人此時很激動，混了好幾年，這次總算可以單闖江湖、獨當一面了！

二人從揚州出發，到浦口與春官副丞相吉文元部、殿左三檢點朱錫錕率領的部眾會合。臨出發前，楊秀清派人遣書信一封，信中期待二人北伐順利，快去快回，又說此次出征有天父保佑，勢必能趕走清妖，以正天威。

可是，聲勢浩大的北伐軍人數只有區區兩萬人，兩萬人去攻打京城，莫非楊秀清是在開玩笑？

不！這是真的。

與十萬之衆的西征軍相比，北伐軍數量顯然處於弱勢，但卻是當時太平軍中最精銳的部隊，這些人全是來自廣西的老夥伴，沙場經驗極爲豐富。

有些歷史學者評價這次北伐時，往往會用上「偏師冒進」四個字，認爲這項決定太過輕敵，甚至賦予政治心計的負面陰謀論。實際上，這支部隊的眞正意圖並不是直取北京，更大的意義是爲了牽制住八旗軍的南下。

打個比方，即使身體健壯或是練過散打，可普通人會主動去找十個人打架嗎？當然不會，因爲再厲害也不能保證肯定獲勝。

或許會有人說，歷史上以少勝多的案例比比皆是，爲什麼太平軍不能？

的確，在歷史上以少勝多的例子很多，但勝利的一方往往是背水一戰，並非主動攻擊的那一方，起碼這在中國的歷史上很少出現，因爲心理狀態完全不一樣。

把這個道理放回太平軍身上，問題就變得很簡單了。

既然誰也不會派二萬人去主動攻打二十萬人防守的地方，就表示這場戰爭的意圖並不在於得勝，那麼太平軍的眞正意圖究竟是什麼？

很簡單，是爲了牽制清軍的動向，可惜這兩萬人太高估自己的能耐，最後竟把命都搭上了。

北伐軍兩路人馬於一八五三年五月十三日在浦口會合後，很快進入安徽境內，一路勢如破竹，連克滁州、鳳陽、懷遠、蒙城、亳州等地。

途中，負責接應的朱錫錕一部竟誤走至東北方向的六合城，和當地鄉勇發生小規模武裝衝突，之後朱錫錕一不作二不休，準備直接攻下六合城。不料，到了半夜，太平軍軍營的彈藥庫竟然被敵方縱火，發生劇烈爆炸，死傷上千人。

朱錫錕這個人很神秘，只知道他是怎麼來的，至於後來怎麼走的，到現在也沒有統一的答案。他出身廣西鬱林，在軍中做過總制，也當過將軍，消失之前還混上了秋官正丞相。

這場敗績或多或少地影響到太平軍的整體進度，幸而並未沒影響士氣，大夥依然情緒高揚。

北伐軍的進擊方式很單純，基本上屬於流動作戰，以快速進攻爲主，取得城池後很快又棄之，看上去步步深入，連戰連勝，但與南京的聯繫其實已被清軍切斷。

2 天公不作美

北伐軍本想引爆西城的地雷，老天爺竟先一步下起陣雨，將火藥徹底打濕，陣雨才停，又忽地起了大風，還是朝太平軍吹去的！

當蒙城、雉河集（今安徽渦陽）、亳州相繼被北伐軍攻下時，不少清朝派地方的官吏將校也被殺或者選擇自盡。

特別值得注意的是，當北伐軍節節勝利，弄得清政府焦頭爛額之際，渦河、淝河一帶的「捻黨」趁機壯大，成了「捻軍」，從此清朝與捻軍之間的戰爭也正式拉開序幕。

隨著對地形熟門熟路的捻軍加入陣線，太平軍的北伐部隊自安徽亳州進入河南，立即擊潰由清朝河南巡撫陸應谷率來迎戰的數千清軍，不僅殺掉大部分清軍，還繳獲數萬斤火藥與數門大炮。

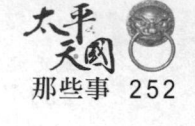

接下來的路線，就是從劉家渡越過黃河。命吉文元、朱錫錕率部分人馬留守歸德後，林鳳祥、李開芳二人便自率前鋒軍直撲距歸德四十里開外的渡口。

渡口必須有船才能過，哪知太平軍找了幾天幾夜，卻連塊舢舨都沒看到，幾萬人只能呆呆望著滾滾黃河嘆氣。

原來，在太平軍抵達之前，當地某位知縣便已命人把船隻全燒光。

太平軍不死心，費了九牛二虎之力在曹河上游找到兩隻船，載上一百多士兵，打算慢慢把人載過去。可清軍又不是傻子，等北伐軍行至河中央，早已準備好大炮猛轟，連人帶船全炸成碎片。

無奈之餘，太平軍只得繞道西上，連克寧陵、睢州、杞縣、陳留等地，於六月十九日抵達開封城下。

不過，北伐軍的目的並不是攻城，而是想方設法尋找船隻和渡口，爭取渡河的機會，因此決定佯攻開封城，吸引清軍的注意力。

開封曾經是北宋國都，硬體方面建設比較全面，尤其是城牆，不僅比其他城市高聳牢固，用的材料也不差。

北伐軍在開封城下折騰了好幾天，始終沒有任何效果，不但渡船沒找到，還搭上數百人性命，直到六月二十三日，才只好承認失敗，懷著沮喪的心情撤出開封，改朝朱仙鎮方向前進。

朱仙鎮這個地方很特別，距開封城只有二十多公里，卻有著十分重要的地位。

想當年，岳飛在此地取得大捷，意氣風發地指軍開封，收復失地。正當他即將收復近在咫尺的故土時，主張賣國的皇帝和秦檜等卻在一日內連下十二道金牌，強制勒令收兵。岳飛不得不扼腕長歎「十年之功，毀於一旦」，也留下一生遺憾。

自唐宋以來，朱仙鎮一直是水陸交通要道，因此迅速繁榮，到明末，朱仙鎮已與廣東的佛山鎮、江西的景德鎮、湖北的漢口鎮三者並稱爲全國四大名鎮。從這裡出發，離黃河渡口只需七十公里，一旦成功渡過，便可直逼河北。

可惜，清軍的防守比之前幾個城市還嚴格。官船不說，清軍也將民間船隻全部沒收，更搶先太平軍一步，密密麻麻地佔據花園口渡口。

眼見從此處渡河已然不可能，北伐軍只好繼續西行，改於六月二十六日攻下汜水，緊接著攻破鞏縣。

鞏縣就是現在的河南省鞏義市，位於中岳嵩山北麓，是知名的產煤之地。

產煤的地方一定會有挖煤的人，當時挖煤的待遇可沒現在好，不僅安全沒保障，就連工資也不一定按時按量發放，平民老百姓早對那些彼此勾結的煤商和官員恨之入骨。

太平軍入城後，竭力宣傳「平均主義」，爲了爭取百姓的好感及信任，勒令軍士不軌行爲，紀律十分嚴明，不允許任何擾亂當地治安的事情發生，成功獲得當地老百姓的擁戴。

接著，林鳳祥又把楊秀清的名號搬出來，跟這些礦工套近乎，努力招攬生力軍。在信任的基礎上，這些人毅然放下手上的鐵鍬，拿起大刀加入太平軍的行列，不僅徹底充實北伐軍的隊伍，更重要的是，還弄到了渡河船隻。雖然渡船數量不多，承載量也小，至少比先前一籌莫展的境況好。

只是，兩萬人要想全數渡河並不容易，礙於船隻限制，加上黃河上的風浪不容輕視，同時後頭還有別處追兵……這樣折騰下來，北伐軍光是順利渡過黃河，就花上七天時間。

另外，有部分北伐軍爲了斷後卻被清兵追上，無法成功渡河，最後只好被迫在黃河南岸轉向，退入嵩山，往南邊的湖北出發，與西征軍胡以晃一部合流。

渡過黃河之後的太平軍，由於耗費大量時間，不得不改變原來的北伐路線，改攻懷慶。懷慶是現在的河南省沁陽縣，此處溝河縱橫、農業發達、商貿繁榮、物產豐富，百姓生活富裕，地理位置也極爲重要；如果攻破懷慶，即可順流而下，直達天津，進而威脅北京，自古以來，便是兵家必爭之地。

只是，懷慶城圍長達九里，牆高有三丈五，寬兩丈，城池更有兩丈五深……光看這些數字，便足以明白懷慶是塊硬骨頭。

不僅如此，離懷慶不遠便是江北大營，有軍務大臣勝保及直隸總督訥爾經額坐鎮指揮，隨時都能增援助陣，另外，懷慶還是清朝火藥兵器的生產地，軍武方面的實力雄厚得很。

這塊骨頭不僅硬，顯然還長了刺，是個大難關哪！

但林、李二人鐵了心，堅決要啃這塊特殊的骨頭，如果能咬碎這塊骨頭，那麼其餘清軍的心理防線便會瞬間崩潰，帶來無限優勢。

一個人的心理防線被打破後，面臨的是絕望，當一群人心理防線被擊潰時，將面臨徹底絕望的黑暗深淵。

北伐軍擬定計劃，從東、南、南三面圍住懷慶府，緊接著毫不留情地發動猛攻。此時，清朝援軍還沒有抵達懷慶，駐守懷慶的是知府余炳燾。余知府深知現在只能靠自己守城，「懷慶丟了，吾必死，懷慶不丟，吾還有一線希望。」

從七月十日開始，北伐軍連續幾次進攻均未得逞，只好再度使出老辦法。

七月十五日和十七日，北伐軍利用「地道戰」兼「地雷戰」的手段，成功地以地雷轟塌懷慶城牆，但還來不及殺進城中，便被迎面而來的清軍殺退。

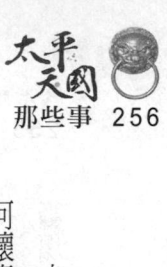

太平軍不禁納悶得很，以往碰到這種情況，清軍幾乎都是一哄而散或束手就縛，爲何懷慶城裡的人民硬是不同，如此賣力迎戰？

其實，懷慶府內的正規清軍並不多，只有三百多人，其餘一萬多人是當地自發集結的鄉勇，即使作戰能力並不強，卻擁有一個共同的信念：拼死保衛家鄉！

當一個人擁有信念時，爆發出來的力量將無法估算。

同時，余知府不僅給自己的士兵宣傳工作做得好，還動員犯人出來守城。這些人中有很多都是死囚，反正都是一死，對他們來說，拼死守城說不定還有一線活命的希望。

休息兩天後，北伐軍又在懷慶府東西兩個方向埋下地雷。

東城首先引爆，城內清軍卻彷彿吃了興奮劑一樣，用肉身將缺口死死堵住，使北伐軍無法前進半步，徒勞無功。

接下來更倒楣，北伐軍本想引爆西城的地雷，老天爺竟先一步下起陣雨，將火藥徹底打濕，陣雨才停，又忽地起了大風，還是朝太平軍吹去的！

見機會難得，清軍馬上借助風勢，射出大量火箭，後果可想而知，太平軍慘敗，還浪費了許多火藥。

說來也奇，雖然連續幾次地道戰未能成功，北伐軍卻樂此不疲，在沒有改良任何技術的情況下，依舊努力不懈地挖著地道。

興許上天眞的不樂見這次北伐，在懷慶城中有個死囚跟楊秀清算是同行，只不過楊秀清是燒炭，這位老兄則是挖炭。

老本行既是挖炭，自然對挖地道這檔事很熟，他每天都跟著守城士兵去城外偵察，若見草地上沒有露水，就立馬回報長官下方有地道，讓余知府早一步做好萬全防備，甚至先發制人。

如此往復，北伐軍的幾次襲擊始終未能成功，也總算體認到懷慶這塊骨頭的確不是一般的硬。

清軍很高興，余知府更高興，最不高興的當屬林鳳祥、李開芳二人，但他們信心仍舊不減，決心要徹底攻破懷慶府！

3 旗開得勝

北伐軍蜿蜒北上時，林鳳祥得知前方清將勝保已布下重兵相待，不想主動踏入敵方地盤，便改由洪洞縣向東行，進逼直隸境內。

正當兩軍在懷慶城內外僵持不下時，清軍各路援兵也陸續趕到，這對北伐軍來說相當不利。首先，托明阿和西淩阿兩位將領率領四千多人，駐紮在沁河南岸；大名鎮的總兵董占元則領兵屯紮在沁河北岸；山西巡撫哈芬也率軍駐紮在太平山，以防北伐軍轉道攻入自家地盤。

與此同時，直隸總督訥爾經額更是親率六千精兵，進駐在懷慶東北方的清化鎮。

訥爾經額是滿洲正白旗人，雖然血統純正，可惜並未擁有與血統匹配的實力，儘管出任欽差大臣，官拜一品大員，但論起指揮打仗則差得遠了。

沒過多久，江北大營的幫辦軍務大臣勝保也率大軍趕至懷慶城外。他也是滿族人，官拜從一品的都統，可惜和訥爾經額是同類人，就實力來說，改名叫「敗保」應該更適合些。

此時懷慶城外清兵已達六萬人，大批清軍到來，為北伐軍帶來無限「反包圍」的戰場壓力——太平軍攻打懷慶府，其他路的清軍就在外面狠打他們。這樣一來，本來兵力還算充足的北伐軍頓時左支右絀。

北伐軍的主帥林鳳祥見狀，內心十分憤怒，更堅定非攻破懷慶的決心！

過度的憤怒會使一個人喪失理智。如果是一個小兵失去理智，丟掉的可能只是自己的生命；如果是主帥失去理智，丟掉的將會是全體軍士的生命和本可得勝的戰鬥機會。

此時，被圍了半個多月後，懷慶城內糧食開始短缺，進入守城階段中最難熬的時期。林、李二人偵知後，決定圍困懷慶，迫其投降，沒想到最後困住的，竟是太平軍自己。

令人費解的是，林鳳祥命人在周圍修築起一道堅固的防禦工事，同時還趕築出一座木城，木城之外又挖壕溝、護城河……擺出一副不困懷慶心不死的架勢。這是個嚴重錯誤的軍令，因為接下來他們很快就會發現，缺糧的不是清軍，而是太平軍。

從表面上看來，木城、壕溝以及護城河等建築，是為了使城內的清軍無法與外頭援軍裡應外合，可實際上，這種圍困反而促使守城軍民反抗更加劇烈，外面的援軍也不用多賣力進攻，只要用大炮不斷轟擊，就夠讓北伐軍焦頭爛額。

在被內外合攻的敗勢中，林鳳祥不死心地堅持住五十六天，等到第五十七天，才終於沮喪地看清戰局，明白懷慶府無法變成自家地盤，認命撤離。

一八五三年九月一日，北伐軍懷著沮喪的心情放棄懷慶，越過王屋山，繞道挺進山西。順利進入山西時已近冬季，北伐軍沿著太行山的羊徑小道，連佔垣曲、平陽（今臨汾）及霍縣等地，一路勢如破竹。

當北伐軍蜿蜒北上時，林鳳祥得知前方清將勝保已布下重兵相待，不想主動踏入敵方地盤，便改由洪洞縣向東行，進逼直隸（今河北）境內。

太平軍順勢觀走、趁隙前進，進軍速度奇快，很快便過邯鄲、克正定，還攻佔了保定南邊的張登鎮（今清苑縣張登鎮），距保定只有三十公里，離北京則是一百一十公里的路程。

消息傳回清廷，咸豐此刻再也坐不住了。

京城裡已是流言滿天飛，一聽說長毛要來，什麼東西都要充公，部分官員開始偷偷收拾包袱，其他一些富豪更是跑得比兔子還快。在不安緊張的氣氛中，大臣紛紛上書勸諫咸豐最好出京避一避，等風聲過了再回來，以防萬一。

不過，咸豐小子脾氣硬得很，說什麼也不走，爲了有效擋住長毛軍前進，甚至出動了皇室老底，包括護衛京城的火器營、兩翼前鋒營等，同時急令各地軍援。

首先，咸豐任命僧格林沁爲參贊大臣，率領蒙古騎兵和黑龍江、吉林一帶的騎兵增援北京周邊軍力，又命清軍八旗的主力部隊迅速趕赴保定、逐州一帶，同時從直隸、東北、西北一帶調集最精銳的部隊投入各地參戰，並且積極招募地方團練一同抗敵。

爲了對付這二萬「廣西猴子」，清廷可以說是幾乎動用所有精銳，但事實上，清軍戰鬥力之低下，幾乎達到了令人吃驚的地步。

雖然在開封、懷慶等比較大的城鎮，由於北伐軍缺乏攻城技術，所以清軍偶得小勝，但絕大部分，這些清軍幾乎是一觸即潰。尤其是在野戰中，清軍幾乎無一勝績，就算是最精銳的吉林、黑龍江騎兵和蒙古騎兵，也往往望風而逃。

不過，北伐軍雖然勝多敗少，掌握極大優勢，多次交鋒後，己身傷亡卻也不少。同時，長期征戰下，北伐軍人困馬乏，加上組成份子大部份是廣西人，無法適應北方氣候，衆軍士的戰鬥力逐漸減弱，又需面對人數上看十萬的清軍，心裡多少有些發怵。

爲了保存實力，並且避開清軍主要部隊，北伐軍只好選擇暫時撤退，改朝天津方向靠近，以圖再次威逼京城。

4 從滄州到獨流

一偵知在獨流城中的太平軍人數不到七百人，謝子澄當機立斷地率領從天津周邊招募來的二千多名敢死隊，在前來增援的數百蒙古騎兵配合下進攻獨流。

北伐軍的目標是先入天津，再圖北京。若想攻向天津，只有兩條路可走，其中保定這一條已經有重兵把守，所以只剩另一條路，也就是轉道滄州。沒想到當太平軍殺至滄州時，卻碰上當地團練頑強抵抗，造成重大傷亡，主帥林鳳祥十分生氣，將主要兵力全部派上戰場，付出四千士兵的傷亡代價，才終於徹底攻陷滄州。

由於傷亡過劇，林鳳祥領軍破城後，縱軍大肆燒殺以爲報復。據說城破之日，全城滿漢回居民共計萬餘名男女老幼，均被屠殺殆盡。

說句實在話，「一將成名萬骨枯」，無論任何目的，在戰爭中遭殃的總是無辜的老百姓。就拿太平天國時期來說吧，戰爭連年不斷，往往太平軍攻殺在前，清官擄掠在後，弄得民不聊生。更糟的是，戰鬥激烈的攻城戰，城破後多半會發生屠城和燒殺搶掠的悲慘事件。因為獲勝的一方死傷慘重，看著旁邊的戰友都一個個死去，心中的憤懣和悲傷急需發洩，獲勝後，主帥為了撫慰這些人心中哀慟，往往默許，甚至縱容部下濫殺無辜、大肆搶劫，或是姦淫婦女、胡作非為。

另外，有的軍隊為了震懾對方，往往故意大肆屠殺，製造屠城事件，其中特別以蒙古人和滿洲人最為惡劣與兇殘。

平民被屠的事件在中國歷史上比比皆是，如五胡亂華時的各族互屠、蒙古人滅金和南宋時的「逢抵抗即屠城」原則、張獻忠屠四川，還有滿人的「揚州十日」及「嘉定三屠」，無不殺得中原大地遍地是血，這些全都是歷史上難以磨滅的傷痕。

說完了屠城的原因及影響，拉回太平天國時期。這場北伐軍在滄州的大屠殺，毫無意外地徹底引爆北方人民的不滿及反感。

原本直隸、山東等省的老百姓不滿清朝統治，聚眾抗命的起義團體到處都是，如捻軍、白蓮教、天地會等，在太平軍來到時，義軍及百姓也紛紛迎合助戰、攜手抗清，聲勢一片大好。可太平軍所經之處，雷厲風行地焚廟毀佛，強迫他人改變原有信仰，視「天父天兄」為唯一，又在滄州大肆焚殺，等於把這些人逼往清軍陣線。

由於民心不再，歸附的義軍紛紛散去，北伐軍越往北走，戰力就愈發大不如前，進攻步伐也越艱難。儘管有洪天王在小天堂追加封賞，林鳳祥、李開芳等五名重要將領也獲封爲侯，可對這群在北方拼命的老戰士來說，封侯不過是畫餅充饑，毫無意義。尤其是，當他們聽說留在天京的同伴正在吃香喝辣，心中如何不埋怨？士氣自是漸趨消沉。更要命的是，攻下滄州時，已是十月底，北方進入寒冬，這群南方來的廣西戰士，是否經受得起北方苦寒？

北方往往苦寒貧窮，而南方卻富裕溫暖，這些北伐軍將士大都來自南方，當然更情願留在南方。

現在很多人以爲北伐軍攻下滄州，接下來進佔靜海、獨流、楊柳青，迫近天津後，已是勝利在望，也經常引用「京城大恐，居民外逃，咸豐帝做好避難熱河準備」的說法，爲北伐軍的頓足長歎不已，覺得他們時運不濟，才會功虧一簣，否則只要再往前一拱，不就能把滿清皇帝擠下台了？

筆者倒不這麼以爲，事實上，當時北伐軍迫近天津的舉動，用「強弩之末，勢不能穿魯縞」來形容可能更加貼切一些。

要知道，當時的北伐軍像沒娘的孩子一樣孤軍深入，深陷嚴寒風沙之中，實力已經發揮到極限，接下來攻防轉換，形勢轉爲被動，已經十分接近死亡邊緣。

即使如此，林鳳祥始終沒有放棄，於十月二十九日攻佔距天津三十二公里的靜海縣，然後又拿下獨流鎮。此地距天津只有十九公里，就算走路，也只需花上半天時間就到。

豈料，一樁令北伐軍意想不到的事情發生了。

原來，北方百姓知道滄州軍民盡被屠盡之後，怒火一直不斷持續悶燒，最後終於失去理智。百姓一旦失去理智，就像是一堆極度乾燥的柴薪，點火以後就會劈哩啪啦地燃燒，火勢劇升的速度超乎想像，不將東西燒成灰絕不罷休。

點燃這堆火的人，是當時的天津知縣謝子澄。

一偵知在獨流城中的太平軍人數不到七百人，他當機立斷地率領從天津周邊招募來的二千多名敢死隊，在前來增援的數百蒙古騎兵配合下進攻獨流。

此戰中，除了謝子澄以及所率二千人被殺死外，蒙古騎兵倒是沒受什麼損失，因為這群北地大漢根本不敢上前與太平軍較量。

謝子澄同志是一個真正的英雄，領著二千多名死士衝鋒，最終被太平軍士兵以長矛刺死，隊員無一生還。相形之下，前來支援的蒙古騎兵行動實在讓人感到不可思議，當二千死士在前面廝殺時，他們竟眼睜睜地在後方觀望，舉步不前，發現太平軍拿刀挺槍矛上前後，更是轟然潰散，四處逃竄！

眞不知如果成吉思汗地下有靈，看到後代子孫這副鳥樣，心中作何感想？

5 援軍終究沒有到

李開芳冒死突圍尋找援軍，領著殘軍再度衝入山東，掠過德州、平原縣後，堪堪進入高唐州後，才知道原來天國援軍早敗走南方，增援已然無望。

十一月初，北伐軍進佔津郊三鎮，從地勢上來說，此地位於華北平原地帶，幾近無險可守、無隙可鑽，面對經驗老到的清將勝保的追兵，以及蒙古親王僧格林沁親自率領的蒙古鐵騎，安穩防守變成一件極爲重要的事。

天氣越來越寒冷，北方正式進入滴水成冰的隆冬時節，對疲憊不堪、糧草嚴重缺乏的北伐軍來說，別說攻打北京，只要能安全突圍就已經算是勝利了！

林鳳翔和李開芳分別領軍駐守在獨流鎮和靜海兩地，恰逢漳水暴漲，河水四處氾濫。清軍和太平軍想到的都是同一個法子，互相掘堤灌淹對方，你來我往，一時打成膠著狀態。可惜，北方畢竟是清軍的大本營，糧餉充足，而僧格林沁的蒙古鐵騎又才剛參戰，軍士體力充沛，戰馬來去如飛，對付區區萬餘人的北伐軍仍是佔了上風。

果不其然，彈盡糧絕的北伐軍被迫在次年南撤，但是，兩條腿的廣西老戰士怎可能跑過四條腿的蒙古騎兵？

在南撤路上，光是酷寒的天氣就凍死凍傷上千名北伐軍，有的人被凍得腳指青黑，而因凍傷落單的人往往被追兵砍死。

三月七日，華北平原突起大霧，林鳳祥率北伐殘軍乘霧南撤，破獻縣，隨後佔領阜城。就在同一天，僧格林沁和勝保的追兵趕到阜城，在外頭層層紮營，團團圍住，無奈之下，林鳳祥只好在原地固守待援。

天京聞訊，當即派出曾立昌、許宗楊等人率兵八千北上救援。遺憾的是，這支北伐援軍雖然前期進展順利，卻在距林鳳祥據守地點阜城約莫兩、三天路程的臨清城被阻，和清軍、地方團練等隊伍廝殺三個多月，最後兵敗南逃。

主將曾立昌戰死在黃河水中，副將許宗楊則領著殘兵敗將逃回天京，被東王楊秀清以軍法嚴懲，自此懷恨在心。

林鳳祥見援軍敗逃，只好冒死突圍，逃至連鎮，想闖出一線生機。

豈知太平軍前腳才剛到連鎮，後腳又被清軍追上，林鳳祥只得讓李開芳先行突圍，自己則據守連鎮。

連鎮城小，城內糧食很快吃盡，城內的樹皮被剝光，甚至死去同伴身上的人肉也被割下來當乾糧，人心惶惶、饑餓難忍，不斷有人向清軍投降。

半年後，連鎮仍是被攻陷，不得不說這些戰士很堅強，能在如此惡劣的環境下堅持半年。可惜一旦城破，北伐軍戰士便幾乎被清軍殺光殆盡。

之後清查屍體時，沒發現北伐軍的主帥林鳳祥，僧格林沁命令手下全力查找，就算把連鎮掘地三尺，也要把人找到。

最後，清兵在廢棄的帳篷下找到一條極為隱蔽的地道，翻開蓋板進入地道後，發現洞裡寬闊無比，生活設施一應俱全，糧食居然足以維持一個月以上。

當時，林鳳祥和剩餘的將領正躲在洞中。他已經身受重傷，被擒後曾服藥準備自殺，只是藥力不夠，才沒有死去。

僧格林沁立刻下令將人押往北京，最後在菜市口被凌遲處死。

根據《玉珍河釣徒見聞雜記》記載，林鳳祥受刑時，從頭到尾未曾吭過一聲，眼睛直盯著劊子手行刑，死得淒慘壯烈，令時人不禁為之嘆泣。

至此，太平天國又失去一員大將。

說到這，不得不介紹一下抓住林鳳祥的僧格林沁。

此人可不是什麼普通出身，有蒙古貴族血統，還跟道光帝有一點親戚關係。

道光皇帝的姐夫是索特納木多布齋，膝下無子無女，讓僧格林沁占了大便宜。

一八二五年，僧格林沁被選定為索特納木多布齋的嗣子，承襲科爾沁左翼後旗札薩克郡王。嗣子就是嫡長子的意思，具有優先繼承權。沾上這層和皇帝半親不遠的親戚關係，僧格林沁從此踏上政治舞台，一路持續平順，全無危機。

一八三六年，僧格林沁被封為從一品都統，一八四五年又升為鑲黃旗領侍衛內大臣，正一品。

一八五〇年，道光皇帝駕崩，任命僧格林沁為顧命大臣，負責輔佐。

一八五五年正月，由於鎮壓北伐軍有功，咸豐帝加封僧格林沁為博多勒噶台親王，賞朝珠一盤、四團龍補褂一件，世襲罔替。

按清制，皇帝之子可封親王，後代子孫需降襲，如親王之子降襲郡王，郡王之子降襲貝勒，貝勒之子降襲貝子，貝子之子降襲鎮國公……等，這種制度的推立，主要是想避免像明朝那種親王遍處的局面。

所謂的世襲罔替，便是指親王之位可以永傳，無須降襲，這可不是什麼阿貓阿狗都能享有的殊榮。

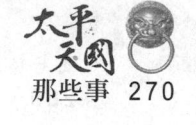

僧同志的政治前途一片光明，在軍事上的貢獻更是不容忽視。

一八五八年，正是第二次鴉片戰爭之時，清廷主和派與英國代表簽署《天津條約》。僧格林沁得知後，上書向咸豐奏請撤回談判代表，主張調動全國兵員，傾國力整頓軍隊，把外來侵略者趕出去，最後因主和派占上風，意見未被採納。

從這一點可以看出，僧格林沁是位有血性的將軍。

一八五九年，咸豐皇帝命僧格林沁至天津督辦大沽口和京東防務。僧格林沁記取第一次大沽口戰役失敗的教訓，積極籌建大沽海口和雙港的防禦工事，整肅軍隊，做好反侵略的各項準備。

英法新任駐華公使普魯士率領艦隊從上海沿水路北上，行至天津大沽口時，藐視中國軍隊的設防，不聽任何勸阻和警告，明目張膽地闖入大沽口，激起全體清兵的憤慨。

僧格林沁立刻下令反擊入侵者，自己也親身督軍，擊毀英軍戰艦三艘，使英軍死傷四百六十四人，更令英國海軍司令賀布受到重傷，最後敵方艦隊不得不撤走。

這次大沽口保衛戰，是自一八四〇年列強入侵以來，中國軍隊取得的第一次重大勝利，然而，這次勝利迎來的，卻是更大的失敗。

一八六〇年，英法聯軍攻入天津，僧格林沁組織軍隊在張家港、八里橋附近阻擊英法聯軍，結果慘敗。

即使蒙古騎兵在僧格林沁指揮下表現得異常勇敢，冒著敵人的密集炮火，多次衝向敵軍陣營，進行英勇的戰鬥，但倒下的仍是一個個清兵。

以長刀對抗槍炮，筆者還是想說同樣一句話，科學技術是國家的首要生產力，清朝對科學的漠視，註定得用血的代價償還。

這一仗後，僧格林沁被革去王爵，政治生涯也開始走下坡。

若干年後，僧格林沁自己想不到，咸豐也想不到，其他人更想不到，這位一生顯赫的老親王既不是死於洋鬼子之手，也沒在太平軍的大將手上戰死，反而是被捻軍的不知名小卒在麥田裡砍成了兩段！

說了這麼多，還是先回到北伐戰場。李開芳冒死突圍尋找援軍，領著殘軍再度衝入山東，掠過德州、平原縣，堪堪進入高唐州後，才知道原來天國援軍早敗走南方，增援已然無望。

高唐州外的清軍如鬼影般緊緊相隨，李開芳沒有辦法，只好死守，能撐一天是一天。

後來，李開芳自知死守無用，率領五百騎兵連夜衝出高唐，卻被清軍逼到馮官屯，周圍全是清軍，沒有絲毫脫逃的空隙。

一八五五年五月底，李開芳率百餘人出降。據說，李開芳當時頭戴黃綢繡花帽，身穿月白綢短褂、燈褲紅鞋，後頭還跟著兩個十六、七歲大的孌童，兩人穿著紅衣紅鞋，貌美秀氣如女子，隨李開芳直入清軍營帳之中。

僧格林沁手下持刀環立，怒目而視。李開芳一行人不以爲意地盤坐在地，毫無懼色，聲稱如獲寬貸，願意說服天國投降，還要求賜飯。

飯到後，李開芳開懷大嚼，談笑如常。

不過，在馮官屯剩下的北伐軍戰士被清軍一一處決之後，李開芳的兩名孌童即被當眾剖腹割心，至於李開芳，則和林鳳祥一樣，被押送到北京後凌遲處死，死狀慘不堪言。北伐軍的另外兩員大將中，吉文元早在阜城之戰中便已陣亡，另一位將領朱錫錕則是不知所蹤。

這場轟轟烈烈的北伐，最終以太平軍的失敗而告終。

第9章

西征不知返

戰敗原因很簡單，也很致命，太平軍無論是攻城還是打水仗，都只會使出一再重複的老套路，完全不知變通。曾國藩早已抓到這個弱點，每一次都將應對方案安排得天衣無縫。

1 西攻南昌

派去這麼多人，攻城依舊沒有任何進展。楊秀清的火氣越來越大，沒等洪大天王發話，就直接把主帥賴漢英同志撤掉，還順便安排另一個活給他。

北伐實施後不久，太平軍馬上開闢另一個戰場，西征。

西征的主要目的是為了攻打兩湖、西襲巴蜀，並且奪下江西、安徽等處的廣大腹地，鞏固武漢、九江和安慶這三大據點，確保天京安全無虞。

用「鞏固」這個詞有些誇大，事實上，這些地方根本不在太平天國手上，太平天國能控制的地盤一開始只有三座大城市，分別是天京、鎮江，還有揚州。

對天京城來說，屏障只有鎮江和揚州市顯然行不通，不被清政府打死，也會把自己憋死，一定得往外頭發展才行。

為了保證西征順利，太平天國內部制定出詳細的戰鬥方案：首先攻取安慶，然後是南昌，緊接著控制江防要塞九江，最後直逼湖北省會武昌，完成第一階段的初期計劃。

把大象裝進冰箱都還要分三步驟，西征計劃當然不會這麼容易結束。

第二階段便是進軍老地方湖南，最後一步則是打回洪天王的老家廣州，控制住整塊南部地區。如果能順利進展到最後一步，估計滿清政府也沒幾天好活了，可惜的是，太平軍連第二步攻佔湖南的計劃都沒能成功。

一八五三年五月中旬，在一切方案準備完畢後，新的人事任命也隨之頒佈。

西征的第一路軍由春官正丞相胡以晃和夏官副丞相賴漢英統領，人數約五萬，戰船則有上千艘。

光看這數字，便可判斷出所謂的「戰船」基本上應該都還只是些漁船，不足為懼。沒想到清軍很給面子，一看到船隻出現，便趕緊收拾行李往回跑，有的不會水，還直接掉到湖裡餵魚去了。

五月十九日，西征軍攻佔安徽和州（今和縣），短短幾天之內，連克蕪湖、池州等地，六月九日便順利抵達安慶附近。

安慶這個地方可說是南京西南方的門戶，地理位置相當重要，也一直都是安徽省的省會，行政地位不低。萬萬沒想到，西征軍只用一天就把安慶搞定，幾乎沒放一槍一炮，因爲清軍依舊很講義氣也給面子，趁著夜晚自己跑了。

老實說，這件事讓太平天國的人摸不著頭緒，究竟是誘敵深入，還是保存實力？估計只有清軍自己才明白。

還不到一個月時間，南方三大據點之一的安慶便在太平軍手裡，天王洪秀全高興得很，楊秀清也很開心，隨後，安排胡以晃駐守安慶，命賴漢英率大軍繼續向江西推進，以求儘快佔領第二個據點，南昌。

賴漢英這個人素質很高，雖然出身農家，卻既懂天文又曉地理，對醫學也有一定研究，更重要的是，賴同志上面有人，而且來頭還不小。

賴漢英可是洪大天王的親小舅子！既占天時，又占人和，漢英同志的仕途幾乎沒有任何障礙，可惜，接下來就要發生變化，起因正是南昌。

一八五三年六月二十四日，西征軍順利抵達南昌城下。

南昌城內此時兵力空虛，只有五千人馬，負責防務的是太平軍的老對頭江忠源。江先生升官了，不再是當年的四品知府，現在可是湖北按察使，擁有副首長級的待遇。當然，他得以高升，也是拜太平軍之前的敗仗所賜。

一知道南昌城內的統帥是江忠源，太平軍幾乎每個人都恨得牙癢癢的，就算把城牆啃倒，也一定要幹掉江忠源。

七月九日，太平軍開始攻城，用的方法還是同一套：挖地道，埋地雷。可惜，這套對付一些初見不識的生面孔還可以，要是拿來對付像江忠源這樣的沙場老面孔，絕對無法獲得良好的效果。

說句實在話，太平軍平地打野戰還可以，要論攻城，還是比清軍嫩了點。賴同志也終於明白，並不是所有的城池都像安慶那樣容易奪取。

南昌城久攻不下的消息很快傳回天京，主導西征的楊秀清十分生氣，迅速調動兩萬人援軍，緊急馳援南昌。這支援軍很特殊，統帥都是高層親戚，名字分別是石祥禎、韋志俊、石鎮倉、石鳳魁，不用多介紹，光看姓氏就知道誰家親戚。

可惜的是，派去這麼多人，攻城依舊沒有任何進展。楊秀清的火氣越來越大，沒等洪大天王發話，就直接把主帥賴漢英同志撤掉，還順便安排另一個活給他，讓他回天京刪孔老夫子的論語。同時，楊秀清下令停止進攻南昌，兵分兩路，一路進軍湖北，另一路向安徽挺進。

2 江忠源的末路

對於太平軍來說，清軍能夠使他們懼怕的將領沒有幾個，江忠源就是其中一個。江先生這輩子靠「剿匪」發了家，最終也是「剿匪」要了他的命。

一八五三年九月二十五日，重量級人物石達開出場，出任西征軍的第一統帥，上任後不久，便有一份大禮傳回天京——西征軍攻克九江。

石達開奉命接管大局後，先是坐鎮安慶，對西征做了新的部署：第一路仍由胡以晃率領，沿著安慶進軍安徽北部；第二路由石姓親友團帶領，意圖從九江進入湖北，然後直取武昌。

一八五三年十月二十日，太平軍又一次回到熟悉的地方——武昌。

上一次還有重兵把守，這次武昌城內兵力空虛，連兩千人都不到，由於之前曾被太平軍佔領過，城中軍民早已人心惶惶、緊張不安，毫無士氣可言。

不過，凡事總有例外，正當城內守軍準備仿效前人逃跑時，奇蹟出現，太平軍竟然悶不吭聲地消失了！

原來，由於西征軍臨時改變策略，大半軍力轉向安徽境內。

胡以晃的第一路軍進展很順利，不僅接連拿下集賢關、桐城等地，還在舒城逼得安徽巡撫周天爵這位老相識無路可逃，不得不自盡以求一死。說起來，周先生還是有骨氣的，對於一個不得不死的人來說，自殺代表的是尊嚴和抗爭。

雖然周先生終於可以休息，從此擺脫那些長毛的苦苦相逼，可他留下來的位置必須找個適合的人選接替才行……

朝廷上思來想去，認爲江忠源最合適，先前他死守南昌有功，更被太平軍視爲強大勁敵，由他出任安徽巡撫一職再恰當不過了！此令一下，短短幾個月，江忠源就由副部長級升任至一區首長，擁有地方最高規格待遇。

不巧的是，江巡撫趕赴新戰場時，半路上竟然生起病來，病情還十分嚴重。不過，這位爺們依舊不停不歇，強行地趕了八十多里路，這份敬業精神使他終於趕在太平軍之前抵達合肥。

沒想到，他發現合肥的狀況比想像中糟糕得多，是個不折不扣的爛攤子，激得他病情更加嚴重，據說指揮戰鬥時，都得讓士兵把自己抬上城樓觀戰。

江忠源趕到後的第三天，胡以晃也率大軍進發合肥城下，此時太平軍個個士氣高漲，望著這個即將到手的城市，心裡興奮得很。

江忠源一面構建合肥的軍事防線，一面請求咸豐派人支援。一八五三年，十二月十九日，江南提督和春及陝甘總督舒興阿便迅速領軍往合肥方向靠近。

一八五四年一月，陝甘總督舒興阿首先抵達合肥郊外，隨即派出騎兵攻擊太平軍，結果太倒楣，竟直接中了太平軍的埋伏，數千人都做了刀下鬼。這麼一弄，舒興阿的心裡開始沒底，騎兵可是老子的王牌，王牌三兩下就沒了，還打什麼？

不過，戰局中最著急的莫過江忠源，一見外頭援軍進不來，裡面的人越來越少，急得都要嘔血。

一月十四日深夜，太平軍用老辦法炸開了合肥西面的城牆，經過幾個小時的拼殺之後，太平軍順利佔領合肥。

江忠源徹底絕望，嘔出生命中最後一滴鮮血，圓睜著眼，不甘心地離開世界。

對於太平軍來說，清軍能夠使他們懼怕的將領沒有幾個，江忠源就是其中一個。江先生這輩子靠「剿匪」發了家，最終也是「剿匪」要了他的命，也算是死得其所。

不過，江先生雖然死了，他創立的「團練」卻後繼有人，讓湘人以護衛湘土的方式留了下來。

江先生的命是自己結束的，相形之下，合肥城內另外兩個二品官死得就很不光彩，在鬧市上被太平軍直接砍成肉醬。

攻克合肥的消息傳回天京後，胡以晃高升一級，被封為護天侯，與他一同出征的副手曾天養，也被提拔為秋官又正丞相。

在安徽局勢相對穩定後，楊秀清便再度調動曾天養，前往湖北增援天國的親友團部隊。接下來的幾個月裡，太平軍進展依舊順利，不僅先後消滅湖北的水、陸兩師，連湖北的官也砍了，二品以上的大員幾乎沒剩下多少個。

就在此時，一個人正在湖南躍躍欲試，想與太平軍打一場硬仗。

這人便是人稱「曾剃頭」的曾國藩。

3 重量級敵人

正巧這時太平軍在安徽和湖北鬧得正歡，廣大的湖南老百姓急切地盼望能有個人出面捍衛桑梓，目光自然全聚焦在剛回鄉守孝的曾國藩身上。

作爲清軍的重量級人物，得好好詳細介紹曾國藩這位同志才行。

只要稍微懂些歷史，便對這個人不陌生。這位兄台是道道地地的漢族人，沒有滿洲貴族血統，也不是蒙古皇室後裔，出身毫無特殊之處，但他的大名卻遠比那些與生俱來的漂亮血統響亮多了。

曾國藩生於嘉慶十六年，出生於湖南省婁底市的一個小農村，由於當時計劃生育做得不大好，底下弟妹九人。曾家雖然只是種地人家，但家庭條件還算可以，起碼能溫飽

曾家的大人及眾多孩子，雖然歷代務農，思想卻先進有遠見，知道讀書可以改變人的一

生，於是把當時才六歲的曾國藩送進私塾讀書。

在古代來說，這麼早就進幼稚園的人極爲罕見，就算是大清皇帝，一般也得八歲左右才開始讀書練字。古代的學校可與現在不同，現代人學的科目太多，什麼英數理史地的，以前的人就只修文學一科，內容也無非是讀讀儒家經典文學，寫寫八股文之類的，這些東西學多了，思想便會有點頑固，凡事都認死理。

曾先生的書一讀就是十幾年，到道光十三年考上秀才後，才總算有了功名，同一年，還娶了個漂亮老婆，用個四字成語來形容，就叫做雙喜臨門。

道光十八年，曾先生二十八歲，參加殿試，考得不理想，弄了個同進士出身。同進士出身等於進士的最末評等，不能留京任職，必須放到地方外任。曾國藩考差了，心情不大好，只好認命地開始收拾行李，準備回湖南老家撈個候補知縣的閒職。人算不如天算，正巧朝中有位同鄉拼命挽留曾國藩，還鼓勵他參加朝考。

筆者在這裡簡單說明一下，朝考是清代特色，當新科進士取得出身後，由禮部以名冊送到翰林院掌院學士手裡，奏請皇帝，再進行一次考試，並且特派重臣閱卷，挑出幾個有潛力的人進入翰林院當研究生，也就是庶吉士，經過三年學習後，再考一次試，決定外放或出任中央系統官職。

這一次，滿腹經綸的曾先生終於成功了，考出來的成績還不錯，在朝考排上一等第二名，順利進入翰林院，當選庶吉士。

以同進士之身而被選入翰林院的人，清朝建立以來只有曾國藩一個。一進入翰林院，就等於仕途成功一半。之後，曾先生從翰林院庶吉士，到侍講學士、文淵閣值閣事，一直做到尚書等中央級高官，十年七遷，連躍十級，都是沿著這條仕途大道，才得以步步升遷到二品官位。

正當官運越來越旺之時，一件不幸的事發生了，曾家老母親去世。這對看重家庭的曾國藩來說，是個不小的打擊。

一八五二年十月，曾國藩回家奔喪，按照祖制，必須在家守孝三年以盡孝道。守孝在古代有個正式名稱叫「丁憂」，具體來說，任何一位朝廷官員的父母一旦去世，無論當時官位有多大，肩上職責多重，從得知喪事的那一刻起，就得馬上收拾包袱趕回老家守孝三年，不得任意離開，一切社交活動自然都得停擺。

那爲什麼要叫丁憂呢？

這就得和文言文扯上一點關係，古時候「丁」字當「遭遇」講，「憂」字則當居喪解釋，把這兩個字一連起來，就是「遭遇居喪」的意思。

形式上，回祖籍守喪的人得先在墳邊搭個草棚陪著先人，當然，在裡頭舉凡讀書、打掃等事還是可以做的，不過，娛樂玩物當然不能做，是對死者不敬的行爲。

現今社會倒不太注重守孝這回事，其實，說句實在話，孝道主要是心意問題，一個人好好的，在墳前待上三年幹什麼？要是放在現代，別人八成會說你有病，反而無法體現出悼念先人的孝心。古人卻不這麼想，所謂百善孝為先，作為古代社會的基本綱常，皇帝也是以孝來治理天下，別說曾國藩是個二品大員，就算是正一品的殿閣大學士，也必須遵守禮法，乖乖回老家去。

那麼，有沒有挽救的辦法呢？

有倒是有，中國人的聰明之處就在這，不管什麼樣的劇毒都會有解藥，丁憂的解藥就是奪情，只不過，一般人不願意用上這帖解藥。

奪情的意思很簡單，就是皇帝朝廷實在太需要這位重臣，沒有他什麼事都辦不成，於是直接下令，在守制未滿期的情況下「強行任用」臣下。由於天子至高無上，在忠孝不能兩全的情況下，選擇盡忠這條路便符合道義。

奪情奪情，便是指天子刻意奪去臣子的孝悌親情，強迫他出仕。這條規矩可以說不亞於甘霖雨露，給了那些不想守制，只願做官的人一個很好的藉口。只是，像曾國藩這種士大夫仍然不願選擇奪情，他們從小學的是倫理道德，而且讀書人一般都十分在乎世間看法，如果選擇奪情，估計其他讀書人都會奮不顧身地跳出來大罵特罵。

從內心來講，曾先生自然還是想當官，不過既然回來，也不好意思自顧自地出山，否則會先被雞蛋砸死。正巧，這時太平軍在安徽和湖北鬧得正歡，廣大的湖南老百姓急切地盼望能有個人出面捍衛桑梓，目光自然全聚焦在剛回鄉守孝的曾國藩身上，希望他能挺身而出，擔當重任。

在家守孝的這段期間，他心裡不停激烈鬥爭，要想出一個既能成全自己名聲，又能成全自己仕途的雙贏辦法。衆鄉里的呼聲之中，曾先生還是不敢妄動，雖然心中很想成就一番大事業，但他在等，等一個人放出話來。這個人就是當今的皇上，要是皇上沒發話，事情再好，也都是名不正言不順的理虧事。

事情進展得很快，聖旨沒兩三下便到了湖南，要求曾先生「顧全大局」，出山平定長毛匪，可他卻依舊沒有行動。

曾國藩腦袋動得飛快，考慮也多，覺得還是缺了樣東西，嚴格來說不是缺東西，而是缺人，缺個親自上門說服自己的人。

這個關鍵的人物很快出現，他便是郭嵩燾。老郭是湖南湘陰人，比曾國藩小七歲，道光十五年考中秀才後，經劉蓉引薦而結識了曾國藩，自此成爲莫逆之交。可惜，郭嵩燾科舉不順，考進士四度落榜，特別值得一提的是，在郭嵩燾第四次進京參加科考的時候，曾國藩恰好是主考官。

即使這樣，郭嵩燾也沒走後門，考試結果依然不理想。

幸好郭嵩燾這個人心理素質堅韌得很，沒像洪秀全一樣做白日夢，只是乖乖收拾行李，抓緊時間反覆苦讀，以待來年再戰。

第五次參加科考，郭嵩燾終於中爲貢生，不久殿試，獲賜進士及第，與曾國藩的弟子，也是著名的晚清重臣李鴻章是同榜同期，進了翰林院。

基於交情、地位，郭嵩燾到這裡勸曾先生出山的行爲十分具代表性。即使這樣，曾先生也沒有一口答應，這個譜一定要繼續擺下去。

這時，他的弟弟曾國荃看不過去了，「哥，人家皇帝一片誠意請你，你就出山吧，大丈夫就應該戰死沙場，保家衛國！」

曾國藩喝斥了弟弟一句，「你懂什麼？」

這就是曾國藩，想做還礙於別人的看法。其實，虛僞是一個人自身帶來的品性，但曾先生似乎做得有點過，也許是因爲人讀過書之後，會變得更加瞻前顧後的緣故。

曾先生卻把這種虛僞當做炫耀的資本，還寫到自己的家書裡頭去，筆者不得不佩服這份深植他內心的堅持。

一八五三年，曾先生還是出山了，但是究竟能不能打敗太平軍，誰也說不準。

很快地，他會發現，這群長毛匪並不是簡單的流民草寇。

4 第一次交手

當太平軍準備接應城外的援軍入城時，湘軍的伏兵突然從中殺出，弄得所有太平軍措手不及，將才佔領一個星期的湘潭讓回湘軍手裡。

一八五三年一月，曾國藩到達長沙，開始籌辦團練。之前的鄉勇團練，主要目的不是保家衛國，而是維護地方治安，如果要整隊帶出去對抗太平軍的侵略，指望這些地方武力萬萬不可能。

不過，曾國藩自有一套想法，想把原來的團練持續發展擴大，不僅開始在當地招募大批鄉勇，更直接上奏國家，請求發給這群人固定工資，死了還有一份撫恤金。

這批人便是著名的湘軍。軍隊士兵是在當地找的，多半來自湖南農村，平常幹的都是體力活，體力方面自是不錯，更重要的是，他們之間有條無形的紐帶緊緊連結著。在湘軍裡面隨便找兩個人，都會扯得上沾親帶故的關係，就算不是同一個村出來的，也會是八竿子打得著的同宗血脈。

有人或許會問，這種關係的好處在哪？

好就好在一旦打起仗來，要是有個人不小心戰死，其他人便會群情激憤，一呼百應，士氣徹底激發，戰鬥力無限上升。

組織起湘軍，曾國藩還有最後一個法寶，就是輿論。

無論是哪一個時代，文人的筆桿子都是一項不容忽視的絕佳武器，這也正是曾國藩這個讀了幾十年書的儒家弟子最擅長的。一篇《討賊檄文》把太平軍罵得狗血噴頭，在軍中引起共鳴，湘軍士兵打從內心深處燃起對太平軍的熊熊怒火。

一八五三年三月，湘軍與太平軍在靖港初次相遇。

當時太平軍的主帥叫石祥禎，是翼王石達開的哥哥。雖然是親友團裡的一員，但此人確實有些本領，作戰十分勇猛，又能與士卒同甘共苦，在軍中深得人心。兩方初次交鋒，他一時低估了湘軍的實力，致使西征軍一度退回湖北境內，暫時撤離湖南。

反省數日後，太平軍再次奪回靖港、岳州等地，更進逼長沙，打得湘軍連連慘敗，苦不堪言。湘軍主帥曾國藩在戰場上第一次嘗到苦頭，緊接著，又一件令人不快的消息傳來——離長沙不遠處的湘潭竟已被西征軍佔領！湘潭離長沙很近，就只幾十里路，一失守，無疑對長沙造成前所未有的巨大威脅。

打進湘潭的第一個人是林紹璋，是太平軍的元老級人物。

打從金田起義時，林紹璋便跟著楊秀清混，一開始只是名不見經傳的無名小兵，不過他的運氣很好，在太平軍攻岳州時創下軍功，被提拔爲監軍，不到兩個月又被提拔爲總制。後來林紹璋與朱錫錕一同北伐時，途經六合縣時卻逢夜半軍營大火，其他部隊相繼失散，只有林紹璋帶著手下安全返京，沒有太大傷亡。

楊秀清一看，覺得這小子很有能力，在某次機會中破格提拔，命他爲丞相。

不過，位高權重的林紹璋一直以來靠的是運氣，跟老謀深算的曾國藩比起來，高下立分，實力也差了一截，與湘軍幾番對戰下來，所率水軍已所剩無幾。

四月下旬，湘軍將湘潭周邊密密麻麻圍住。

林紹璋兵少難打仗，爲了保有實力，只好帶著主力悄悄往湘江上游轉移陣地，不料沒走多遠，便被埋伏在旁的湘軍痛擊，只好沿原路返回，死守湘潭。

五月一日，當太平軍準備接應城外的援軍入城時，湘軍的伏兵突然從中殺出，弄得所有太平軍措手不及，將才佔領一個星期的湘潭讓回湘軍手裡。

林紹璋看勢不好，光著膀子就跑。可惜，這回沒之前幸運，被等在一旁的敵兵打得頭昏眼花，帶來的兩萬多人更沒有幾個活著走出湘潭。

湘潭失守是太平軍西征以來碰到的第一場敗仗，致使西征軍從主攻的優勢硬生生被迫轉爲防守被動。楊秀清氣得下令將林紹璋革職查辦，但失去的已再難挽回。

湘潭的勝利讓曾國藩從先前的失敗中再度燃起激情，下令各部軍由長沙撲向靖港，企圖消滅其他的西征軍。在曾國藩眼中，雖然之前已經消滅了太平軍約莫兩萬人的主力，但對方的水軍依舊健在，不容小覷，得趁早消滅這支長毛軍才踏實。

然而，心急吃不了熱豆腐，靖港之戰帶給曾先生的，是一場突如其來的熊熊烈火，不僅把曾國藩的水軍燒得破爛不堪，也把他好不容易找回的豪情燒個精光。

說實話，誰沒敗過呢？就拿太平軍的老對手向榮來說吧，這位常敗將軍敗得可豐富了，大多時候都只能選擇逃跑。

沒想到，曾國藩就是曾國藩，跟其他人就是不一樣，他選擇跳水明志。也許是技術不好，每次跳下去後，都會被屬下救回岸上。打從這次開始，與太平軍交手的後來幾年裡，跳水彷彿成了曾先生的業餘愛好，次數絕不少於五次，更厲害的是，他每次跳水之後都會被人安全救起，真是讓人感到意外的心安。

這是刻意的安排？還是正常的巧合？筆者想，世上大概沒人說得清楚。

沒想到，這樣一個看似無懈可擊的防線竟不到一周就被湘軍拿下，太平軍只好分成兩部，一部退守安徽，另一部分則暫時駐紮在黃梅城南方。

5 二次挑戰

休養兩個月後，曾國藩收拾好行囊，又踏上和太平軍對抗的道路，這一次他準備大幹一場，挽回之前失去的面子。

一八五四年，七月上旬，曾國藩召集湘勇兩萬餘人，自長沙向岳州開進。爲了一舉殲滅西征軍曾天養部，這次他做了萬全部署。

陸軍方面，中路命之前在湘潭一戰中正式成名的提督塔齊布率軍，同時派知州羅澤南、魁聯之率湘勇二千人爲後援部隊，由新牆直驅岳州。

另一方面，曾國藩派多年好友胡林翼一部走西路，由常德向北推進，並且命同知林源恩、江忠淑一部爲東路，出平江，取道通城、崇陽，直逼武昌。

水路方面，下令水師褚汝航等人率領水師四營共三千士兵，進攻位於岳州南方六十里處的鹿角，由此阻擋太平軍的進攻路線。

整體說來，湘軍以湖南爲大後方，兵員、糧餉的籌集與供應事宜，均由湖南巡撫駱秉章和左宗棠等人負責，基本上無後顧之憂。

七月十六日，塔齊布在進軍岳州的道路上與曾天養碰上，毫不留情地擊敗太平軍。二十三日，太平軍水師與湘軍第一次交鋒亦遭伏擊，損失不少船隻。

西征軍在水陸兩方面接連失敗，嚴重打擊主帥曾天養的信心，爲了保存實力以圖再起，只好主動放棄岳州，領著軍士退到岳州以北三十餘里處的城陵磯。

城陵磯自古被譽爲「長江中游第一磯」，位於長江與洞庭湖的交會處，隔江與湖北省相望，是湖南對外水路聯繫的樞紐，貿易及戰略地位都相當重要，既能通水，又能走陸路。

曾天養連吃兩次敗仗後自然有些不滿，暗想，岳州本來就是老子的，管你曾國藩是誰，統統給我滾出去！

其實，這不僅只是曾天養的想法，也是曾國藩的主張。

兩軍新一輪水戰在城陵磯打響，這一次曾天養又玩不過老奸巨猾的曾國藩，被打得慘敗，無奈之下，只好求助駐守武昌的韋志俊。

韋志俊是個意志不大堅定的人，在他眼中沒有所謂的忠誠，只有所謂的飯碗和利益，不過，這時的他一顆心還是在太平軍這裡。

獲報後，韋志俊與曾天養兩人信誓旦旦，決心要給湘軍一點顏色瞧瞧，可惜最後這顏色倒塗回自己身上了。

再次水戰，太平軍仍是輸得極慘，數百艘船隻都被燒掉，傷亡不下千人。

戰敗原因很簡單，也很致命，太平軍無論是攻城還是打水仗，都只會使出一再重複的老套路，完全不知變通，而曾國藩早已抓到這個弱點，每一次都將應對方案安排得天衣無縫。

同時，湘軍陣營的實力正不斷壯大，廣東水師和粵桂水師相繼抵達長沙，朝岳州開進，準備助援。

一八五四年八月九日，清軍總兵陳輝龍率隊進逼太平軍，趕到城陵磯時，正巧碰上太平軍，誰知這時老天爺卻正吹起南風，弄得湘軍船隻橫流打轉，難以控制。

風越刮越大，一時半會都收不住，這下陳輝龍慌了，自己大老遠領軍前來，難不成第一次交手就失敗了？

此時最高興的人當屬曾天養，先前敗了好幾次，眼下總算有雪恥的機會，當即下令衆人進攻，還囑咐無須留情。

早已恨得牙癢癢的太平軍得令，二話不說地直衝上前，一刀把陳輝龍砍成兩截。這次水戰，太平軍把前幾次失去的都補了回來，湘軍的船隻大多沉沒，損失慘重。取得勝利的曾天養率領三千士兵由城陵磯登岸，準備在湘軍北上的路上紮營，不巧他的死對頭塔齊布率兵趕到，雙方又廝殺成一塊。

曾天養已經六十多歲，體力明顯比不上小夥子，但精神可嘉，竟然單騎衝入敵陣，想直接幹掉死對頭塔齊布。

突被這老頭子的猛勁驚住，塔齊布嚇得連忙躲閃，不與他正面衝突，最後，曾天養在亂軍之中被湘軍所殺。

曾天養算是西征軍裡年齡比較大的軍人，在太平天國裡，也稱得上是一員老將，勇猛風範卻不亞於那些年輕的小夥子，驍勇善戰，素有「虎頭軍」之稱。此次作戰中，雖然勇敢精神可嘉，絕無二話，但他作爲一軍主將，脫離部隊、單騎陷陣，顯然是一種過於魯莽的行爲。

曾天養的戰死，對西征軍所有將士來說，等於失了主心骨，是個不小的打擊，韋志俊見城陵磯已無險可守，只好認命地朝武昌方向撤退。

曾國藩與塔齊布、羅澤南等人共同商議後，決定趁勝進攻武昌。不出數日，武昌也入了湘軍手裡，太平軍只能一路邊打邊退。

太平軍的水師幾乎全軍覆滅，陸軍方面損失也不小，剛剛取得的勝利果實又被清軍奪了回去。

太平軍的剩餘主力大部分退回湖北、江西、安徽三省的交界處。

這個地方叫黃梅，也就是現在的湖北省黃梅縣，著名的黃梅戲也是發源於此。此地向東可以以安慶爲屏障阻敵，向南可以支援九江，向西則可以反攻武漢，同時糧草充足，要什麼有什麼，防禦建設也做得相當牢固。

豈知世事難料，這樣一個看似無懈可擊的防線竟不到一周就被湘軍拿下，太平軍只好分成兩部，一部退守安徽，另一部分則暫時駐紮在黃梅城南方。

6 牛人出馬

石達開獲報後，明白如果硬碰硬，己方絕對討不了好處，不如換個思維，趁湘軍不注意時突襲江西的南昌，使出制人而不制於人的戰略。

湘軍佔回武昌的消息很快傳到北京，咸豐的臉終於露出燦爛笑容，當即下旨賞給曾國藩一個二品兵部侍郎銜。意氣風發的曾國藩此刻信心十足，也經由這幾次與太平軍交手，深切注意到己方的強項是水師，以此出發，才能真正擊潰太平軍。

不久後，信心滿滿的曾國藩集中兵力，命湘軍沿江而下，突破太平軍田家鎮的江防，試圖一舉奪下九江。當時，九江是太平天國的三大據點之一，一旦攻下，便能經此借道江西，攻入天國的核心地盤，無論如何，都得傾力奪下才行。

直攻九江的湘軍可分為兩路：一路是曾國藩所率水陸師，走南路，是進攻的主力；

另一路則是湖廣總督楊霈的部隊，進駐北邊的廣濟。

太平軍方面，由林啓容負責鎮守九江，羅大綱則領兵據守湖口對面的梅家洲，兵少勢弱，還一直打敗仗。連番敗退的消息讓楊秀清十分慌張，爲了儘快穩下局勢，決定打出太平天國的王牌——第一名將石達開。

率隊抵達九江後，石達開仔細分析湘軍水師的特點，決定採取各個擊破的戰略，下令分守兩地的林啓容與羅大綱絕對不可輕舉亂動，靜候時機。

湘軍想佔領九江的心理明顯且迫切，見敵人沒動靜，不由得開始騷動難安。石達開就是要他們騷動難靜，對方越著急，就越耗著殺時間，耗得湘軍上下士氣不一、軍容疲憊時，再一口氣出擊！

不僅如此，到了夜晚，太平軍還派出一些小船，上面裝著火藥和柴草，放火點燃，使其漂向湘軍戰船，同時命士兵在岸上敲鑼打鼓，擾得湘軍不得安寧。

爲了擺脫這種局面，曾國藩一心只想趕快打仗，好速戰速決，畢竟這夥人一天不除，全軍隊就完全睡不著覺。曾先生沒想到的是，這時候戰場上的主導權已經不在自己手上，而是被太平軍掌控住了。經過近一個月的僵持，石達開看出了曾國藩在軍事指揮上的激進，幾經思考，決定使出最後的撒手鐧——誘敵深入，一舉殲滅。

一八五五年二月十一日，石達開與曾國藩各自領軍，在九江這裡打得不可開交，湘軍水師中的精銳部隊被消滅大半，潰不成軍。

這次，曾先生又站在十米跳台上準備往水裡跳，不過，還是沒成功。

死爲什麼就這麼難？估計這應該是曾先生發出的感慨。

其實，找死很簡單，只是爲什麼跳了五次水都沒有成功，爲什麼每次跳水身邊總會有人？歷史就是歷史，不是一封「明志」家書就能遮蓋。

湘軍水師的覆滅，使清廷在短時間內，再也無法與奪回優勢的太平軍相抗衡，很快地，武昌又回到了太平軍手上。咸豐得知武昌又失守後，好不容易才堆起笑容的臉沉下，氣得連聲大罵，「一群庸才，廢物！」

勉強消氣後，爲了穩住兩湖局勢，咸豐決定下旨命胡林翼代理湖北巡撫一職，官文則出任湖廣總督。大家對左宗棠、曾國藩兩人耳熟能詳，對胡林翼可能稍微有些陌生，不過，此人之才並不亞於左、曾二人。

胡林翼二十四歲時便通過公務員考試，在古代來說算是少年得志，很不容易。後來，他還擔任過會試同考官和江南鄉試副考官，仕途可說是一路平穩、步步高升，又因和曾、左二人創建湘軍的關係，接任湖北巡撫之位。

此人能詩能文，做官清廉，在軍事方面的見解也在曾國藩之上，一手寫就的《胡氏兵法》更為後代世人傳誦。年輕時代的毛澤東讀了《胡林翼遺集》後，十分欽佩胡林翼的文韜武略和做人為官之道，把他當成楷模，更進一步把自己的字改為「潤之」。

胡林翼的走馬上任後，沒有馬上扭轉局面，一八五五年五月，胡林翼與曾國藩會合，先後多次對武昌發動攻擊，皆被太平軍擊退。

而在九江這邊，湘軍的處境也不算好，太平軍的守將林啓容早已修好炮台，將九江變成一座難攻陷的堅城。

負責進攻九江的湘軍將領是塔齊布。這個名字估計大家不陌生，他曾給予太平軍迎頭痛擊，還滅了天國老將曾天養，帶兵打仗的風格十分勇猛，是太平軍的勁敵。

不過，人都會有弱點，塔齊布也不例外，他的弱點就是太愛生氣，容易傷肝，幾次攻打九江未果後，竟然出現了嘔血的症狀。

人的血液有限，塔齊布的嘔血症狀卻天天都在發生，嘔得多，就會休克；休克時搶救不及，就會直接死去——塔齊布就這樣憤恨地離開人世。

武昌和九江獲得短暫安寧，但湘軍想把太平軍趕出去的想法卻從未消失。

一八五五年九月，石達開本想率兵增援廬州，見湘軍又集中兵力攻打湖北，試圖奪取武昌，只好放棄廬州，轉援湖北。

湘軍把江西的大部兵力都調去攻打武昌，兵力空虛，埋下風險，但曾國藩等人實在太需要攻下武昌，好爲衆軍士打氣，只是事情並不像他們想得那麼簡單。

十月，石達開命胡以晃、黃玉昆及張遂謀等人自安慶西上，增援武昌。

此時，湘軍幾乎全數都集中在武昌，各方援軍更是不斷朝武昌逼近。

石達開獲報後，明白如果硬碰硬，己方絕對討不了好處，不如換個思維，趁湘軍不注意時突襲江西的南昌。這是制人而不制於人的戰略，既可解武昌之圍，又可以緩九江之難，還能將主動權握在手裡，是個一舉三得的高招。

石達開率軍進入江西後，一路勢如破竹，將新昌（今宜豐）、瑞州（今高安）、臨江（今清江）等重鎮全數拿下。曾國藩看到不利己方的局面，不由得慌了起來，立即派部將周鳳山從九江馳援，九江之圍不戰而解，非常漂亮的一招「圍魏救趙」。

一八五六年三月二十四日，太平軍克樟樹鎮，別看這名字叫「鎮」，它的地位可是相當重要，此地向西靠近瑞州、臨江等地，東面是撫州，可以說這裡是通過江西省城的咽喉要地。

此時，南昌城的狀況不樂觀，城內謠言四起，老百姓什麼舉動都有，沒錢的便抓緊「殘生」，買點好吃好喝，有錢的則收拾行李趕緊跑。

這樣一鬧，曾國藩只能親自回江西鎮守南昌，安頓人心。南昌雖然成功守住，曾國藩卻就此被困，急得他到處求援，希望另一位心腹將領羅澤南能回援江西。

可惜此時的羅澤南歸胡林翼調遣，武昌的狀況也使人堪憂，實在脫不了身。

不過，曾先生還是很有一套，跟咸豐皇帝玩起筆桿子上的把戲，匆匆上了一道奏摺。大概內容是說，江西狀況極為糟糕，同時他還提出有力論據，將南昌與武昌之間的情況做了番詳細比較，最後希望皇帝能兩害相權取其輕，儘快調動湖北之兵支援江西。

這篇奏摺是在一八五六年三月二十七日發出，可曾國藩萬萬沒想到，羅澤南竟然就在十天後戰死武昌。

獲報後，曾國藩似乎有些不相信，人死了，那自己上的奏摺還有意義嗎？

提到羅澤南這個人，他不是正規的科班出身，能力卻不比那些大進士差，當時的太平軍最怕的，就是他和塔齊布，二人曾被譽為曾國藩的左膀右臂，誰知左臂的傷口還未癒合，今日右膀又斷！

曾國藩不禁仰天長歎，絕望到了極點，「天要亡我，我又奈何？」眼看被太平軍殲滅的命運就要降臨，自己除了坐以待斃外，卻已經別無他法。

老天似乎非常眷顧曾先生，在危急關頭，太平天國的老窩出了點問題，這時石達開只能暫時放棄南昌，回返天京，轟動一時的西征也暫時告一段落。

曾先生深吸了一口氣，向著老天大喊一聲，「天助我也。」

第10章

窩裡反

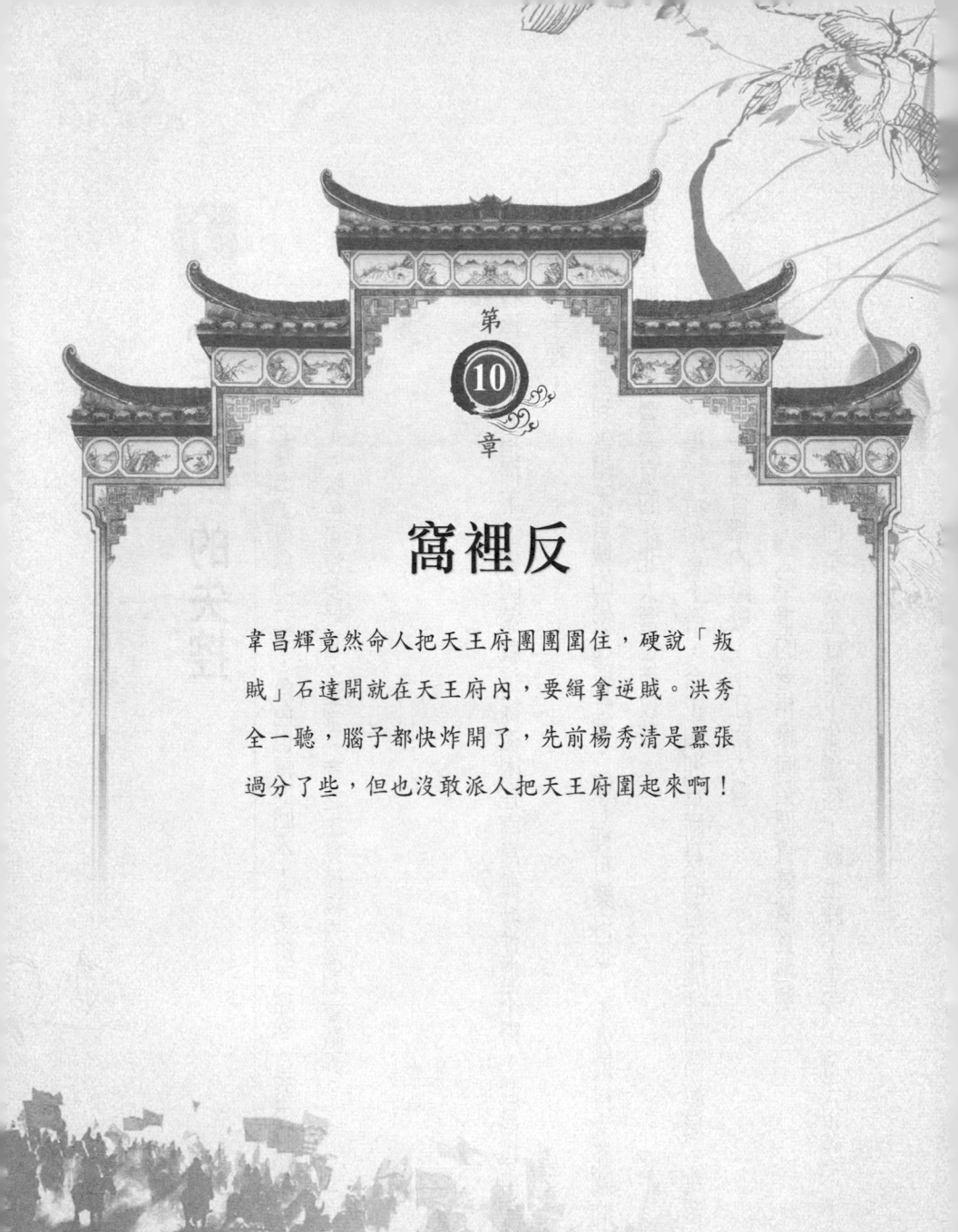

韋昌輝竟然命人把天王府團團圍住，硬說「叛賊」石達開就在天王府內，要緝拿逆賊。洪秀全一聽，腦子都快炸開了，先前楊秀清是囂張過分了些，但也沒敢派人把天王府圍起來啊！

1 「天父」的失控

東王的臉上露出了得意的一笑，角色也轉換回來，立馬拱手謝恩。老洪雖然迫於情勢答應了，臉色可沒多好看，堂堂一國之主竟被楊秀清刻意戲弄……

在石達開精心指揮下，曾國藩就這樣被困在南昌孤城進退不得，武昌也再一次回到太平軍的手裡。

捷報不斷傳到坐鎮天京城的楊秀清耳裡，他心裡可樂得很，不僅取得大範圍的勝利，就連長期以來威脅天京的江北大營也被攻破。

一八五六年，楊秀清刻意下令，命正和湘軍廝殺的石達開從南昌撤退，希望他開始剷除最後一個威脅天國首都的障礙——江南大營。

石達開方向這麼一轉，太平軍的老相識向榮便貨真價實地病了。

打從先前鎮江大敗，向榮先生就犯上焦慮症，晚上睡不著覺，白天也吃不下東西，一天到晚只擔心打得正歡的太平軍會轉頭攻擊自己負責的江南大營。

想不到越是怕，恐懼就越早一步靠近。

向先生也確實感到身心俱疲，這麼多年來，自己天天都在和太平軍打交道，這群長毛匪就像是夏天裡的蚊子一樣，總是在頭上盤旋不去，惹人生怨又無可奈何。

一八五六年八月九日，心力憔悴的向榮終於決定走向人生盡頭，選擇在營帳中以一條白繩結束了自己生命。

得知老對手終於死了，楊秀清懸著的心才放下一大半，發覺自己最近忙於軍事，已經好長一段時間沒有演戲了，不曉得會不會生疏……

一想起洪秀全，楊秀清忽然感覺不大舒服，老子勞心勞力地顧地盤、打天下，你這天王卻只要在家玩女人，未免太不公平了，得想個法子教訓一下才行。

一天，老洪正準備臨幸妃子的時候，女官急忙來報，「天王，天父下凡了，召你趕緊過去。」

洪秀全一聽，明白楊秀清這王八蛋又在拍電影，不由得暗暗嘀咕：老子什麼事都讓你管，軍權也在你手裡，你幹嘛就不讓我清閒一些？

但是，「老爸」召見，不得不去。洪秀全只好把剛脫下的上衣又穿上，急匆匆地往東王府趕去。

這時候楊秀清一切準備妥當，估計詞都背熟了，見人到了便開始轉換角色，「如今打天下，誰的功勞最大？」

天王很給面子地答道：「當然是東王。」

「天父」一聽，馬上追問，「既然東王功勞最大，可否與天王共稱萬歲？」

洪秀全遲疑一會，仍恭敬地回答道：「東王東征西討，應該稱萬歲。不僅如此，東王的子子孫孫都是萬歲。」

東王的臉上露出了得意的一笑，角色也轉換回來，立馬拱手謝恩。

老洪雖然迫於情勢答應了，臉色可沒多好看，堂堂一國之主竟被楊秀清刻意戲弄，心裡怎麼痛快得起來？

但是此時洪秀全並沒有幹掉楊秀清的意思，他知道，自己暫時沒有這個實力，只要楊秀清不篡位，什麼事都還可以忍受。

不過，這件事才發生不久，北王韋昌輝就忍不住了，猛勸洪秀全一定得找個機會除掉楊秀清。洪秀全雖然生性偏懶，只想玩女人不理朝政，但智力上可沒有什麼缺陷，心裡頭明白，要是自己真把楊秀清弄死，韋昌輝這小子就會接手壟斷朝政。

開玩笑！這小子更不是個東西，性格狠毒又有心計，而且野心勃勃，讓他接手可不是什麼好主意。

雖然天王和東王之間有些矛盾，卻暫時還沒有激化。不過，接下來，東王的一些舉動卻讓洪大天王起了疑心。

不知為何，楊秀清竟把韋昌輝和石達開調離南京。

楊秀清究竟想幹什麼？洪秀全腦子裡出現許多問號。

當一個人猶豫不決時，身邊人的意見往往會讓他堅定想法。當時，洪秀全身邊是號稱文官之首的陳承鎔。

他臉色誠懇地向洪秀全報告，「東王把北王和翼王刻意調走，目的便是篡位。」

洪秀全一聽，立即嚇出一身冷汗，暗想，這燒炭大叔可真大膽……又回想起馮山臨死前說的話，立刻下了決定。

洪秀全偷偷派人向北王韋昌輝、翼王石達開和燕王秦日綱送去密旨，命他們儘快回京共擒東王。

韋昌輝一聽，高興得連晚飯都沒來得及吃完，心裡只想著一件事：燒炭的，你的死期終於到了！

一八五六年九月一日，韋昌輝晝夜奔襲，趕到南京城下與燕王秦日綱會合，再由陳承鎔偷偷打開城門，直奔東王府而去。

凌晨，東王府內上上下下都還沉浸在夢鄉之中，全然不覺有大批士兵進來。

出發前，北王便已下令，凡東王府中的人皆一個都不留。

太平天國的第一齣血腥慘劇開始上演，所有人都殺紅了眼，霎時間，東王府變成人間煉獄，男女老少都成了刀下亡魂。

據史料記載，東王府內有一位已有身孕的王妃，竟被北王的士兵開膛剖腹，死狀極慘，無法用語言詳述；另外，還有女僕連衣服還沒穿，就被剁成肉醬；府內上至七十歲老翁，下至未出生的胎兒，統統死於冰冷的刀鋒之下。

帶頭的韋昌輝則是帶兵直入楊秀清的臥室。

楊秀清聽見外面動靜，嚇得趕緊躲起來，最後還是被綁到北王面前。

韋昌輝攻打東王府的消息很快傳到洪秀全耳裡。洪秀全並不想立刻殺掉楊秀清，韋昌輝卻根本沒請示，直接就把楊秀清剁了。

臨死之前，楊秀清大罵韋昌輝是個白臉狼，韋昌輝的回答也很簡單，「我就是白臉狼，你能把我怎麼樣？」

楊秀清死了，他死的時候眼睛是睜著的。

人類大多死在貪婪之上，因爲慾望永無止境。

一個燒炭工，一個文盲，楊秀清憑自己的智慧登上東王的寶座，在太平天國裡一人之下，萬人之上，不僅能調動千軍萬馬，就算是號稱「萬歲」的天王也任其召喚，可稱得上是最威風的人。

既然連一國天王都必須乖乖聽老子的話，其他人算得上什麼東西，老子想怎麼玩就怎麼玩！

不過，凡事都必須有個界限，楊秀清的強硬姿態，終究得罪了一票人，除了韋昌輝之外，還惹怒了秦日綱及石達開，就連身邊的陳承鎔也開始心生不滿，徹底衆叛親離。沉迷在「天父」身分中的楊秀清，後來更從「九千歲」升到「萬歲」，雖然表面上只增加了一千歲，但這並不是什麼簡單的數學題，當中關係到頭銜和權力的平衡。石達開對楊秀清稱萬歲不服，韋昌輝更是早對楊秀清恨之入骨。

因此，洪秀全的一道密旨立刻起了作用，兩人一拍即合，楊秀清只有死路一條。

2 內鬨其來有自

試想，當時滿朝上下，都是東王楊秀清的親信，一般部將誰敢告發楊秀清半個不是？如果拿不出有說服力的材料，又怎能取信於洪秀全？

話說回來，雖然楊同志已經死了一百多年，但他到底有沒有取代洪秀全的想法？筆者認為，這想法應該是有的。但就像大家都想當老闆、總經理，卻沒有付諸行動，只停留在想想的階段一樣，楊秀清應該也是如此——想，但並未行動。

若楊秀清眞有這種決心，大可以直接假託「天父」下凡，把洪秀全這兒子幹掉，既省力又省事，說不定還不會造成任何傷亡。

不過，從另一個角度仔細分析，其實楊秀清不願也不可能幹掉洪天王。

為什麼呢？

癥結就在「天父下凡」這場戲中。

領銜主演的向來是楊秀清和洪秀全二人，韋昌輝和其他人都只是助演的配角而已，如果楊秀清眞把洪秀全弄死，一旦「天王」這個最原始的符號和象徵消失，還有人會聽「天父」的嗎？

事後，韋昌輝、秦日綱、陳承鎔均因罪被誅，除爵，家屬成爲罪人家屬；楊秀清則由天王公開平反，追念前功，並定其忌日爲東王升天節，成爲天國六節之一。

如果眞有試圖謀反一事，則叛跡已顯，大逆不道，又怎會大張旗鼓地爲他平反，只有楊秀清是遭人陷害，並無取洪而代之的行動，才能得到這樣的身後殊榮。

殺盡東府中人後，韋昌輝卻感覺還不夠。

以前，爲了討好楊秀清，他整天卑躬屈膝拍馬屁；爲了討好楊秀清，還把自己心愛的女人雙手奉上；爲了討好楊秀清，更把自己的親哥哥給做掉了！

今天，韋同志終於能一雪前恥，不過，行爲似乎有些過激了。

仇恨如果在一個人心裡積得久了，一旦爆發出來，行爲就會失控，甚至接近變態，韋昌輝恰恰就是如此。

血洗東王府後，他又把屠刀伸向整個南京城，不管男女老少，只要跟楊秀清扯上一點關係，便統統砍死。

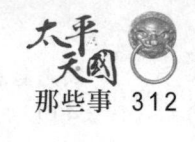

當時，洪秀全竟然什麼話也沒說，一直保持沉默，冷眼旁觀，短短幾天內，韋昌輝便屠殺掉二萬多人。

城內的老百姓再也受不了了，集體上書抗議，要求洪秀全立刻下令處決韋昌輝這個混蛋敗類。只是，洪秀全心裡一點底氣也沒有，現在的韋昌輝可比以前的楊秀清更爲瘋狂囂張，只好再度保持沉默是金的最高原則。

北王的血腥殘酷傳得飛快，當翼王石達開接獲消息趕回天京後，馬上狠狠斥責韋昌輝一番，想直接罵醒他。

豈料，早就殺紅眼的韋昌輝非但沒就此放下屠刀，還立刻將矛頭指向石達開。

在韋昌輝眼中，馮雲山和石達開一向是自己尊敬的同伴，這兩人不僅有才有文化，還有廣大的群衆基礎，也正因爲這一點，石達開的斥責更令他恐懼警戒。

韋昌輝的心思，石達開很快便察覺，他能走的就只有一條路，離開。

不出石達開所料，韋昌輝當夜就開始派人緝拿石達開，不過，這時石達開已經順利逃離天京城，想抓也抓不到。

韋昌輝有些失落，內心隱隱感覺到一股不祥的預感，彷彿災難已離自己不遠。

輿許是由怕生恨，韋昌輝接下來竟然命人把天王府團團圍住，硬說「叛賊」石達開就在天王府內，要緝拿逆賊。

洪秀全一聽，腦子都快炸開了。先前楊秀清是囂張過分了些，但也沒敢派人把天王府圍起來啊！韋昌輝這臭小子竟然敢公然造反？

幸虧這時陳承鎔出面，證實天王府裡面確實沒有石達開，韋昌輝才帶人離去。

陳承鎔乃廣西藤縣人，以駕車爲業，識字不多，卻被稱爲太平天國的文官之首，本來是楊秀清的謀士，經常爲他出謀劃策。不過，老陳看不慣楊上司的專橫，漸漸心生恨意，只是表面上仍對楊秀清的話百依百順。

楊秀清的行爲也十分奇特，把別人的敢怒不敢言當作老實聽話，自以爲是天朝老大，無所顧忌。他對待最高領導層中的韋昌輝一再威逼，又因爲一點芝麻小事痛打韋昌輝數百大棍，還常常以天父附體來捉弄他和秦日綱，時間長了，便把韋、秦、陳三人推向同一陣線。

更怪的是，楊秀清不喜歡這些人，卻又不加以防備或是解去三人職權，一方面折辱他們，另一方面又給予實權或軍隊，根本是養虎爲患。

陳承鎔知道洪、楊之間的猜忌並非一日之寒，也十分明白洪秀全多疑又暴烈的性格，暗地裡一直等待機會，好借刀殺人。

他利用職權收集楊秀清一些張揚跋扈的材料本就易如反掌，要利用進宮的機會面奏天王也比其他人方便，一旦洪楊之間的矛盾加劇，自然就是告密的好時機！

由於陳承鎔本是洪秀全的老親信，加以長期在楊秀清身邊任要職，告密顯得有根有據，聽起來危機已是迫在眉睫，洪秀全不得不信。

試想，當時滿朝上下，都是東王楊秀清的親信，一般部將誰敢告發楊秀清半個不是？如果拿不出有說服力的材料，又怎能取信於洪秀全？

緊接著，當洪秀全正苦於大權全落在楊秀清手中而驚惶無措時，陳承鎔又提出一套周密的計劃，包括如何瞞過楊秀清秘密調動韋昌輝回兵「靖難」，又該如何瞞過楊秀清，悄悄開門接應韋昌輝等人進城，還有如何解除楊秀清的近衛軍隊等等。這一切只有陳承鎔這個擁有朝政日常事務總管職權的人，才能辦到。

所以陳承鎔的告密和獻計，以及此後的裡應外合，成了這次內鬨發難的關鍵，也可以說，「天京事變」的罪魁禍首就是他。

3 最後的「二王」

聰明人也有失誤的時候，在韋昌輝眼裡，只要幹掉了楊秀清，自己就是老大，可惜，有一件事他沒有搞清楚，太平天國可是農民政權……

天京事變鬥到現在，顯然已經無法善了，韋昌輝的殘暴行徑不僅激起天京城內軍民的強烈憤慨，同時也激起城外太平軍的憤怒，逃出天京的石達開更是使眾人有了主心骨，不滿聲浪愈發滔天。

一八五六年十一月，石達開帶領原本據守安慶的四萬精兵聲討韋昌輝，一出馬，城外各路太平軍便紛紛表示效忠。在這種情況下，韋昌輝猶如甕中之鱉。秦日綱比較聰明，一看苗頭不對，趕緊逃出南京，去城外打清軍了。

殺進天京之前，石達開先上書，奏請洪秀全將韋昌輝和秦日綱兩人全抓起來處死，如若不然，就直接領軍攻破天京，爲君討逆。

其實，洪秀全何嘗不想趕快處死韋昌輝，只是礙於自己實力不足，才沒辦法下旨處死，現在見石達開態度強硬，知道自己必須做出決定。

一八五六年十一月二日，洪秀全下令處死韋昌輝。

韋昌輝一聽，登時傻眼，這老洪是不是瘋了？整個天京還不都是老子說了算？不用你老洪親自動手，老子先把你給滅了！

韋昌輝二話沒說，立刻下令，派重兵包圍天王府。

沒想到，天王府的抵抗能力極爲強悍。韋昌輝本來以爲府裡全是女人，打進天王府肯定易如反掌，但事實卻正好相反，三千士兵攻了一天一夜，仍未見任何進展。

看來老洪這群女人沒白養，沒事的時候可以當性奴，有事時還能貢獻生命。估計這是洪秀全人生中最值得回憶的一刻，竟有一群女人爲了自己和門外一大群男人拼命！

打了兩天後，韋昌輝的部隊竟開始潰散，三千個大老爺被一群娘子軍打得滿街亂跑，攻守雙方奇蹟似地逆轉。原來是北王圍攻天王府，現在變成了天王圍攻北王府，這群女人很給力，即刻便把北王府拿下，可惜狡猾的韋昌輝已趁亂跑掉。

洪秀全當即下令，這事只跟韋賊一個人有關，其他人別跟著攪和，不然與之同罪。

韋昌輝在南京城裡玩起躲貓貓，爲了儘早處決韋昌輝，天京城內的老百姓自發性地組織起一隻隊伍專門搜索韋昌輝。

一個晚上沒有月亮，也沒有星星的深夜，滿城皆恨的韋同志正準備挖地洞逃出天京，沒想到竟被巡邏的士兵看見，二話不說便直接往上提。韋昌輝被抓到後，城內鞭炮齊鳴、人山人海，就為了看韋昌輝的肉是怎麼被一塊塊地割下來。

其實，韋昌輝是個聰明人，他有兩副嘴臉，一副迷惑楊秀清，一副則佯裝效忠天王洪秀全。從他一直對楊秀清的隱忍就能看出來，他越恨東王，表面上就越做出一副畏懼戒慎的模樣，故意讓楊秀清以為自己十分沒用。不過，在天王跟前，韋昌輝卻表現出對領袖的忠誠愛戴，博取最大程度的信任，尤其是當楊秀清假託天父附身要杖打洪秀全時，他更是捨身受罰。

這一點讓洪秀全很感動，又越發信任這個北王。

可惜，聰明人也有失誤的時候，在韋昌輝眼裡，只要幹掉了楊秀清，自己就是老大。但有一件事他沒搞清楚，太平天國可是農民政權，即使幹掉楊秀清，這個位置也坐不穩，因為鬥爭會不斷持續下去。

一八五六年十一月二十八日，幫兇秦日綱和罪魁禍首陳承鎔被一起處死，震驚中外的「天京事變」到此結束。

天京事變後，太平天國內人心開始渙散，軍事形勢逆轉，清軍陸續在各戰場得勝，太平天國的控制區域大爲縮小，即使後來太平軍攻下江浙一帶，形勢上也一直處於下風。

君臣內訌，兄弟相殘，太平天國賴以維繫的拜上帝教宗教權威體系，終於被天京事變的血腥屠殺扯下面紗。事情發生了，總得有個收場，六王已經死了四個，現在只剩下洪秀全和石達開，按理來說，輔政的權力應該會落在石達開手上。

不過，這時洪秀全已經不敢再輕易相信任何人，在腦子裡，總是猜測石達開之前對自己的態度是眞是假，對方會不會哪一天也想動手造反……猜測和懷疑使他根本睡不好覺，性欲無端消弱，脾氣卻越來越暴躁，分明是患上重度的躁鬱症兼強迫症。

事實上，石達開的想法一向很單純，沒有取而代之的意圖，先前之所以態度強硬，是因爲洪秀全的做法令他很不滿，自己也是爲了天國好，顧不了那麼多。

自從定都南京以後，洪秀全確實沒有做什麼像樣的事，除了夜夜笙歌，就是配合楊秀清演戲，時間長了，難免讓其他部下反感，其中就包括石達開。老大的毫無作爲才造成今日慘劇，石達開此刻唯一的想法就是挽救天國目前的危機，重振旗鼓。

一八五七年，石達開正式受命開始輔政，這一年他才二十六歲。

4 孤家寡人

洪秀全獨自坐在皇位上，回想起死去的四王和遠去的石達開，心裡一陣陣酸楚，知道自己做得實在有些過分，但木已成舟，一切只能靠自己了。

命石達開回京輔政，是情勢之下的變化，也是洪秀全迫於石達開握有重兵、並且深得文武百官及民心而下的決定，一點也不心甘情願。

在五王中，他跟馮雲山的關係最好，最欣賞的人是石達開，明白這個人年輕，幹勁足、有文化，就是太能幹了。

洪秀全欣賞石達開，卻無法容忍他「人緣太好」這個優點，眾人這麼信服他，那自己天王的地位要擺哪去？

「天京事變」發生後，老洪變得不敢再相信任何人，在他腦海裡，誰都有反叛的可能，尤其是像石達開這樣的能幹人物。

在天京騷亂這段時間裡，外頭的武昌又一次失守，湘軍水師重佔，直逼九江。石達開為了挽救危局，重新部署攻守戰略，並將陳玉成提拔為主帥，經過一個月精心部署，太平天國的局勢終於逐步好轉，再度穩定下來。

但老洪又開始心下不安，一個勁地想著，自己沒有實際軍權，等同一隻任人宰割的羊，靠女人保衛天王府的話，打打韋昌輝這樣的白臉狼還行，要對付像石達開這種名將簡直是天方夜譚。

這份不安很快便被底下的幕僚發現，開始盡本能地「提醒」天王。

所謂幕僚，在古代相當於參謀，專出主意。主意自然有好也有壞，反正他們只管出主意，做不做由主子決定，一抓到機會，嘴上主意就滿天飛了起來。

偏偏不巧的是，洪秀全手下這批人專出壞主意，弄得本就不安的洪秀全決定對石達開加強防備，找出各種理由排擠他。

為了削弱石達開的實權，他先將自己大哥洪仁發升為安王，二哥洪仁達則為福王，專門負責日常事務。沒想到這兩位大王整天不管正事，專弄一些雞毛蒜皮的小事，除了搞城市綠化以外，天天在洪秀全面前詆毀石達開。

洪秀全的焦慮症越來越重，疑心也越來越強，進一步地削弱石達開的軍事指揮權，後來乾脆一不作、二不休，直接把軍權給了李秀成。

說到李秀成這位太平天國後期的重要人物，必須隆重爲大家介紹一下。

這小子也是苦出身，廣西藤縣人，從小就和父母一起要飯，生活十分艱困，但生性勇敢堅毅，腦袋也很機靈，同樣是要飯，硬是要得比人多。

一八四九年，李秀成加入拜上帝教，一開始的想法很簡單，只是想混口飯吃，至於拜上帝教的教義或實際目的，一點也不關心。

不過，宗教或忠孝這種觀念就是靠時間及環境深植人心的，太平天國也不例外，時間一長，李秀成自然被徹底洗腦，認爲自己天生受苦的主因，全是「清妖」造成的，心中滿是對清政府的無限仇恨。

一八五一年，洪秀全等人覺得時機成熟，便開始在金田起義造反。

當時，李秀成只是名小卒，一直到定都天京後，才開始跟著胡以晃西征，他的果斷和勇敢使胡以晃驚訝萬分，很快被提爲軍帥。

胡以晃順利攻下廬州府後，將李秀成提拔爲指揮，又把鎮守廬州的重任交給他。

李秀成在廬州做得很出色，由於自己是窮人家出身，特別關注民間疾苦，老百姓對他也十分信服。由於鎮守廬州成績出色，隨後他又被提拔爲檢點，駐守安徽和州一帶。

得獲軍權後，他開始進入人生的鼎盛時期，成為太平天國後期的重要支柱。

兵權沒了，石達開就成了閒人。可二十六歲的他偏偏是個閒不住的男子，在他眼中，英雄必須要有用武之地，自己這副閒散的狀態算什麼英雄？

關鍵時刻，幕僚這個角色又再度出場，不過，石達開的幕僚主意顯然比較高明，直接勸石達開早點離開天京，以免夜長夢多。

更重要的是，幕僚的一句話說到石達開心坎裡，徹底動搖他的信念。

前面說過，每次天國高層討論重要決策方向時，石達開都想去四川，所以幕僚提出的建議就是「中原不宜圖，可入川，作劉玄德，成鼎足之業」這樁事。

劉備正是石達開喜歡的人物，估計石達開沒少讀《三國演義》，但有一件事他沒搞清楚，四川盆地的優點既是易守難攻，便說明進攻四川很難。

一八五七年五月，石達開領軍從天京南門離開。身為天國輔臣，可想而知，他離開時心中的無盡酸楚，可惜，離開是他眼下唯一的選擇。石達開就這樣走了，帶著十多萬大軍西去，開始了人生的第一次，也是最後一次的遠征。

後來有人說，石達開的出走直接導致太平天國的滅亡，但站在他的角度來看，不走又會如何？

天京事變後，洪秀全不信任其他人，特別是像石達開這樣實力雄厚又手握重兵的開國元老。畢竟天京事變帶來的打擊實在過巨，那些曾同甘共苦的老同志都會拔劍相向了，叫他如何再相信別人？

加上當時楊秀清及韋昌輝相繼被滅，石達開的資歷僅在洪秀全之下，完全有條件成爲第二個楊秀清。

另外，經過「天京事變」這麼一折騰，太平天國內部動盪不安，危機四伏，洪秀全的威信已大不如前。反之，一直在外帶兵作戰，沒有捲入事變的石達開威信則持續上升，如果再有什麼風吹草動，石達開大有可能取而代之。

如此一來，叫洪秀全怎麼能放心呢？

權力鬥爭在中國歷史上從來沒有停過，客觀來說，如果石達開決心叛變，大可以孤注一擲，把洪秀全打下台，自己執掌太平天國。

不過，石達開並沒有這樣做，因爲他知道，一旦再出現一次「天京事變」，太平天國馬上就會土崩瓦解，但要是繼續留下來，自己遲早會被多疑的老洪幹掉，性命堪憂。

如此進退兩難的情況下，石達開不甘心消極忍耐，也不想做叛逆臣子，只能選擇黯然離開，可以說是明智之舉，也是無奈之舉。

石達開走到安慶時，鎮江再度陷入重圍，情況危急。

這時的洪秀全又想起善戰仗義的石達開，特地把翼王的封號改成「義王」送往安慶，接著爲了表示誠心，還把兩位哥哥的王位削去，希望他能返回天京抗敵。

可惜，石達開的心已經被傷透了，委婉地拒絕洪秀全的期盼。

聞訊，洪秀全獨自坐在皇位上，回想起死去的四王和遠去的石達開，心裡一陣陣酸楚，知道自己做得實在有些過分，但木已成舟，一切只能靠自己了。

第11章

翼王的遠征

只是，這麼少的人在廣西很難繼續開展，石達開決定帶著這幫兄弟們四處折騰，先是衝出廣西、進軍湖南，接著又從湖南跑到湖北，最後進入貴州、雲南等地，短短兩三年，竟然折騰了五個省。

1 石達開的策略

攻城歷來是太平軍的弱項，石達開也明白，一到衢州地界後，並沒有被熱血沖昏頭地直接下令攻城，而是先攻取衢州東、西、南三面，然後進行圍攻。

石達開孤軍遠征的身影充滿悲情，儘管離棄天王，卻始終不忘天國使命，即使自擁大軍，也從未自立門戶。這就是石達開，一個爲天國前途著想的名將。

一八五八年初，江南、江北大營中的清軍捲土重來，天京爲之震動。在危難當中，洪秀全想起早已遠去的石達開，卻得到對方委婉卻依然決絕而乾脆的回覆，「不行。」

不過，即使沒有領軍救援九江，石達開還是很夠意思，從臨江、吉安切入，試圖進逼南昌，以解九江之圍。可惜這次的結果令人失望，沒有成功實現「圍魏救趙」的效果。

後世有些歷史研究者認爲，石達開這番舉動援救爲虛，拉攏天國部隊爲實，認爲他城府過深、其心可議。

筆者不得不就此提出辯駁，如果是這樣，石達開絕不至於打得如此艱苦，不僅己身兵力損傷極劇，還有不少部將陣亡，如果是爲了拉攏軍隊，未免太得不償失。

另外，還有人認爲石達開一開始便無心救臨江、吉安等處，之所以赴援吉安的原因，是因爲自己的老丈人黃玉昆在那。

抱著此項觀點的人，顯得沒搞清楚時間點，因爲黃玉昆早在石達開赴援吉安前至少二十天就已經戰死。再說，黃玉昆在吉安被困已久，如果石達開爲了老丈人才急援吉安，那一開始就應該前往吉安而不是臨江。

歷史總是留下很多想像空間，使後世的人津津樂道當中的許多可能。

不論如何，有一件事是確定的，石達開此人從未放棄對滿清政府的鬥爭，直到人生的最後一刻。

一八五八年四月，石達開離開江西，向浙江進發。

有些學者認爲石達開去浙江的原因，是爲了搞分裂、扯後腿，但如果仔細分析，就會得出另一種結論。浙江自古以來便是中國的富饒之地，也是清軍糧餉的重要來源，比起隔壁的江蘇省，不僅可以奪取物資，增添天國實力，還可以稍稍減輕江南江北兩方陣營對天京的壓力。

石達開向浙江進發的消息很快傳回清廷，咸豐再次起用曾國藩。說來也怪，每次有大事，曾家都會出事，上一次是老母親過世，這一次是和父親死別。聖旨到達後，曾國藩又出山，面對老對手石達開。

放眼太平天國中，曾國藩對石達開的評價最高，也最怕和這個人打交道，因為之前幾次交手時，他都輸得很慘。

進入浙江後，石達開首先佔領江山縣，然後向衢州前進。

衢州的地理位置非常重要，南接福建，西連江西，北臨安徽，素有「四省通衢」之稱，也是歷代兵家必爭重鎮。到了清代，政府更加重視對衢州的防守，憑著險要地勢，刻意加上深溝高壘，守城兵力有兩萬多人，形成易守難攻的態勢。

攻城歷來是太平軍的弱項，石達開也明白，因此一到衢州地界後，並沒有直接下令攻城，而是先攻取衢州東、西、南三面，然後進行圍攻。

石達開故意留出北門，以免清軍做困獸之鬥，也可將敵軍逼向一處。沒想到城中清軍鐵了心，甘願困守衢州，不管太平軍怎麼進攻，不走就是不走。

石達開跟著大軍一同叫板，又運用太平軍的老伎倆，命人挖地道、埋炸藥，準備一舉轟垮城牆。沒想到，這次老天爺又開始幫清軍的忙，嘩嘩地下起大雨，炸藥立馬沒了用處，太平軍只好拿著刀子往前衝去，效果可想而知，又一次無功而返。

當衢州戰事難捨難分時，石達開先前分出的另一支部隊卻是捷報連連，連克縉雲、永康、武義、雲和及宜平等地。

浙江各地損兵折將、失城失地的戰報，如大雨般不斷傳回北京。清廷為之震驚，急得不知該如何是好，只能將希望寄託在那支正趕赴前線的湘軍身上。

這時，曾國藩人已趕到江西，準備進入浙江，與石達開來場空前大決戰。

不過，狡猾的曾國藩向各部將提出了一個大膽設想。

在江西時，曾國藩已仔細研究過天京事變的原因，認為雖然石達開帶著大部分部隊離開天京，但天王洪秀全還是有著一定實力及名望，另一方面，石達開雖然有實力，但時間久了，底下的人未必會團結一心，所以應該要把進擊重點放在南京周圍的據點才對，石達開終究成不了什麼氣候。

很快地，曾國藩的話便得到驗證，沒等軍隊開進浙江，石達開自己就先走了，這是怎麼一回事？

2 打進湘軍地盤

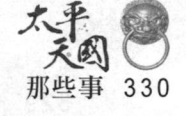

石達開繼續領軍進發，朝湖南方向而去。湖南可是湘軍的老窩，沒想到石達開竄來竄去，竟然跑到敵軍的大後方，引起曾國藩和駱秉章的恐慌。

原來，先前與石達開一同離開南京的楊輔清竟突然發出異議，更進而打起「東殿」的旗號，表明自己不願意乖乖接受翼王統管的強烈主張。

楊輔清是楊秀清的族弟，一樣受到洪秀全排擠，與石達開成了難兄難弟，離開天京後，兩人約定由石達開攻取浙江，楊輔清則進軍福建。

本來是大好局勢，不料偏偏在這個時候，兩人在「誰才是老大」這個歷久不衰的問題上鬧翻，大聲地吵了起來。

在楊輔清眼裡，自己可是國宗，楊秀清一死，位置便應該我繼承，翼王憑什麼對我指手畫腳的？

這樣一鬧，本來處於優勢地位的石達開瞬間變爲被動，江西一帶大多已掌握在清軍手裡，楊輔清從福建撤出，使石達開前後受敵。

既然浙江待不下去了，爲了避免和楊輔清發生衝突，石達開只好向福建進軍。

福建當時的經濟狀況可不如現在，在貧困省上排得上前幾名。區內的山地丘陵縱橫，適於耕種的土地面積十分少，而且正趕上鬧災荒，再加上瘟疫，搞得當地老百姓對滿清政府十分不滿。

起初，石達開在福建很順利，但瘟疫蔓延使太平軍少了許多人力，艱困流動兩個月後，再也待不下去，只好轉道江西南部，重新開拓根據地。

曾國藩直到現在，都沒跟老對手交上火，其實曾先生心裡自有一副小算盤，認爲石達開一部始終是「流匪」，內無細緻的安排，外無太平天國的援助，早晚會自取滅亡。後來的歷史也的確證明曾國藩的這番猜測是正確的。

石達開進入江西後，先後拿下瑞金、連城和南安等地，同時，拆夥的楊輔清人也在江西，處境不是很好。

沒想到老石的心胸寬廣程度出乎意料，見楊輔清與清軍在景德鎮苦戰，竟下令出兵佔領崇義和信豐，緩解楊輔清的壓力。

石達開之所以幫助楊輔清，主要是爲了和他再度合夥出擊。

沒想到楊輔清脾氣很倔，一心想自己單挑，另一方面，洪秀全也極力拉攏他，封他爲「中軍主將」，繼承當年楊秀清的職位。

一八五九年二月，曾國藩命蕭啓江攻打石達開。這位蕭啓江以前是塔齊布的手下，作戰方面也頗有塔齊布的遺風，是個很有頭腦的人。

蕭啓江奉命領軍對付石達開，旗下大部分人都是湘軍，卻感覺人數還不夠，開始在當地招募新兵。

嚴格來說，新兵只是一群不情願種地的農民，戰鬥力不強，卻可以嚇唬人。

蕭啓江也明白這點，爲了保存實力，決定先讓新兵上場，等打得差不多了，才把自己的湘軍派上去衝殺。

一兩次還行，時間一長，那些臨時招來的新兵不幹了，有的人衝上去還沒等太平軍開炮，就先跑回來了；有的還乾脆就趴在地上不動裝死……總之，他們不想白白送死，四處鑽空子找活路。

和蕭啓江交過幾次手後，石達開逐漸瞭解這群「前鋒軍」的弱點，決定將計就計，命太平軍且戰且走，故意露出敗勢。

新兵看到太平軍跑開，立即在後面追。

石達開利用這個戰術，把這群新軍和後面的湘軍引入包圍圈。

清軍見對方連鄉勇新兵都不敢打，追得可緊了。

突然間，一直狂跑的太平軍終於停下腳步，像打了興奮劑一樣反衝回去。新兵措手不及，只好使出看家本領，回頭亂跑。這一跑，事情就不妙了，前頭一亂，後面的湘軍也立馬陣腳大亂，結果大敗。

蕭啓江氣得牙根直癢癢，大喊好幾聲「廢物」，胸中全是怨憤。

這場江西勝利鼓舞了翼王軍旗下士氣，一八五九年二月時，石達開繼續領軍進發，朝湖南方向而去。湖南可是湘軍的老窩，沒想到石達開竄來竄去，竟然跑到敵軍的大後方，引起曾國藩和駱秉章的恐慌。

此時湘軍主力還在江西，讓石達開這麼一折騰，全體湘軍的士氣難免受到影響。打個比方來說，就好比你去幫別人家滅火，自己家卻正在起火，放誰身上都得急。

駱秉章重新做回湖南巡撫後，不敢有半點馬虎，急調周邊各省人馬援助。

正在慌亂之時，這位湖南巡撫忽然想起一個人——左宗棠，打聽後發現他正在湖南，興奮地想，只要找左今亮來坐鎮，長毛肯定奈何不了湘土人民。

爲了保護家鄉，左宗棠二話不說，憑藉在湖南的聲譽，立刻召集到湘軍舊部上萬人，親自坐鎮指揮。

左先生分析認爲，石達開的目標應該是先攻長沙，然後再進入湖北，進奪武昌，所以把兵力部署在衡陽一帶，以待敵兵。萬萬沒想到，石達開竟然帶兵攻打位於西南部的寶慶（今湖南邵陽市），讓湘軍措手不及。

見石達開攻打離川境很近的寶慶，左宗棠才恍然大悟，原來對方的目標不是兩湖，而是四川。衡陽離邵陽很近，左宗棠迅速派兵增援邵陽，並且把周圍的民房全部燒掉，不給太平軍留下任何可用之物。

一八五九年六月，太平軍把寶慶圍得水洩不通，約有十萬人馬，清軍只有三萬，在兵力上石達開佔有極大優勢。

不過，他卻碰到了平生印象最深刻的對手——左宗棠，左季高是也！

這一戰，前後打了七十多天，大小戰役數十場，始終未能取得決定性的一勝，時間愈拖愈久，破壞了石達開的整體攻川戰略。

到了秋天，石達開有了兩份意外收穫，一部分從雲南來的農民軍充實了太平軍的隊伍，另外一部分人馬在四川，想與石達開來個裡應外合。此時如果能順利入川，正是大好時機，可實際情況往往與計劃不一致，寶慶一戰失利，使他失去入川最有利的時機。

看看地圖上就可以知道，想要進入四川的話，走其他地方也行，爲什麼硬要攻打寶慶？原來，這是石達開的戰略，他之所以堅持進攻寶慶，並不是戰術上發生錯誤，而是和其他路線相比，佔領寶慶後，既可以揮師湖北，也可以進駐四川，是個極爲聰明的選擇。

另外，還有一個重要原因，石達開雖然離開了洪秀全，卻沒有離開太平天國，爲了配合天京的需要，才會選擇這條比較困難的入川之路，想拉長清軍的戰線，果眞成功引走大部分清軍，給了天京一個喘息的機會。

由於清軍急派重兵馳馬，寶慶一戰，石達開最終戰敗，只好改變路線。

這位千里獨行俠還得往前走，他的下一個目標是廣西。

從邏輯上分析，太平軍回到自己的老家應該高興才是，但事實恰恰相反，這些人非但不高興，還生出牴觸心理，因爲這裡根本不是他們的老家。

其實，從廣西出來的老太平軍，大多數已在北伐中戰死，剩下的人大多是半路招來的，對廣西沒有任何盼頭。再加上廣西這個地方的天氣確實讓人受不了，多雨，潮濕，溫度又高，不是當地人根本適應不了。

有些人甚至蠢蠢欲動，想直接離開。

石達開接下來的舉動使這些人更加堅定了自己的想法。他想把天國的官制修改一下，本來是一個很好的改革方案，但這幫人受拜上帝教毒害太深，竟然懷疑石達開要自立門戶。石達開聽見底下人的看法，一時憤怒，後來拾回冷靜，才明白他們心中的苦處。這些年來，底下人東征西討、歷經艱辛，好日子沒過多少，反倒像流寇一樣到處輾轉，產生回天京的想法是可以理解的，也就不嚴加追究。

說石達開是名將，不只因爲他作戰勇敢，謀略超群，更重要的是他能瞭解自己士兵的苦衷，沒想到後來事情愈演愈烈，太平軍竟開始悄悄投奔清軍。

對石達開來說，手下竟然投靠清軍這件事，是他絕對無法容忍的背叛，直接下令處死那些逮回來的士兵，但是，那些想走的心卻再也無法挽回了。

3 煙幫新勢力

李、藍二人率領三千餘人進入四川，先後佔領高縣、敘州府等地，人數也由原來的三千多人發展到上萬人，加上老弱婦孺，號稱十萬大軍。

一八六〇年，對於滿清政府來說是重要的一年，第二次鴉片戰爭終於結束，能抽出更多時間對付太平軍。

一八六〇年對石達開來說，則是極爲震撼的一年，他的部下們竟帶著將近一半的人班師回朝。

聽到這個消息時，石達開感覺彷彿五雷轟頂，癱軟在自己的椅子上，連連喊道：「爲什麼？爲什麼？我平時把他們當做兄弟，今日他們爲何這樣對我？」

道理很簡單，緣分已盡，便作鳥獸散。

石達開很苦惱，有一個人卻很高興。

這個人就是我們的洪大天王，他的熱血開始沸騰，現在正是缺人之際，這些人的到來正好壯大天京的軍事力量。

石達開的心情糟糕到了極點，但事情還要進行下去，總不能回去見洪秀全吧？這不是他的性格。石達開最後清點一下人數，只剩一萬多人。他憂愁地望著留在自己身邊的這些人，然後深深地鞠了一躬，知道這些兄弟都是鐵了心要跟他幹的。

這一萬多人一直跟石達開走到最後，直到他生命的最後一刻。

只是，這麼少的人在廣西很難繼續開展，石達開決定帶著這幫兄弟們四處折騰，先是衝出廣西、進軍湖南，接著又從湖南跑到湖北，最後又進入貴州、雲南等地。短短兩三年，竟然折騰了五個省，而且把造反部隊折騰得越來越多，這也是石達開的本事。

一八六二年十二月，石達開決定從貴州入雲南昭通，然後率軍入川。

早在這之前，已經有幾支太平軍進入四川，一支是由傅丞相與李檢點（二人姓名不詳，故以官職代替）率領，由貴州進入四川綦江。這兩人的上司叫曾廣依，職位是宰制。另一支則是歸順石達開的那一股農民軍，這夥人是煙幫出身，是賣煙草的。

一提到「煙」這個名詞，首先想到的會是雲南。但煙這樣東西並不是發源自雲南，也不是中原產物，目前普遍認爲，煙草最早來自美洲。

人類眞正吸食煙草，並沒有多長的時間，也就是五六百年。

當時的人們在採集食物時，會習慣性摘下一片植物葉子放在嘴裡咀嚼，因爲菸葉強烈的刺激，有提神的作用，便經常咀嚼，次數一多，就成爲當地人的嗜好。

一五三五年出版，由航海史學家裴南蒂斯・奧威圖所著的《印第安通史》當中曾這樣記載，「在其他邪惡的習慣裡，印第安人有種特別有害的嗜好，便是吸某一種煙，以便產生不省人事的麻醉狀態。他們的酋長使用一種狀似『Y』管子，將兩端插入鼻孔，在管子另一端則裝著燃燒的野草，他們用這種辦法吸煙，直到失去知覺，伸著四肢躺在地上像個酒醉昏睡的人……我很難想像他們從這種習慣裡究竟獲得了什麼快樂，除非在吸煙之前就已經喝了酒。」

哥倫布航海探險，發現了新大陸後，各地興起一陣出海風潮，也發現了煙草，並對這種東西產生濃厚興趣。

在大海上航行不像坐車旅行，想去哪就去哪，船員們的眼睛裡除了大海外還是大海，全是一片藍，時間一久，內心的寂寞無法宣洩，於是煙草這個東西就成了他們的消遣，在吞雲吐霧之間找到一種快感。

也在這段時期前後，煙草開始傳入中國，經各地試種後發現，雲南的氣候和地形最適合種植煙草，發展到清朝，雲南便成了知名的煙絲產地。

爲大家增長課餘知識後，繼續來關注這群位於雲南的「煙幫大俠」。

煙幫兄弟其實沒有自己的買賣，主要營生是幫當地的煙商運輸，相當於馬幫、挑夫之類的組織，與楊秀清、蕭朝貴這兩位燒炭兄弟一樣，都是替別人打工。

既然是打工，主要利潤當然就在煙商手裡，另外，也有很大一部分是在地方貪官手中，這就叫官商勾結，也是中國自古以來的特色。

哪裡不公平，哪裡就有不滿，就有反抗，清末時各地都在折騰，煙幫也不例外，想趁火打個劫。於是，一個號稱「大明順天」的組織誕生了，名字乍聽之下，比太平天國還響亮些。

既然要造反，就得有頭頭，經過組織上下討論決定，李永和當選爲首屆大明順天國領導人，號爲「順天王」。

李永和，雲南昭通人，從小愛研究歷史，喜歡朱元璋，有謀略，歷史上能查到就這麼多。

另外，在「大明順天」國裡還有一個重要人物，那就是藍大順，他也是雲南昭通人，愛看《水滸傳》，喜歡當大俠。

昭通這地方，在歷史上曾經是雲南通向川黔兩省的重要門戶，也是中原文化進入雲南的重要管道，位居中國著名的「南絲綢之路」的要衝，素有「鎖鑰南滇，咽喉西蜀」之稱。

面對四川和貴州，李永和和藍大順二話不說，直接選擇四川。選擇上的倉促並代表此二人是有勇無腦，根據後來的事實證明，此二人胸中甚有謀略。

選擇四川的原因很多，一是這裡離昭通很近，二是四川此時兵力還很空虛，正好趁勢撈一把，三是四川歷來被稱為「天府之國」，比起山多田少的貴州，在這裡根本不用擔心士兵的吃飯問題。

李、藍二人率領三千餘人進入四川，先後佔領高縣、敘州府（今宜賓市東北部）等地，人數也由原來的三千多人發展到上萬人，加上老弱婦孺，號稱十萬大軍。

農民軍起義就是這樣，號稱十萬的，當中真能打的也就只有一兩萬，大多數都是來看熱鬧的，要是情況不好，反應比誰都快，馬上拔腿就跑。

一八六〇年春天，李永和率主力駐紮榮縣，藍大順沿江西去，先後佔領彭山、浦江、名山等地。不過，這些對二人來說都是小意思，他們下一步的目標是成都。

小打小鬧還行，要是想佔領大都市成都，地方政府可就受不了，急忙收編軍力保衛成都，同時向中央政府求救。

清政府急忙派駱秉章前來支援。駱秉章到的第一個地方是萬縣，才到第二天，當地的地主與鄉紳就來訴苦請願。

這群土財主平常剝削老百姓有一套，演戲的本領更不含糊，見到駱秉章就號啕大哭，比哭自己親爹的喪還傷心。駱巡撫也不是普通人，馬上融入到這場戲當中，親切地詢問道：「你們爲何如此大哭？」

衆地主回答道：「我們受民賊欺壓，今天巡撫大人趕到，我等才落下如此傷心的淚水。」說完，又馬上大哭起來。

駱巡撫連忙不冷不熱地安慰幾句，接著便聊到主題，「各位，現在各地都在剿匪，財力人力方面都很吃緊，你們能不能爲國家、爲人民出力捧場？這也是爲你們好啊……」繞來繞去，狡猾的駱秉章把這些地主、鄉紳繞了進來。

衆地主一聽到要出錢，立刻面有不豫，但總比把命丟了好，只好團結起來，在當地發展鄉勇團練，同時還拿出大把大把的銀子輸援湘軍。

4 魂喪大渡河

石達開進入四川後，雖然隊伍擴大，但素質參差不齊，加上來不及訓練，戰鬥力遠不如以前。一方的力量在增強，另一方的力量在減弱，勝負也就註定了。

有了人力和物力的支持，湘軍的實力大增，第一個盯上的就是藍大順的部隊。

藍大順的部隊戰鬥力算是煙幫中的佼佼者，不過，跟久經沙場的湘軍相比，還是差了一截，短短兩個月內便被打得大敗而逃。藍大順戰敗後，煙幫的情形就變得十分危險，幫主李永和剩下來的部隊雖號稱二十萬，實際上能衝鋒陷陣的也就只有兩萬多人，其他全是啦啦隊，還是專門耗費糧食的那種。

一八六二年初，李永和打聽到石達開想進兵四川，急忙派人聯絡，表示自己願意合作，一切事宜全聽從石達開調遣。

李永和內心怎麼想的，現在沒人知道，但不外兩種可能的原因，一是李永和的情形已經不妙、被動到極點，急需有人幫助；另一方面，就是李永和本人很崇拜石達開，才會主動發話，表示願意聽從石老大的安排。

協議一成，李永和與藍大順就成了石達開在四川的第二支隊伍。

九月，李永和部慘敗，連人帶隊被押到成都處死，隔年，一直很順的藍大順也被清軍逼到盡頭，最後也掛了。可惜，一直到李、藍二人死前，他們和石達開之間完全沒見過面，彼此聯繫的方式就只限於書信往來。

一八六三年四月，石達開覺得進軍四川的時機已經成熟，想放手大幹一把。

石達開使用疑兵，成功地吸引清軍主力，隨即揮軍渡過金沙江。等駱秉章發現時已經太遲了，當時離大渡河比較近的清軍部隊，只有唐友耕一支隊伍。

唐友耕是雲南大關縣人，原本也是起義軍之一，還是打先鋒的，但後來覺得起義的生活又亂又不好過，到處占山頭，看不到城市的花花世界，生活條件又太艱苦，有一頓沒一頓地吃著，根本不是什麼好活。

一八五九年，唐先生光榮叛變，被清朝招安後，對自己曾經的兄弟異常狠毒，似乎在發洩自己內心的強烈不滿，對石達開的仇恨甚至比滿清貴族還要深。

這也是自古以來叛變者的通病。正是這種沒來由的仇恨，成就了唐友耕這位叛將從土匪混到正二品總督的一生。

唐友耕帶著軍隊，趕到大渡河畔時已經比太平軍晚了三天。可惜的是，太平軍抵達大渡河時，白天著手編造渡河用的船筏，不料當夜河水竟因大雨暴漲，一連多日無法渡河，等到雨停水退，清軍已經趕到對岸佈防了。

即使如此，清軍眼下只有一支部隊，強行渡河的希望還是很大，不巧又有了另一段插曲，徹底斷送石達開的美好計劃。

第一次沒有渡河成功是自然因素，河水退後仍沒有渡河，卻是人為因素——在大渡河河水退去的幾天後，石達開的妻子生下個大胖小子。這下可樂壞石達開了，十幾歲就開始打打殺殺的他此刻感覺格外幸福，下令全軍營為小兒出生慶祝三天。

之後，大渡河又一次暴漲，水勢比先前都要來得狂猛，石達開知道想渡河已經不可能，只能換條路走，於是率領大家轉道松林河。

不巧的是，松林河同樣受到洪水的影響，洪水引發的土石流異常兇猛，加上附近地主出資出力的團練武力也在此，硬生生阻斷太平軍的歸路。

石達開試了好幾次都沒有成功，軍內的不滿情緒也開始滋長。

長時間困於此地，吃飯的問題一直無法解決，就連起火都成了問題，太平軍只能以樹葉、草根為食，吃的次數一多，連排便都困難，哪還有力氣打仗？

石達開追悔莫及，沮喪到了極點，看著剩下的幾千弟兄，無奈酸楚陣陣湧上心頭，決定爲這群盡忠跟隨自己的兄弟找出一條活路。

既然已窮途末路，爲了保全衆兄弟，石達開開始與清軍講條件，大概意思是，我石達開願率衆將士投降，但清軍必須放過其他這些兄弟，一切責任由我負責。

聞訊，駱秉章一口答應，態度爽快俐落。

看到這，大家是否感到這個場景很熟悉，有種似曾相識的感覺？對！這裡的情節跟電影《投名狀》差不多，最後的結果不說大家也知道，還是統統幹掉。

見清軍出爾反爾，老婆與剛生下的幼子也跳河了，石達開徹底絕望，長長嘆出一口氣，最終被擒，成爲階下之囚。

石達開於大渡河失敗的原因中，有客觀因素，也有主觀因素。

客觀上因素，並不是清軍佈防得當，而是連日大雨後，大渡河河水暴漲，根本無法渡河，繼而失去寶貴的時機點，等到對岸清軍趕到後，自己這邊糧草已消耗殆盡，陷入困境。

再從整體形勢來看，一八六一年以後，局勢已經慢慢朝對清朝有利的方向發展。由於西方侵略者和清政府的勾結，使清王朝得到經濟上、軍事上的支援，得以集中力量對付太平天國。另外，戰爭長期都在太平軍的地盤上進行，進一步加重太平軍的經濟和軍事困難；就四川而言，由於駱秉章率湘軍入川，使原本軍事力量很薄弱的四川作戰能力迅速增強。

石達開進入四川後，雖然隊伍擴大，但素質參差不齊，加上來不及訓練，戰鬥力遠不如以前。

一方的力量在增強，另一方的力量在減弱，勝負也就註定了。

主觀上，是他沒有事先掌握大渡河地區複雜多變的氣候及水流情況，面臨突變後，又猶疑不決，不能毅然脫離險區，最後彈盡糧絕，終於失敗。

事實上，在抵達大渡河邊之前，石達開的一切部署均取得成功。

後來他在大渡河的失敗，有其必然性，也有其偶然性。筆者認為，石達開的失敗，就在於他位處在大渡河，卻不理解大渡河地區的特殊，才無法避免這場失敗。

不過，並不是所有人面對大渡河時都會束手無策。七十二年後，有一位知名人物出現在大渡河旁，慨歎當年石達開魂喪大渡河的悲壯，同時意味深長地說了一句話，「石達開沒有走通的路，我們一定要走通。」

這位人物就是毛澤東。

5 永遠的英雄

石達開不僅是太平天國第一流的大軍事家與大政治家，還是名武學高手，尤其善於打拳，打敗天下無敵手稱不上，三、五個人起碼可以輕鬆擺平。

一八六三年六月十八日，唐友耕風塵僕僕地趕著路，自我感覺相當良好，因為這次他賺大了，竟然能把天國第一名將石達開給逮住！唐先生估計沒少看《水滸傳》，押送石達開時特別派重兵警戒，約莫有上千人，排場搞得很大，石達開本人也沒有被關進囚籠，只是坐在一頂大轎子上，連原本的衣服都沒有換掉。大家都爭相恐後地看熱鬧，唐友耕押著石達開走上一圈，圍觀的群眾就繞了一周。

一八六三年六月二十五日，唐友耕抵達成都，才剛落腳，駱秉章就馬上準備一頓大餐。在駱秉章眼中，太平天國裡唯一讓他佩服的就是石達開，對招降石達開也很感興趣，決定先給石達開來軟的。

但石達開有骨氣，不喜歡吃這個。

老駱又想請他喝酒，石達開卻回答：「天國禁酒。」

老駱心想，這人眞是敬酒不吃吃罰酒，看來不給他來點硬的，不知道「狠」字怎麼個寫法！第二天，駱秉章進行「三方會審」，四川附近的官員該來的都來了，一場聲勢浩大的審判即將開始。爲了製造氣氛，駱秉章特意把會場佈置得殺氣騰騰，想知道赫赫有名的石翼王到底有多大膽子。

石達開緩步走上大堂，後面還跟著三個人，分別是曾仕和、黃再忠及韋普成，三人都是石達開軍中的主要人物。只見石達開進入大堂，面無懼色，堂上文武百官紛紛稱讚，此時石達開年僅三十二歲。

駱秉章問：「你等草寇不好好在家種地，爲什麼禍亂國家？」

石達開凜然回道：「我身爲漢民，只知國乃我漢之國，非滿夷之國，滿夷占我領土，蹂躪我同胞，我必討之，此乃替天行道。」

駱秉章哼道：「今吾大清屢受蠻夷蹂躪，汝等不精忠報國，驅除韃虜，反而禍國殃民，作何解釋？」

石達開道：「吾只知吾乃華夏子孫，應對得起祖宗。」

駱秉章聽完，半天沒有說話。坐在一旁的成都將軍崇實再也看不過去，怒喝道：「可惜烏蘭泰都統過早盡忠，不然你們出不了廣西！」

石達開哼笑道：「烏蘭泰乃一匹夫，何足掛齒？想當初，駱大巡撫不也是太平軍的手下敗將嗎？」

駱秉章覺得難以下台，只好自我解嘲，「今日就戮，為汝想，亦殊值得。計起事以來，蹂躪數省，我方封疆大吏死於汝手者三人，今以一死完結，亦何所恨？」

石達開冷笑，「所謂成則為王，敗則為寇，今生你殺我，安知來生我不殺汝耶？」

赴刑場之時，部將曾仕和、黃再忠左右侍立等候，齊聲喊道：「仍舊請主帥先行！」

石達開遂放步前行，昂然赴刑場，兩部將左右護衛，韋普成跟隨在後。

那一天似乎更加昏暗，只有淡淡的一絲微光照著陰暗的刑場，到刑場圍觀的成都百姓，高達數萬人。駱秉章主持公開行刑，是想殺一儆百，嚇嚇老百姓，可石達開的表現卻讓他心裡很不爽。

三人泰然自若，侃侃而談，不僅許多百姓深深感動，連監刑的官員也都嘆服氣。

駱秉章為他們選擇一項世間最無人性的死法——凌遲。這便是民間說的千刀萬剮之苦，受到這種刑罰的人，身上的肉會被一刀刀割下，直到受刑人慢慢死去。

明朝時期，凌遲一般比較精細，大都超過千刀。比較典型的是明朝大太監劉瑾被割了三天，共三千三百五十七刀，據說第一天割完後，劉瑾還喝了一點粥，第二天繼續。

到了清朝，凌遲的刀數大不如前，只分成二十四刀、三十六刀、七十二刀和一百二十刀大致幾種。其中，二十四刀是將一、二刀切雙眉，三、四刀切雙肩，五、六刀切雙乳，七、八刀切雙手和兩肘間，九、十刀切去兩肘和兩肩之間部分，十一、十二刀切去兩腿的肉，十三、十四刀切兩腿肚，十五刀刺心臟，十六刀切頭……這個別說用在自己身上，光聽都起雞皮疙瘩。

第一個享受這種待遇的是曾仕和。幾刀下去，曾仕和受不了了，開始號叫，一旁的石達開神色自然，對曾仕和喊道：「我等乃天朝子民，應頂天立地，何故大叫？」

曾仕和看了石達開一眼，狠狠地咬住嘴唇，眼淚大把大把地流下來。

輪到石達開的時候，他長歎了一口氣，「我石達開走到這一步，實屬天意。」

當小刀一下下從他身上劃落時，他忍受著劇痛，但始終沒有喊出聲來。

當時文人周詢，在記載石達開受刑經過時，裡頭寫著，「自就綁至刑場，均神氣湛然，無一毫畏縮態，且以凌遲極刑處死，至死亦均默默無聲，眞奇男子也！」

以上這些記載，全部出自石達開的敵人，以及與他站在敵對立場的人。

他們不得不驚歎，甚至欽佩石達開受審時表現出的膽識、氣度，以及臨刑時的那份驚天地、泣鬼神的英勇氣概。

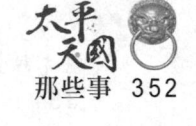

十六歲因與馮南王巧遇而出山，十九歲起統帥千軍萬馬，二十歲封王，被處死之時，這位天國首席大將年僅三十二歲。

世人評價他生前用兵神出鬼沒，死後仍令敵人提心吊膽，甚至之後數十年裡，還不斷有人打著他的旗號從事反清活動，可見這位石翼王很有知名度。

石達開不是活不下去才造反，他一不缺錢，二又沒有受到什麼迫害，反清是源於一種志念，和其餘的上帝會眾不大相同。

這個世界上並不是所有的人都一樣，石達開就是一個特例。

他的反清，有著拯救蒼生的志念，而洪秀全能給他這個機會，他就死心塌地跟著混。

可惜兩人終究沒有合作愉快，理念思想與境遇的不同，註定兩人會分道揚鑣。

石達開不僅是太平天國第一流的大軍事家與大政治家，還是一名武學高手，尤其善於打拳，打敗天下無敵手稱不上，三、五個人起碼可以輕鬆擺平。

不僅如此，石達開還是一名詩人，名將與詩人集於一身，在太平天國人物當中只有一位。可惜，這位眞正能詩的英雄詩人死得太早，在十多年戎馬倥傯的生活中，無暇吟詩作賦，下面讓我們體會一下翼王僅存的少數作品之一。

千顆明珠一甕收，君王到此也低頭。
五岳抱住擎天柱，吸盡黃河水倒流。

第
12
章

新秀

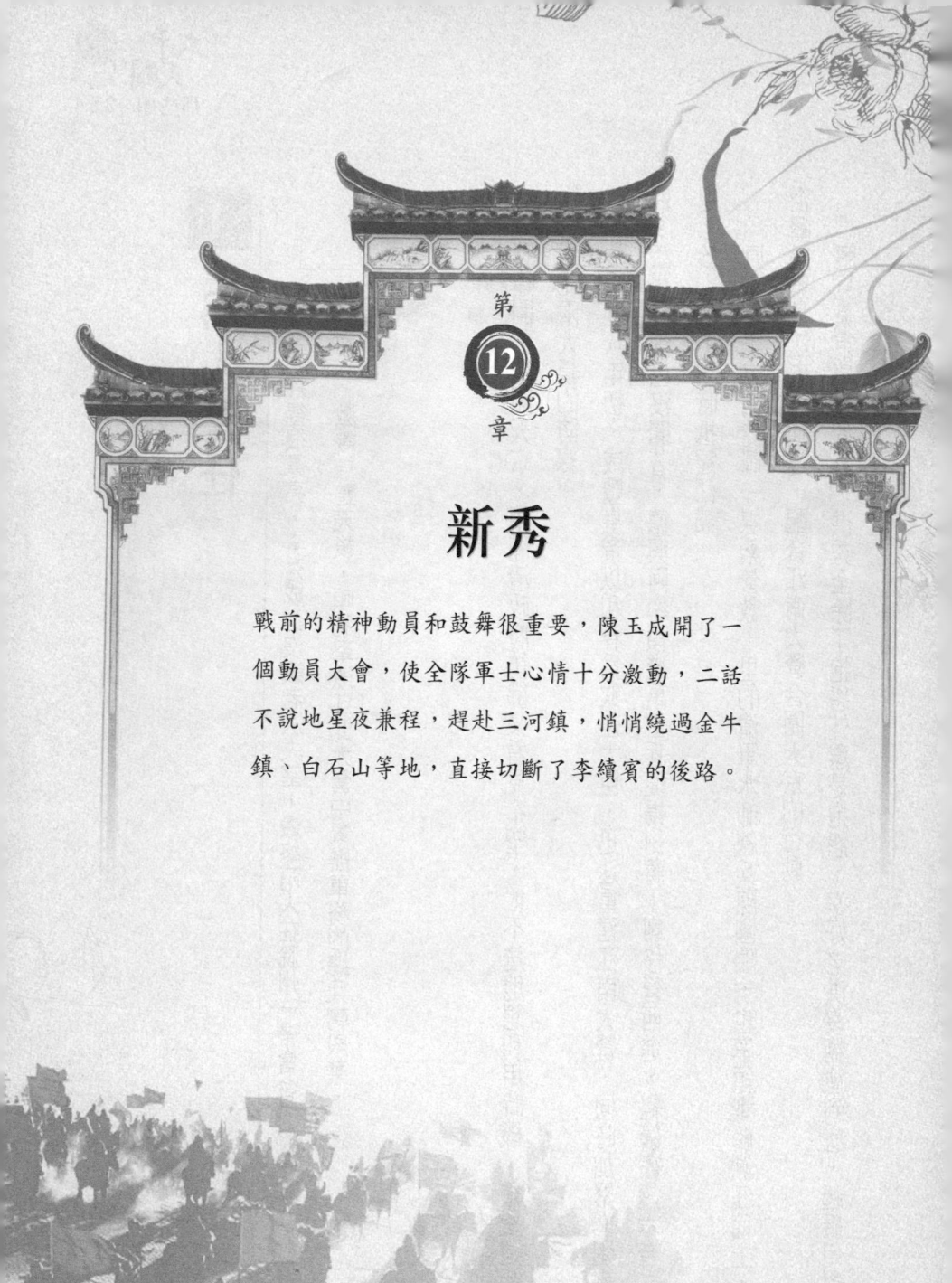

戰前的精神動員和鼓舞很重要，陳玉成開了一個動員大會，使全隊軍士心情十分激動，二話不說地星夜兼程，趕赴三河鎮，悄悄繞過金牛鎮、白石山等地，直接切斷了李續賓的後路。

1 知人善任

陳玉成打得很漂亮，李秀成也沒讓老洪失望，最終兩人在滁州一帶會合，聯手進擊烏衣，激戰一整天後，順利擊敗江北大營中幫辦軍務的總兵鞠殿華。

石達開一離開天京，讓滿清政府彷彿又看見希望，忙不迭地想利用時機，重新建起江南江北兩大營的防線。

一八五八年初，咸豐皇帝以和春爲欽差大臣，迅速重建江南大營，同時加緊圍困南京。江北大營也沒閒著，德興阿率領幾萬士兵從揚州蔣王廟移營西進，經儀征、六合二處，於二月上旬時抵達江浦。

原本在安定橋陡岡一線紮營數十里的清軍水師總兵陳國瑞，也率領戰船溯江而上，企圖封鎖長江南北通道，配合江南大營合圍天京的行動。

眼見天京情勢危急，洪秀全除了抱怨外還是抱怨，幸好老洪沒糊塗到底，起碼用對了兩個人，一個是陳玉成，另一個是李秀成。

四月二十一日，太平軍在江蘇的最後一道屏障江浦被攻佔，太平天國在江蘇北部的地盤所剩無幾，老洪心臟跳得很快，坐也坐不安穩。

清軍離天京的距離越來越近，老洪召開緊急軍事會議。

會議上各位代表暢所欲言，面對嚴峻現實，太平軍各部將審時度勢，一致認爲己方並沒有一舉擊破和春江南大營的能力，決定採用太平軍早期戰術——打游擊。太平天國高層決定先派人拔除戰鬥力較弱的德興阿江北大營，打通天京與浦口之間的聯繫。

一八五八年六月，太平軍新一代將領李秀成臨危受命，率隊從安徽蕪湖處渡江，朝江北大營的清軍發動攻擊。

李秀成雖然年紀尚輕，不過，一路行來，經驗和能力並不比老將遜色，十分明白光靠自己的這點兵力，要想拔掉德興阿的江北大營十分困難。由於先前石達開出走之故，此時太平軍的作戰能力早已不如當年。

爲了鼓舞士氣，李秀成每次都與士兵一起操練兵馬。大家很感動，訓練得也很賣力，漸漸地提升自己實力。

可試了兩次以後，李秀成發現確實打不過江北清軍，單靠自己便想攻破江北大營，無異於癡人說夢。這時，他忽然想到和自己一起被老洪重用的陳玉成。

陳玉成也是年輕一代的新秀將領，能力不錯，但這兩位兄弟面合心不合，誰也不服誰，都認爲自已比對方還行。

事實證明，在組織裡要是只靠一個人做事，那麼這個組織早晚會完蛋。幸好，這一次，兩人依舊合作得十分愉快。

李秀成令所屬各路將領集合，並相請陳玉成，於一八五八年七月下旬，在安徽樅陽召開作戰會議，分析形勢，統一部署，調兵遣將，謀定後戰。

一八五八年八月，發慌的洪秀全封陳玉成爲前軍主將，李秀成則爲後軍主將。照位階來看，陳玉成顯然在李秀成之上，小李嫉妒得很，卻不能多說什麼話。

很快地，陳玉成一部便從安徽潛山開往舒城，於八月二十三日時攻克廬州，並聯合安徽當地的反清武裝部隊，在九月九日時攻破定遠，繼而又拿下滁州。

消息傳回正在被窩裡睡覺的老洪耳裡，他高興地直接蹦起，身邊的兩個妃子嚇得不知所措。老洪哈哈大笑，「妳們倆不用害怕，今天朕很高興，決定再封賞妳們一次……哈哈哈！」

陳玉成打得漂亮，李秀成也沒讓老洪失望，最終兩人在滁州一帶會合，聯手進擊烏衣，激戰一天後，順利擊敗江北大營中幫辦軍務的總兵鞠殿華，相繼佔領西葛、東葛。

此刻的德興阿心急如焚，連忙向江南大營求救。

豈知，和春很吝嗇，只派了四千援軍進發阻擋，其中大部份人還是早已沾染軍中惡習的兵油子，戰鬥力可想而知。

德興阿把絕大希望都寄託在和春身上，沒想到和欽差派出來的人讓他失望，還沒靠近小店，就被長毛匪打得落花流水。這群兵油子一看事情不好，立馬撒腿就跑，反正這個地方很適合捉迷藏，他們找到地方躲著後就死不出來了。

此刻，德興阿還在打著小算盤，想來個內外包夾，一舉幹掉太平軍，沒想到結果正好相反，被太平軍實施了反包圍。

江北大營沿線全面崩潰，德興阿只剩下最後一道屏障保護大營。

太平軍掃清江北大營的周邊後，隨即準備拔掉大營，衆人開會討論並擬定分路總攻的計劃：陳玉成部和李秀成部分別從正面及側後方進攻，九洑洲的太平軍則協同作戰，負責牽制住江南大營的清軍。

德興阿本想經由固守待援給自己一個喘息的機會，沒想到太平軍竟來得這麼快，被打了個措手不及。見敗局已定，德興阿只好趕緊收拾行李，朝安全地帶逃逸。

這一仗，是自天京事變以來，太平軍收穫最大的一次，不僅斬獲二品武官兩人及六品以上武官數十人，軍火、糧草也全留給了太平軍。

老洪聽到這個消息，高興得徹夜未眠，心裡暗想，哼！沒有你石達開，老子也照樣攻破兩大營！

幾家歡喜幾家愁，北京城裡的咸豐又皺起眉頭來。英法合夥欺負人，內部到處都是造反的，自己年紀輕輕的，卻已是百病纏身……他多想告訴世人自己是個好皇帝，也希望能讓百姓過上好日子，不想向外族屈服，但這一切都已經晚了，大清氣數已盡，這個殘局根本無法收拾。

太平軍沒有抓到德興阿，心有不甘，想繼續擴大戰果，一路追趕德興阿的殘部，最後竟趁勢佔領揚州，江北大營又一次從太平軍的視線裡消失。

咸豐每天收到壞消息，氣得大罵德興阿不爭氣，將其革職查辦，將其餘人馬歸到江南大營裡，倒讓和春撿了個大便宜。

太平軍氣勢如虹，二破江北大營，再次找回曾經的優勢，也將老洪心裡一堵牆順順利利地拆除。

2 三河鎮大捷

到了晚上，大霧終於散去，太平軍也因此看清楚湘軍主力所在，立刻步步進圍。

李續賓自知無路可逃，只好用一尺紅布結束自己的生命……

江北大營再次失利的消息傳開，使曾國藩驚訝不已，急問道：「自石達開走後，太平軍還有何人這樣勇猛？」

部下報告道：「屬下聽說，現在太平軍裡有兩個人不減當年石達開之勢，一個叫陳玉成，另一個是李秀成。」

曾國藩點頭，「看來這兩人不可不防，容我改日會會此二人。」

部下說道：「曾公一旦出馬，賊軍肯定立刻會作鳥獸散。」這馬屁拍得可真是明顯哪……

知曉江北大營落敗的消息後，曾國藩命湘軍猛將李續賓率領八千兵馬突進安徽，過程十分順利，連攻克太湖、潛山、桐城、舒城等地，兵鋒直指廬州、安慶。

李續賓在安徽連續作戰三十二天，深入腹地四、五百里，留下部分部隊駐紮攻克的城池後，自己帶領六千精銳進攻廬州，其勢銳不可當。

不料，一分兵後，問題就出現了。

李續賓雖然作戰勇猛，但帶的兵力實在太少，只有區區六千，加上部隊連續作戰，身心已相當疲勞，後面又幾乎沒有任何援軍，陷入孤軍深入的極險狀態。

更要命的是，李續賓根本不熟悉安徽地形，也不清楚對手會有多少兵力部署，只是憑著一腔勇猛繼續進攻並非自己地盤的目標地——廬州。

不管怎麼看，這場戰爭都徹頭徹尾違背軍事作戰法則。由此可見，李續賓作為將領，主要貢獻是勇猛殺陣，至於謀略二字，根本沾不上邊。

另一頭，陳玉成、李秀成原本正在追擊德興阿老頭，一聽湘軍來了，心裡興奮得很，想一併收拾掉。陳、李二人雖然互相嫉妒，但配合得還算不錯，沒有撕破臉皮，幾經討論後，決定先由陳玉成揮師向西迎擊，李秀成再隨後趕上。

任何一個軍事將領都很清楚兵機不可失，陳玉成也不例外，知道湘軍若想要進攻廬州，一定會經過三河鎮。三河鎮雖小，卻因位於肥西縣東南部，地處合肥、六安、巢湖三個地方的交界處，戰略位置十分重要。

李續賓一路行來小勝無礙，完全不把太平軍放在眼裡，也忘了自己一部孤軍深入，正犯了兵家大忌，極易陷入險地。

太平軍正好利用這個機會，給向來飛揚跋扈的湘軍一點顏色瞧瞧。戰前的精神動員和鼓舞很重要，陳玉成特地召開動員大會，讓全隊軍士心情十分激動。接著，二話不說地星夜兼程，趕赴三河鎮，悄悄繞過金牛鎮、白石山等地，直接切斷李續賓的後路。

這時，被切斷退路的李續賓完全沒察覺，依舊得意得很。

陳玉成將一切部署好後，馬上聯絡當地捻軍配合作戰，殺湘軍一個措手不及。兩方交戰，李續賓才發現後路被切斷，驚覺自己犯了兵家大忌，多次發出告急文書給湖廣總督官文，請求支援。

官文的答覆十分簡單，「不好意思，幫不了忙。」

見湖廣總督不發兵支援，一向勇猛的李續賓害怕起來，這仗根本沒法打下去啊！殺到後來，湘軍體力已到盡頭，便想進入金牛鎮稍事休息，正巧天降大霧，無法辨清前路，甚至人影都無法識明。

忽然間，湘軍將士聽到背後傳來一陣喊殺聲，彷彿就在耳際。

原來，陳玉成的大軍已經趕至金牛鎮，卻因大霧無法精準進攻，只能摸索著前進，竟錯過李續賓的中軍主力，直接擊潰湘軍左軍。

受到突如其來的襲擊，湘軍部隊陣容大亂，各營相繼潰敗。

失了天時的李續賓知道己方已深陷絕境，當下最重要的是穩定軍心、平安突圍。爲了激起衆人士氣，自己便拎著大刀，第一個衝出去了！

其他士兵們一看，也立刻揚起武器，再度和太平軍展開一場血戰。

可惜天不從人願，李秀成這時竟領兵趕到，將才剛鼓足士氣的湘軍陣容擊散。

這場大霧直到中午都沒消退，太平軍只能憑藉喊殺聲尋找湘軍，湘軍和太平軍彼此進入對方的營寨都不知道，很多人因爲對不上口令而被殺。

到了晚上，大霧終於散去，太平軍也因此看清楚湘軍主力所在，立刻聚兵進圍。

李續賓自知無路可逃，只好用一尺紅布結束生命，帶來的湘軍六千主力，自然也被殲滅。

羅澤南、李續賓是湘軍中赫赫有名的兩員猛將，而且李續賓還是羅澤南的關門弟子，深得老羅喜愛。一八五六年羅澤南死於武昌之戰時，李續賓痛哭不已，立誓要爲師父報仇。

報仇可以，但是要講究方法，李續賓的報仇方式顯然過於輕率，仇非但沒報，還把自己的小命搭上了。有些史書記載，李續賓是湘軍名將，這部份筆者持保留態度，說他是猛將還不差，若是冠以名將之銜，實在有些失真。

胡林翼聽到這個消息時，竟悲痛得嘔血，一邊哀歎道：「三河敗潰後，元氣盡傷，湘軍四年精銳，覆於一旦，而且敢戰之才、明達足智之士，亦凋喪殆盡。」

曾國藩的反應倒沒有那麼強烈，只是深深歎了一口氣，「克惠（李續賓字克惠）死得壯烈，我定會幫你解決陳玉成、李秀成二人。」

這就是曾國藩與胡林翼的不同，胡林翼可以為一件事急火攻心而吐血，曾國藩卻總把事情壓在心裡，慢慢承受，然後打打太極，緩解心緒。

事實證明，曾國藩很會養生，起碼比胡林翼多活了十一年。這件事告訴我們，凡事做個深呼吸，什麼都會過去，沒必要跟人較眞。

3 資政新篇

洪仁玕的現代化藍圖，在中國歷史上第一次提出民主和科學，走資本主義道路的藍圖，在漫漫的封建主義長夜中，顯示出光明和朝氣。

在太平天國的歷史、甚至整個晚清的歷史上，洪仁玕都是一位值得提出來大書特書的人物。這麼說吧，他是鴉片戰爭後，中國第一位提出變法維新思想的改革家。創教、傳教和砸壞孔子牌位……這些是洪仁玕早年與族兄洪秀全一同表示與舊世界決裂，創造新世界的革命舉止。

洪仁玕自幼在家鄉念書，也曾想透過科舉實現治國平天下的理想，但他和洪秀全一樣，屢次赴考不第，只好一邊自修，一邊開館授徒。

一八四三年，洪秀全最後一次應考落第，因緣際會想起束之高閣的基督教新教手冊

《勸世良言》，受其啓發，在家鄉創立拜上帝教。當時年僅二十二歲的洪仁玕，便和馮雲山一同接受洪秀全在家鄉小河邊自創的受洗典禮。

一八四七年三月，洪仁玕與洪秀全來到廣州，尋求取得傳教的「合法身分」，投身在美籍傳教士羅孝全處「研究眞道」。

由於沒有任何實質上的收穫，洪秀全開始對羅孝全很不滿，同樣的，羅孝全對洪秀全也很反感，兩人不歡而散。

後來，洪秀全和馮雲山走出廣東，邁進廣西時，洪仁玕也準備好了行李，但很不巧，居然連末班車都沒趕上。

一八五一年一月，太平軍在金田正式造反，洪仁玕又沒趕上。

後來，洪秀全曾兩次派人到花縣迎接洪仁玕，並令他直接起義和衆人會合。洪仁玕當即回應，可惜和前來迎接的人發動起義時卻失敗了，被官府擒住，按律當治死罪，但據說他當晚便脫鎖而逃。

一八五二年四月，洪仁玕逃到香港，住在瑞典傳教士韓山文處，並且正式受洗入教。之後，洪仁玕仍不死心地尋找太平軍，一度返回廣東，沒多久又再度返回香港。

這時候，韓山文已經去世，洪仁玕便開始教外國傳教士中文，也開始學習西方文化，在香港一住就是四年多，不僅親眼目睹香港狀況，更逐漸接受朝氣蓬勃的西方文化。

一八五九年，洪仁玕終於輾轉抵達天京。

老洪一看兄弟回來，樂得嘴都合不上，兩人一見面就開始聊起別後家常。

老洪問道：「兄弟，你這些年到哪去了？我找你找得好辛苦啊！」

洪仁玕嘆道：「別提了……」

老洪道：「想當年，雲山與你我風華正茂，爲了理想到處傳教，如今我卻快認不出你來，你現在變得胖多了啊！」

洪仁玕笑道：「大哥，你比以前瘦多了，管著這麼大一攤子，還眞是不容易啊！」

老洪語多感慨，洪仁玕的到來讓他回想起死去的馮雲山，如今物是人非，還好有仁玕在身邊。

洪仁玕不僅給老洪帶來往事回憶，還帶上一份禮物。禮物適不適合先不論，但可以肯定的是，這絕對是洪仁玕一生智慧的結晶。

這份禮物就是《資政新篇》。

洪仁玕認爲天國迫切需要改革，改革綱領則應以自己著述的《資政新篇》爲主。

洪大天王對自己的兄弟相當信任，叫洪仁玕放手去幹。

有人說這部建設的藍圖是江蘇、浙江資本主義發展的反映，也有人說它是空中樓閣，沒有現實的社會基礎。

筆者只能確定，這份現代化藍圖，從醞釀到寫成，肯定經過相當長的歷程，一如馬克斯主義裡提到的：人們的觀念、觀點和概念，一句話，人們的意識，隨著人們的生活條件、人們的社會關係、人們的社會存在的改變而改變。

太平天國攻下蘇浙是一八六〇年的事，也就是《資政新篇》印行了一年以後發生的，當然不可能是它的社會基礎。

送出這部現代化的藍圖之前，洪仁玕在香港逗留多年，應該說，這是洪仁玕在香港生活觀察的親身體驗，那些翻譯書籍和報刊，是他腦海中革新思想的形成來源之一，之後他在港、滬等地的所見所聞，便是他的建設藍圖的借鏡之一。

洪仁玕剛剛踏上香港土地時，正是香港成爲英國殖民地之後的第十年。那時小島上已經鋪起一條長達四英里的馬路，也就是現今皇后大道的前身。

公共建築物方面有葛樓（即法院）、總督府以及大小商行二十幾家，形成一處繁盛的商業區。英國資本家還在香港開辦了工廠、船塢和輪船公司等事業，同時出版中英文報紙，基督教的各分教會也先後在港建立據點，開展傳教事業。

一八四七年，香港東方匯理銀行成立，正式發行港幣。

洪仁玕在這座僅有七萬五千名居民的小島上，看到不少新鮮事物，從這裡他瞭解到西方資產階級的民主制度，明顯比中國現有的封建制度先進許多。

他不住稱讚英國是「於今稱為最強之邦，由法善也」，也介紹美國的總統「五年一任，限以俸祿，任滿則養尊處優，各省再舉」。

介紹美國的選舉制度是「置一大櫃在中廷，令凡官民有仁智者，寫票公舉，置於櫃內，以多人舉者為賢能也，以多議是者為也」。

雖然介紹的民主制度並不詳實，卻可以看出洪仁玕對這種制度的嚮往及期待。他甚至批評土耳其「不知變通，故邦勢不振」，俄羅斯則是「大興政教，百餘年來，聲威日著」，刻意分隔出革新和守舊的不同結果。

不過，洪仁玕在革新計劃裡，並沒有主張全盤引進西方的民主制度。受到西方制度影響的他，只是提出一個可以行使民主權力的折衷辦法，「准賣新聞篇或設暗櫃」。所謂的「暗櫃」並不是現在大家認知中的投票箱，應該更接近屬於民眾意見箱的功能。

至於「新聞篇」，他特地強調並誇大其作用，認為「新聞館以報時事常變，物價低昂」。這可能是他在港、滬看到的報刊資訊印象。

洪仁玕重視「人心公議」，企圖通過「意見箱」和報紙把它提到天王面前，作為施政的參考，這當中已經蘊含民主，也明顯和封建專制的精神背道而馳。不僅如此，他更進一步提倡立法，「綱常倫紀，教養大典，則宜立法以為準焉。」

顯然，他所說的「法」與前人不同之處，在於立法者要熟悉當時各國情況，似乎要仿行西方法制。但洪仁玕並沒有引進孟德斯鳩的三權分立學說，所主張的「立法」仍屬行政方面的事務，並未安排設置獨立的立法機構。

此外，據洪仁玕在港、滬所見，提議設立新式建設，例如醫院、禮拜堂、學館、四民院（鰥寡孤獨院）、及四疾院（跛盲聾啞院）等社會福利方面的相關事業。

另外，也提出如公路、郵政、火車、輪船、銀行、紙幣等等交通經濟方面的新事項，當中值得注意的是，他提倡開採礦藏，連具體分配辦法也提了出來。

他還鼓勵私人開設銀行，發行鈔票，「或銀貨相易，或紙銀相易，皆准每兩取息三厘。」又建議設置發明專利、人物保險，都是為資本主義開闢道路的新看法。

總之，洪仁玕的現代化藍圖，在中國歷史上第一次提出民主和科學，走資本主義道路的藍圖，在漫漫的封建主義長夜中，顯示出光明和朝氣。

但是，顯然考慮到當時太平天國的形勢對改革的阻力很大，他曾對一位傳教士說過他的困難。他說，天王的「腳站在塵世上，而頭卻伸到天堂裡，其他諸王對他的權威並不在意」，因此改革方案具有很大的妥協性，在民主與科學兩方面都僅只挑出一個開端。

這不只是洪仁玕認知不夠的問題，更重要的是，他並未考慮到天國的實際情況，所有論調方案，都只是一種高度理想的狀態。

雖然洪秀全對於《資政新篇》表示同意和讚賞，但經過洪楊內鬨後，當時的太平天國內部已經四分五裂，再也無法施行一些大刀闊斧的作爲，所以《資政新篇》當中提出的建議沒有一樣實現，整篇洋洋灑灑的文章只是空談。

附件：《資政新篇》

小弟仁玕跪在我真聖主萬歲萬歲萬萬歲陛下，奏為條陳款列，善鋪國政，以新民德，並跪請聖安事：緣小弟自粵來京，不避艱險，非圖爵祿之榮，實欲備陳方策，以廣聖聞，以報聖主知遇之恩也。夫事有常變，理有窮通，故事有今不可行而可豫定者，為後之福；有今可行而不可永定者，為後之禍。其理在於審時度勢，與本末強弱耳。然本未之強弱適均，視乎時勢之變通為律，則自今而至後，自小而至大，自省而至國，自國而至萬邦，亦無不可行矣。其要在於因時制宜，審勢而行而已。茲謹將所見聞者條陳於後，以廣聖聞，以備聖裁，以資國政，庶有小補云爾。

昔周武有弟名旦，作周禮以肇八百之畿，高宗夢帝賚弼，致殷商有中葉之盛，惟在乎設法用人之得其當耳。蓋用人不當，適足以壞法，設法不當，適足以害人，可不慎哉！然於斯二者，並行不悖，必於立法之中，得乎權濟。試推其要，約有三焉：一以風風之，一以法法之，一以刑刑之。三者之外，又在奉行者親身以倡之，真心以踐之，則上風下草，上行下效矣。否則法立弊生，人將效尤，不致作亂而不已，豈法不善歟？實奉行者毀之爾。

用人察失類

一禁朋黨之弊。朝廷封官設將，乃以護國衛民、除奸保良者也。倘有結盟聯黨之事，是下有自固之術，私有倚恃之端，外為假公濟私之舉，內藏弱本強末之弊。為兵者行此，而為將之軍法難行；為臣者行此，而為君之權謀下奪，良民雖欲深倚於君，無奈為所隔絕，是不可以不察也。倘欲真知其為朋奸者，每一人犯罪，必多人保護隱瞞，則宜潛消其黨，勿露其形。或如唐太宗之責尉遲恭以漢高故事，或如漢文之責吳不會而賜杖以愧之，亦保全之一道也。若發洩而不能制，反遭其害，貽禍不淺矣。倘至兵強國富，俗厚風淳之日，又有朝發夕至之火船火車，又有新聞篇以泄奸謀，縱有一切詭弊，難逃太陽之照矣。

甚矣，習俗之迷人，賢者不免，況愚者乎！郎至愚之輩，亦有好勝之心，必不服人所教。且觀今世之江山，竟是誰家之天下？無如我中花之人，忘其身之為花，甘居韃妖之下，不務實學，專事浮文，良可慨矣。請試言之：文士之短簡長篇，無非空言假話；下僚之稟帖面陳，俱是讒諂讚譽，商賈指東說西，皆為奸貪詭譎！農民勤儉誠樸，目為愚婦愚夫，諸如雜教九流，將無作有；凡屬妖頭鬼卒，喉舌模糊。到處盡成荊棘，無往不是陷坑。倘得真心實力，眾志成城，何難親見太平景象，而成為千古英雄，復見新天新地新世界也夫。

風風類

夫所謂「以風風之」者，謂革之而民不願，興之而民不從，其事多屬人心蒙昧，習俗所蔽，難以急移者，不得已以風風之，自上化之也。如男子長指甲，女子喜纏腳，吉凶軍賓，瑣屑儀文，養鳥鬥蟀，打鵪賽勝，戒箍手鐲，金玉粉飾之類，皆小人驕奢之習。諸如此類，難以枚舉。禁之不成廣大之體，民亦未必凜遵，不禁又為敗風之漸，惟在上者以為可恥之行，見則鄙之忽之，遇則怒之撻之，民自厭而去之，是不刑而自化，不禁而自弭矣。倘民有美舉，如醫院、禮拜堂、學館、四民院、四疾院等，主則親臨以隆其事，以獎其成，若無此舉，則詔諭宣行，是厚風俗之法也。如譭謗語妒等弊，皆由風俗未厚，見識未廣，制法未精，是以人心虞擬不平而鳴矣。又如演戲門劇、菴寺和尼，凡此等弊，則立牧司教導官，親身教化之。憐憫之，義怒之，務去其心之惑以拯其迷也。

中地素以驕奢之習為寶，或詩畫美艷，金玉精奇，非一無可取，第是寶之下者也。夫所謂上寶者，以天父上帝、天兄基督、聖神爺之風三位一體為寶。一敬信間，聲色不形，肅然有律，誠以此能格其邪心，寶其靈魂，化其愚蒙，寶其才德也。中寶者，以有用之物為寶，如火船、火車、鐘表、電火表、寒暑表、風雨表、日晷表、千里鏡、量天尺、連環槍、天球、地球等物，皆有探造化之巧，足以廣聞見之精，此正正堂堂之技，非婦兒掩飾之文，永古可行者也。

且夫談世事足以悶人心，論九流足以惑眾志，釋聃尚虛無，尤為誕妄之甚，儒教貴執中，罔知人力之難，皆不如福音真道有公義之罰，又有慈悲之赦，二者兼行，在於基督身上擔當之也。此理足以開人之蒙蔽以慰其心，又足以廣人之智慧以善其行，人能深受其中之益，則理明欲去而萬事理矣。非基督之弟徒，天父之肖子乎！究亦非人力所能強，必得上帝聖神感化而然也。上帝之名，永不必諱。天父之名，至大、至尊、至貴、至仁、至義、至能、至知、至誠、至足、至榮、至權，何礙一名字？若說正話，講道理，雖千言萬語亦是讚美，但不得妄稱及發誓褻瀆而已，若諱至數百年之久，則又無人識天父之名矣。況耶火華三字，「三字之意，包涵無所不知、無所不能、無所不在、自然而然、至公義、至慈悲之意也。上帝是實有，自天地萬有而觀，及基督降生而論，是實有也。蓋上帝為爺，以示包涵萬象：基督為子，以示顯身，指點聖神上帝之風亦為子，則合父子一脈之至親，蓋子亦是由父身中出也，豈不是一體一脈哉！總之謂為上帝者，能形形，能象象，能天天，能地地，能始終萬物而自無始終，造化庶類而自無造化，轉運四時而不為時所轉，變通萬方而不為方所變。可以名指之曰「自有者」，即大主宰之天父上帝、救世主如一也。蓋子由父出也，視子如父也。若諱此名，則此理不能彰矣。

法法類

所謂「以法法之」者，其事大關世道人心，如綱常倫紀、教養大典，則宜立法以為準焉。是下有所趨，庶不陷於僻矣。然其不陷於僻而登於道者，必又教法兼行。如設書信館，以通各省郡縣市鎮公文；設新聞館，以收民心公議，及各省郡縣貨價低昂，事勢常變。上覽之，得以資治術：士覽之，得以識變通：商農覽之，得以通有無。昭法律，別善惡，勵廉恥，表忠孝，皆藉此以行其教也。教行則法著，法著則知恩，於以民相勸戒，才德日生，風俗日厚矣。此立法善而施法廣，積時久而持法嚴，代有賢智以相維持，民自固結而不可解，天下永垂不朽矣。然立法之人，必先經磨鍊，洞悉天人性情，熟諳各國風教，大小上下，源委重輕，無不了然於胸中者，然後推而出之，乃能穩愜人情也。

若恐其久而有差，更當留一律以便隨時損益小紀，彰明大綱也。蓋律法者，無定而有定，有定而無定，如水之軟，如鐵之硬，實加人心之有定而無定，世事之無定而有定，此立法所以難也，此生弊所以易也。

然則如何而後可以立法？蓋法之質，在乎大綱，一定不易；法之文，在乎小紀，每多鑾還。故小人壞法，常竊小者無備而掠為己有，常借大者之公以護掩己私。然此又在奉法執法行法之人有以主之，有以認真耳。至立法一則，閱下自可心領靈會，而法在其中矣。

又有柔遠人之法。凡外邦人技藝精巧，邦法宏深，宜先許其通商，但不得擅入旱地，恐百姓罕見多奇，致生別事。惟許牧司等並教技藝之人入內，教導我民，但准其為國獻策，不得譭謗國法也。

英吉利，即俗稱紅毛邦，開邦一千年來未易他姓，於今稱為最強之邦，由法善也。但其人多有智力，驕傲成性，不居人下。凡於往來言語文書，可稱照會、交好、通和、親愛等意，其餘萬方來朝、四夷賓服、及夷狄戎蠻鬼子，一切輕汙之字皆不必說也。蓋輕汙字樣，是口角取勝之事，不是經綸實際，且招禍也。即施於枕近之暹羅、交趾、日本、琉球之小邦，亦必不服。實因人類雖下，而志不願下，即或願下，亦勢迫之耳，非忠誠獻曝也。如必欲他歸誠獻曝，非權力所能致之，必內修國政，外示信義，斯為得爾。

此道實為高深廣還也歟。現有理雅各、湛孖士、米土威大人、俾士、合信、覺士、濱先生、慕維廉、艾約瑟、韋律眾先生與小弟相善也。

花旗邦即米利堅，有金銀山，而招別邦人來採。別邦人有能者，冊立為官，邦長五年一任，限以俸祿，任滿則養尊虛優，各省再舉。有事各省總目公議，呈明決斷。取士、立官、補缺及議大事，則限月日，置一大櫃在中廷，令凡官民有仁智者，寫票公舉，置於櫃內，以多人舉者為賢能也，以多議是者為公也。其邦之跛盲聾啞鰥寡孤獨各有書院，教習各技。更有鰥寡孤獨之親友，甘心爭為善事者，願當眾立約保養。郭中無有乞丐之民，此是其富足也。現有羅孝全、卑治文、花蘭芷、高先生、晏先生、贊臣先生、寡先生與小弟相善也。

總論二邦，其始出於英吉利邦，後因開埠花旗，日以日盛，而英邦欲有以制之，遂不服其苛，因而戰勝英邦，故另立邦法，兩不統屬焉。數百年來，各君其邦，各子其民，皆以天父上帝、耶穌基督立教。日爾曼邦內分十餘邦，不相統屬，亦無侵奪，信奉天父上帝、耶穌基督尤慎。其人有太古之風，故國不甚威，而德則獨最也。亦有大船往各邦貿易，即各邦之君臣亦肯信任其人辦事，因其人不苟於進退，最信皇上帝救世主，而不喜戰鬥，願守本分也。現有黎力居、韋牧司葉納清、韓士伯，又有一位忘其名，與弟相善也。風雨票、寒暑針先出此邦之花蘭溪，辨正教亦出此邦之路得也。

瑞邦、丁邦、羅邦純守耶穌基督之教，其髮老少多白，中年多黃，相品幽雅，誠實寬廣，有古人遺風焉。惟瑞國有一韓山明牧司，又名咸北者，與弟相善。其人並妻子皆升天，各邦多羨其為人焉。愛弟獨厚，其徒皆客家，多住新安縣地也。

佛蘭西邦亦是信上帝、耶穌基督之邦，但其教多務異跡奇行，而少有別，故其邦今似半強半美之邦。但各邦技藝多始於此，至今別邦雖精，而佛邦亦不在下。但其教尚奇異，品學遜焉，人不之重。惟與英為婚姻之邦，相助相善，而邦勢亦強。與弟無相識者，因道不同也。

土耳其邦，東南即古之猷太邦也，西北近俄羅斯。因此邦之人不信耶穌基督為救世主，仍執摩西律法，不知變通，故邦勢不振。而於丙辰年（太平天國六年，咸豐六年，一八五六年）為俄羅斯所侵，幸英佛二邦相助，得免於禍。此邦為天兄降生聖地，將來必歸基督。蓋新遺詔書有云：「俟萬邦歸信後，而以色列知愧恥焉。」今猶太人因耶穌基督升天四十年後，遭上帝怒罰驅逐出外，凡信基督耶穌者亦逃出外邦，至今各邦皆有猶太人，以為之證據，亦天父之意也。

即中邦而論，河南開封郡祥符縣內，多有猶太人及羊皮書，寫猶太字跡者不少。但其人自宋迄今，多歷年所，亦徒行其禮，而不識其字，不知其實意焉。問其因何行此教，則答以望基督救世主降生，及凡各邦之猶太人亦如是，不信救世主之既生於一千八百五十九年之前也。

俄羅斯邦，其地最廣，二倍於中邦。其教名天主教，雖信耶穌基督，而類於佛蘭西之行也。百餘年前亦未信天兄，屢為英佛瑞羅日爾曼等國所迫，故遣其長子偽裝凡民，到佛蘭西邦學習邦法、火船技藝，數年回邦，無人知其為俄之長子也。及歸邦之日，大興政教，百餘年來，聲威日著，今亦為北方冠冕之邦也。

埃及邦即麥西邦，在猶太西南方，有紅海為界。其地周歲無寒，而夏最炎熱。有山名亞喇伯，為萬郭最高大者，昔挪亞方舟，即擱於此山也。四時有雲籠罩，少見山巔。埃民未曾見過雨雪，聞過雷聲。其地少泉而多沙漠，但到春夏交際，山頭雲密佈，飛瀑四奔流，農民于水將退之先，在水面布種下田，待盡退時，則苗既勃然興之矣。所以然者，因山高接熱，雲氣升騰，凍結於巔，四時不散。故雨不施於壙野，雷不奮於地中，冰常凝於高峰，雪無飄於熱地也。今其人尊約瑟摩西為聖人，名回回教，蓋天父上帝前現權能與二人，至今猶有遺風焉。

暹羅邦近與英邦通商，亦能仿造火船大船，往各邦採買，今亦變為富智之邦矣。

日本邦近兵花旗邦通商，得有各項技藝以為法則，將來亦必出於巧焉。馬來邦、秘魯邦、澳大利邦、新嘉波、天竺邦，皆信佛教，拜偶像，故其邦多衰弱不振，而名不著焉。不過中國從前不能為東洋之冠冕，暫為失色，良可既已。

以上略述各邦大勢，足見綱常大典，教養大法，必先得賢人，創立大體，代有賢能繼起而擴充其制，精巧其技，因時制宜，度勢行法，必永遠不替也。倘中邦人不自愛惜，自暴自棄，則鷸蚌相持，轉為漁人之利，那時始悟兄弟不和外人欺，國人不和外邦欺，悔之晚矣。曷不乘此有為之日，奮為中地倡，以頂天父天兄綱常，太平一統江山萬萬年也。

要自大至小，由上而下，權歸於一，內外適均而敷於眾也。又由眾下而達於上位，則上下情通，中無壅塞弄弊者，莫善於准賣新聞篇或暗櫃也。法式見下。

興車馬之利，以利便輕捷為妙。倘有能造如外邦火輪車，一日夜能行七八千里者，准自專其利，限滿准他人仿做。若彼願公於世，亦稟准遵行，免生別弊。先於二十一省通二十一條大路，以為全國之脈格，通則國家無病焉。通省者闊三丈，通郡者闊二丈五尺，通縣及市鎮者闊二丈，通大鄉村者闊丈餘。差役時領犯人修葺崩破之處。二十里立一書信館，願為者請倘而設，以為四方耳目之便，不致上下梗塞，君民不通也。信資計文書輕重，每二十里該錢若干而收。其書要在某處交遞者，車上車下各先束成一捆，至即互相交訖，不能停車俄頃。因用火用氧用風之力大猛也，雖三四千里之遙，亦可朝發夕至，縱有小寇竊發，豈能漏網乎！

興舟楫之利，以堅固輕便捷巧為妙。或用火用氣用力用風，任乎智者自創。首創至巧者，賞以自專其利，限滿准他人仿做。若願公於世，亦稟明發行。茲有火船氣船，一日夜能行二千餘里者，大商則搭客運貨，國家則戰守緝捕，皆不數日而成功。若天國興此技，黃河可疏通其沙而流入於海，江淮可通有無而緩急相濟，要隘可以防患，凶旱水溢可以救荒，國內可保無虞，外國可通和好，利莫大焉。

興銀行。倘有百萬家財者，先將家貲契式稟報入庫，然後准頒一百五十萬銀紙，刻以精細花草，蓋以國印圖章，或銀貨相易，或紙銀相易，皆准每兩取息三厘。或三四富民共請立，或一人請立，均無不可也。此舉大利於商賈士民，出入便於攜帶，身有萬金而人不覺，沉於江河則損於一己而益于銀行，財寶仍在也。即遇賊劫，亦難驟然拏去也。

興器皿技藝。有能造精奇利便者，准其自售，他人仿造，罪而罰之。即有法人而生巧者，准前造者收為己有，或招為徒焉。器小者賞五年，大者賞十年，益民多者年數加多，無益之物有責無賞。限滿他人仿做。

與寶藏。凡金、銀、銅、鐵、錫、煤、鹽、琥珀、蠔殼、琉璃、美石等貨，有民探出者准其稟報，爵為總領，准其招民採取。總領獲十之二，國庫獲十之二，採者獲十之六焉。倘寶有豐歉，則採有多少，又當視所出如何，隨時增減，不得匿有為無也。此為天財地寶，雖公共之物，突亦枕近者之福，小則准鄉，大則准縣，尤大者准省及省外之人來採也。有爭鬥搶奪他人之所先者，准總領及地方官嚴辦，務須設法妥善焉。

興郵亭以通朝廷文書，書信館以通各色家信，新聞館以報時事常變、物價低昂。只須實寫，勿著一字浮文。倘有沉沒書箚銀信及偽造新聞者，輕則罰，重則罪。郵亭由國而立，餘准富民納餉，稟明而設。或本處刊賣，則每日一篇，遠者一禮拜一篇，越省則一月一卷，注明某處某人某月日刊刻，該錢若干，以便遠近採買。

朝廷考察若探未實者，注明「有某人來說，未知是否，俟後報明」字樣，則不得責之也。

興各省新聞官。其官有職無權，性品誠實不阿者。官職不受眾官節制，亦不節制眾官，即賞罰亦不准眾官褒貶。專收十八省及萬方新聞篇有招牌圖記者，以資聖鑑，則奸者股栗存誠，忠者清心可表，於是一念之善，一念之惡，難逃人心公議矣。人豈有不善，世豈有不平哉！

興省郡縣錢穀庫，以司文武官員俸值公費。立官司理，每月報銷。除俸值外，有妄取民賄一文者議法。

興市鎮公司。立官嚴正，以司工商水陸關稅。每禮拜呈繳省郡縣庫存貯，或市鎮公務支用，有為己私抽者議法。

興士民公會。富貴善義，仰體天父、天兄好生聖心者，聽其甘心樂助，以拯困扶危，並教育等件。至施捨一則，不得白白妄施，以沽名譽，恐無貞節者一味望恩，不自食其力，是滋弊也。宜合作工，以受所值，惟廢疾無所歸者准白白受施。

興醫院以濟疾苦。係富貴好善，仰體天父、天兄聖心者，題緣而成其舉。立醫師，必考取數場然後聘用，不受謝金，公義者司其事。

興鄉官。公義者司其任，以理一鄉民情曲直吉凶等事，鄉兵聽其鋪調。

興鄉兵。天村多設，小村少設，日間管理各戶，灑掃街渠，以免穢毒傷人，並拿打架攘竊，及在旁證見之人，到鄉宜處處決，妄證者同罪。夜於該管之地有失，惟守者是問。若力不足而呼救不及，不干守者之事。被傷者生則醫，死則瘞，有妻子者議恤。

罪人不孥。若訊實同情者及之，無則善視撫慰之，以開其自新之路：若連累及之，是迫之使反也。

禁溺子女。不得已難養者，准無子之人抱為己子，不得作奴視之，或交育嬰堂；溺者罪之。

外國有興保人物之例：凡屋宇人命貨物船等有防於水火者，先與保人議定，每年納銀若干，有失則保人賠其所值，無失則贏其所奉。若失命，則父母妻子有賴，失物則已不致盡虧。

外國有禁賣子為奴之例。家負責子，只顧眼前之便，不思子孫永為人奴，大辱祖考；

後世或生賢智者不得為國之用，反為國之害矣。故准富者請人雇工，不得買奴，貽笑外邦。生女難養，准為女伺，長則出嫁從良也。

禁酒及一切生熟黃煙、鴉片。先要禁為官者，漸次嚴禁在下。絕其栽植之源，遏其航來之路，或於外洋入口之煙，不准過關、走私者殺無赦。

禁廟宇寺觀。既成者還其俗，焚其書，改其室為禮拜堂，及其資為醫院等院。此為拯民出於迷昧之途，入於尤明之國也。

禁演戲修台建醮。先化其心之惑，使伊所簽助者，轉助醫院、四民院、學館等，乃有益於民生實事。

革陰陽八煞之謬。名山利藪，多有金、銀、銅、鐵、錫、煤等寶，大有利於民生國用。今乃動言風煞，致珍寶埋沒不能現用。請各自思之，風水益人乎，抑珍寶益人乎？數千年之疑團，牢而莫破，可不惜哉！

除九流。惰民不務正業，專以異端誣民，傷風敗俗，莫逾於此。准其歸於正業，焚去一切惑民之說。若每日無三個時辰工夫者，即富貴亦是惰民，准父兄鄉老擒送迸諸絕域，以警頹風之漸也。誠以遊手偷閒，所以長其心之淫欲，勞心勞力，所以增其量之所不能。此天父之罰始祖，使汗顏而食者，一則使自養身，一則免生罪念，亦為此故也。

屋宇之制。堅固高廣任其財力自為，不得雕鏤刻巧，並類王宮朝殿。宜就方正，勿得執信風水，不依眾向，致街衢不直。既成者勿改，新造者可遵，再建重新者，亦可改直。

立丈量官。凡水患河路有害於民者，准其申請，大者發庫助支，小者民自捐助，而屋宇規模，田畝裁度，俱出此官。受贓者准民控訴，革職罰罪。

興跛盲聾啞院。有財者自攜資斧，無財者善人樂助，請長教以鼓樂書數雜技，不致為廢人也。

興鰥寡孤獨院。准仁人濟施，生則教以詩書各法，死則憐而葬之。因此等窮民，操心危，慮患深，往多有用之輩，不可不以恩感之也。

禁私門請謁，以杜賣官鬻爵之弊。凡子臣弟友，各有分所當為，各有奉值，各有才德，各宣奮力上進。致令聞外著，豈可攀援以玷仕途。即推舉者亦是為國薦賢，亦屬分內之事，既得俸值，何可貪贓。審實革職，二罪俱罰。

以上所議，是「以法法之」之法，多是尊五美、屏四惡之法。誠能上下凜遵，則刑具可免矣。雖然，縱有速化，不鮮頑民，故又當立「以刑刑之」之刑。

刑刑類

善待輕犯。宜給以飲食號衣，使修街管道路，練其一足，使二三相連，以差人執鞭刃掌管。輕者移別縣，重者移郡移省，期滿釋回，一以重其廉恥，二以免生他患，庶回時改過自新，此恩威並濟之法也。

議第六天條曰：「勿殺。」蓋謂天父有賞罰於來生，人無生殺於今世。然天王為天父所命以主理世人，下有不法，上（不）可無刑。是知道刑者非人殺之，是彼自縛以求天父罰之耳。雖然，為人上者，不可不親身教導之也。

議大罪宜死者，置一大架圈其頸，立其足，升至桅杆頂，則去其足下之板，以吊死焉。先彰其罪狀並日期，則觀者可以股慄自仿，又少符勿殺之聖誡焉。

十款天條治人心惡之未形者，制於萌念之始。諸凡國法治人身惡之既形者，制其滋蔓之多。必先教以天條，而後齊以國法，固非不教而殺矣，亦必有恥且格爾。

與番人並雄之法。如開店二間，我無租值，彼有租值，我工人少，彼工人多，我價平賣，彼價桂賣，是我受益而彼受虧，我可永盛，彼當即衰，彼將何以久居乎？況我已有自固之策，若不失信義二字足矣，何必拘拘不與人交接乎？是淺量者之所為也。雖然，亦必有一定之章程，一定之禮法，方不致妄生別議。但前之中國不如是焉，毫無設法，修葺補理，以致全體閉塞，血脈不通，病其深矣。今之人心風俗，皆非古昔厚重之體，欲清其病源，既不可得，即欲俊補，其可得乎！

此皆為邦大略，小弟於此類凡涉時勢二字，極深思索，故於古所無者興之，惡者禁之，是者損益之。大率法外輔之以法而入於德，刑外化之以德而省於刑也。因又揣知聖心圖治大急，得策則行，小弟誠恐前後致有不符之跡，故恭錄已所窺見之治法，為前古罕有者，匯成小卷，以資聖治，以廣聖聞。懇自今而後，可斷則斷，不宜斷者付小弟掌率六部等議定再獻，不致自負其咎，皆所以重尊嚴之聖體也。或更立一無情面之諫議在側，以輔聖聰不逮。諸凡可否，有宜於後，不宜於今者，懇留為聖鑑，准以時勢二字推行，則頂起天父、天兄綱常，太平一統江山萬萬年矣。

第 13 章

最後的希望

得獲捷報後，太平天國將這個經濟上最富庶的地區置為蘇福省，建立起地方政權，鼓勵發展生產及貿易，使其成為日後數年間源源供給天京財糧的重要基地。

1 安慶危機

曾國藩早有打算，他把湘軍主力和戰將留在安慶周圍，自己率軍進發江南的舉動，不過是為了應付清廷，並牽制住南岸的太平軍，好掩護北岸湘軍奪取安慶的計劃。

一八六〇年春，湘軍開始改變以往策略，當太平軍在與江南大營作戰時，湘軍正積極準備進駐安徽，進圍安慶。安慶是湘軍和太平軍爭奪的重要據點，安慶在手，天京就有屏障，安慶一旦失陷，後果不堪設想。

肯定有人想問，爲什麼安慶在太平天國中的地位這麼重要？

這得先從安慶的地理位置談起。安慶隸屬安徽，西面和北面離大別山較近，南靠長江，是連接武漢和南京的樞紐城市，歷來是長江中下游及其重要的軍事戰略要地，素有「萬里長江此封喉，吳楚分疆第一州」之美譽。

再者，它離江蘇極近，若從長江逆江而上，安慶便是離天京最近的軍事重鎮，一旦安慶失守，清軍就可以順江而下直取天京，中間完全沒有其他較大的城市和關卡可防守。

更何況，安慶失守便等於掐斷太平天國唯一的水路運輸線，以當時情況分析，天京同時面對江南、江北兩大營，從陸路運輸相當困難，若是順長江而下，外國人的艦隊又會在上海長江口封鎖，進出不易。

所以延長江而上，便成了運輸或是萬一得從天京撤離時的唯一選擇。

安慶失守，等於把天京放在讓人四面包夾的境地，被攻下只是時間問題。

當年陳友諒攻下安慶，順江而下攻打朱元璋時，朱元璋手上還有江蘇東南和江西等地盤，可他的一群手下已經紛紛逃離，就連他自己也做好死戰的心理準備。由此可見，安慶對天京的重要性絕對非同小可。

沒想到就在此時，太平軍內部出現了分歧。

面對湘軍逼臨安慶的威脅，洪秀全緊急召開軍事會議，由總理大臣洪仁玕做大會發言人。自洪仁玕回來以後，洪秀全把自己的大部分政事都交給他處理，他對這位堂弟很信任，信任程度甚至超過以前的馮雲山。

洪仁玕建議太平軍可沿長江取兵力空虛的武漢，這樣清政府必定會讓湘軍回援武漢，如此一來，便可解安慶之圍。

洪秀全舉雙手贊成，陳玉成也同意，只有李秀成心裡不太願意。原來，當曾國藩對安慶蠢蠢欲動時，李秀成正在江、浙一帶忙活，打算攻下蘇州。

另一頭，曾國藩的官運又上來了，被授予兩江總督，賞加兵部尚書銜，一下子變成了從一品大員。

咸豐這樣做的目的就是讓曾國藩盡快救援蘇州，以保東南大局。但曾國藩認爲，要保江南，必須先控上游，因而對於咸豐帝的諭令，總是強調兵力不敷而消極拖延。

曾國藩認定安慶爲必爭之地，控制安慶就等於控制了敵方要害，可皇帝的命令不能不聽啊，不聽就是違抗軍令，可能腦袋馬上就得搬家。

曾國藩有曾國藩的辦法，他把圍攻安慶的任務交給自己的弟弟曾國荃，命他率軍攻下安慶。對自己的弟弟，他很放心，論打仗，曾國荃並不在自己之下。

得令後，曾國荃率湘軍近萬人相繼進駐安慶北面的集賢關，於城外開挖長壕二道，前壕用以圍城，後壕用以拒援。

在咸豐帝一再催促下，曾國藩自率萬人於七月初自宿松開赴長江南岸，月底立大營於皖南祁門，擺出一副東進蘇、常的架勢。實際上，曾國藩早有打算，他把湘軍主力和戰將留在安慶周圍，自己率軍進發江南的舉動，不過是爲了應付清廷，並牽制住南岸的太平軍，好掩護北岸湘軍奪取安慶的計劃。

一八六〇年八月十日，清廷任命曾國藩爲兩江總督、欽差大臣，督辦江南軍務，所有大江南北的水陸各軍皆統歸其節制，隨後，又催促他體察情形，進兵江浙。

曾國藩以「皖南安則浙江亦安」爲由，拒不應命，戰略意圖極爲明顯，就是要千方百計奪取安慶。

同年九月，湘、鄂兩軍已深入安徽腹地，與曾國荃一部達到合圍安慶的目的。

正當太平軍在長江上游用兵之際，曾國藩湊了九千餘人，由休寧分西北二路向徽州進犯，想打通浙、皖交通。沒想到隔年四月十四日，卻被太平軍打得落花流水，曾國藩狼狽地跑回祁門，左右兩位副將還賠了性命。

之後，忠王李秀成又在江西攻下景德鎮，乘勝圍攻祁門，勢如破竹，曾國藩只好又再度選擇尋死以謝世人，但仍然被救了起來。

幸好，左宗棠領隊在樂平痛毆太平軍，李秀成聞訊，只好撤圍祁門。

北路太平軍，仍然勢如破竹地向湖北省挺進，四月二十二日，攻克廣濟、黃梅等地，已到了安慶周邊。

2 兵援

陳玉成與援軍黃文金、林紹璋等部，被多隆阿一軍切斷，又因江水上漲，陳玉成一部被綀潭湖水所阻，無法在軍事行動上連成一氣，只好暫且屯駐於集賢關外。

當時的守將是胡林翼，見狀心急如焚，做夢也想不到太平軍竟然會直搗而入，連忙飛書請調各方水陸援軍企圖援救，結果卻緩不濟急。

這時武昌城內已發生混亂，各糧台軍火總局，聞訊盡散，主管糧台軍火的閻敬銘更嚇得上吊尋死；守城的綠營兵，總計不滿三千，而負責鎮守武昌的總督官文，只是個昏庸無能的老頭子。見此，胡林翼料定武昌必失，認爲大勢已去，一時間吐血的老毛病又犯了，臉色蒼白，明白自己肯定活不長了。

按當時太平軍進展的順利情況來看，武昌肯定勢在必得，沒想到，歷史偏偏不是按這條路走。因爲，清軍的「外國友人」出馬了，極力勸阻陳玉成不許攻打武漢，否則大家就武力解決。由於陳玉成對這些「洋兄弟」還存在幻想，便停止向武漢進攻的腳步，改往麻城、德安一帶進軍，才剛取得的戰果就這樣一手丟開了。

進攻安慶的曾國荃聽到這個消息，喜出望外，馬上採取深壘高牆、步步爲營的圍攻戰術，花了一年多的時間，才在安慶城外掘出三道長溝，一道用以拒城內太平軍的出擊，一道用以阻止外地太平軍的援師，另在距清營較遠的一道，則用以護衛圍師各營，並在濠外駐壘用以環攻。

另外，還有清軍多隆阿領著一萬餘人馬，屯駐在桐城烏石山、田凸山等地，李續宜（即李續賓的弟弟）也領一萬餘人屯於桐城青草塥八里亭，專門阻擊那些從桐城來援的太平軍；安慶南岸以及沿江各隘口等地更不用說，也有湘軍駐紮。

這部署十分完善，由於清軍多隆阿部與李續宜部的駐地，是太平軍援救安慶的必經要道，太平軍如不能打破這一路兵馬，進援安慶就成了泡影。

幾次下來，援軍果眞因在此路受阻而不得不退回桐城。

英王陳玉成因安慶軍事吃緊，又不能直取武昌，和南岸太平軍李秀成部也因隔江不能互通消息，只好分兵留守湖北攻克的各城市，自己則親率精兵回救安慶，駐紮在安慶集賢關，並在北岸築起十三座營壘。

安慶守將葉芸來是土生土長的廣西人，一直跟著陳玉成混，為了保住安慶，也沒少下功夫。他不僅城內加強防護，還出城屯兵於南岸，築有五座營壘，與陳玉成部相為犄角，當城內守兵輪番出擊時，南北兩岸的營壘便分起接應。

太平軍在湖內多置小船，欲使城內與城外得以互通有無，不過，由於曾國荃在菱湖東岸築有營壘，又調水師入湖，太平軍往來交通經常因而受阻。

陳玉成為了增加安慶城內的防禦力量，在一八六一年四月二十七日，調動駐守天長、六合一帶的忠王李秀成部將吳定彩前來助陣，並令其率部一千餘人，直接衝進安慶城內。不料，吳定彩雖然猛，但帶的兵力太少，又不是李秀成手下的精銳，戰鬥力和行動力都不夠，無法直入安慶城中。

原來，此時李秀成把心思放在蘇、浙一帶上，根本抽不出大量兵力以援安慶。

曾國荃見久攻不下，便命軍士撤出一角，想誘使城內太平軍退走，並趁機予以殲滅。後見城內太平軍守將葉芸來、張朝爵等人堅守不退，清軍又開始掘濠，把菱湖南北的各座營壘團團圍住。

這時，太平天國領導集團，為了援救安慶而做出第二次軍事部署，一八六一年五月一日，干王洪仁玕、章王林紹璋等率領太平軍從天京出發西援安慶。

盧江、桐城的太平軍前軍主將吳如孝部二萬餘人，則從桐城新安渡到橫山鋪和練潭一帶與洪仁玕、林紹璋所率的太平軍會師。

戰場上，陳玉成與葉芸來正指揮太平軍在菱湖一線與湘軍展開交戰，未分勝負。

第二天，太平軍洪仁玕、林紹璋、吳如孝等人在練潭、橫山鋪一帶連營三十餘里，卻被清軍副都統多隆阿率眾將從高路鋪分數路擊潰，連掛車河的陣地也被多隆阿奪取，只好撤回桐城。

二次援救計劃失敗後，緊接著又進行第三次援救部署。

太平軍定南主將黃文金率領精銳步卒七千餘人，從蕪湖過江，聯合林紹璋及撚軍二萬餘人，駐壘於桐城天林莊。這次太平軍和撚軍的聲勢，使湘軍的大頭目曾國藩也感到非常惶恐，刻意囑咐曾國荃「安慶得失，關係天下安危」，讓他務必堅守半個月以上，另外，也要求胡林翼盡速派人趕來增援。

五月六日，太平軍黃文金會同林紹璋、吳如孝部與撚軍聯合進攻桐城新安渡，掛車河的清軍營地。

不幸，太平軍的進攻再一次被清多隆阿擊退，被迫放棄天林莊四周營壘。

曾國藩此刻已從祁門趕赴東流，急令鮑超率眾渡江，從側面進攻太平軍。

陳玉成與援軍黃文金、林紹璋等部，被多隆阿一軍切斷，又因江水上漲，陳玉成部被練潭湖水所阻，無法在軍事行動上連成一氣，只好暫且屯駐於集賢關外。為了研究援救安慶的兵力部署與協同作戰的辦法，英王陳玉成決定留下一部分人率領精兵駐守集賢關十三座營壘及赤崗嶺四壘，他則親自到桐城與林紹璋、吳如孝等人開會擬定計劃。

陳玉成到桐城後，太平軍被駐守在桐城青草塥，釣魚鋪的清軍多隆阿部探悉，於是在半路上偷襲。

太平軍被「埋伏攔殺其軍」而損失千餘人，只帶了數百人突圍，轉入桐城。

英王、干王、章王等人會商後，決定四度出兵援救安慶。五月二十三日，陳玉成、洪仁玕、林紹璋、及黃文金等人統領太平軍會合捻軍孫葵心的三萬餘人，從桐城掛車河一直到棋盤嶺連營二十里，築下數十座營壘，聲勢極為駭人。

陳玉成率部在黃家鋪攻破清軍團卡，又調黃文金部四千餘人埋伏於山崗；會同洪仁玕、林紹璋等部分三路前進，再援安慶，結果又被多隆阿部和李續宜部所阻，太平軍營壘被毀，損失千餘人，只好又退回桐城。

安慶前線的太平軍戰事一再失利的時候，皖南太平軍為了誘吸太平軍的圍師，減輕對安慶的壓力，派兵攻下黟縣，西逼祁門。吸軍一事進展太慢，而安慶圍攻益急，除北門外三壘外，其他各門及東門月城均已被曾國荃攻毀。

3 痛失安慶

由於長時間沒有糧食，城內的太平軍一個個餓得面黃肌瘦，連拿刀的力氣都快沒了，清軍很快便控制住局面，安慶就此失守。

英王陳玉成得悉後，決定再做最後一次援救，會同輔王楊輔清、章王林紹璋、定南主將黃文金等人分三路進攻。英王、輔王率部從太湖取道小池驛與黃泥港、東驅清河、王橋頭、高樓嶺、高河埠與馬鞍山；章王林紹璋則與吳如孝率部從桐城西邊進至掛車河與蔣家山；黃文金部自東路呂亭驛繞至雞公廟與廨子嶺。

清軍方面，以多隆阿爲主，阻擊太平軍林紹璋與吳如孝部的進攻；總兵雷正綰、副將王可升等部堵擊太平軍黃文金部。

結果，太平軍的反攻部隊，幾乎都被清軍牽制住不能前進，蔣家山及高河埠的營壘也被敵人摧毀，只有陳玉成、楊輔清一路取得勝利，順利進發。六月二十四日，太平軍陳、楊等部粉碎清軍的抵抗而重新佔領集賢關，又在關口毛嶺十里鋪駐壘四十餘座固守，安慶城內太平軍葉芸來、吳定彩等人亦率部分四處出擊接應。

二十五日，陳玉成、楊輔清親自上前線，指揮太平軍分成十餘路，以扇形從集賢關出發，反攻安慶圍師的後濠，清軍拼命抵抗，戰局僵持不下。

戰局發展到這個階段，攻守雙方都極度緊張，幾乎日日夜夜血戰。

八月二十七日，陳玉成、楊輔清又重新組織反攻部隊，發起新一波的猛烈攻勢，城內守將葉芸來也率部傾城而出，攻破安慶城外第一層濠。

曾國荃急得親自上火線驅使士兵拼命反攻，失去舊壘又築新壘。

陳、楊二人指揮太平軍從河道十里鋪以東撲新壘，猛攻十餘次，展開連續性的白刃戰，卻因清軍憑壘頑抗，以炮相擊，反倒損失三千多人，只好停止反攻。

太平軍的援軍與城內的守軍，本來依靠菱湖小船互通消息和依靠它送糧食入城接濟，後因菱湖南北兩岸營壘失陷，清軍水師便完全控制住湖內交通。

當太平軍最後一次救援安慶時，陳玉成佔領集賢關及在河十里鋪駐壘，又在菱湖北岸築壘，保護小船能運糧入城，藉此恢復城內外的聯絡。

不過，由於清軍從洋人手裡買了一部分洋炮，威力強大，經常破壞或截獲太平軍運送入城的糧食及城內資送陳玉成的大炮等武器，糧食仍是常常短缺。

曾國荃趁安慶城外的太平天國援軍失利與城內太平軍糧絕的大好機會，在一八六一年九月五日，水陸齊下地猛攻安慶城。清軍事先已在西門偷偷挖地道埋地雷，只聽轟隆一聲巨響，城塌數尺，清軍趁機衝入城內。由於長時間沒有糧食，城內的太平軍個個餓得面黃肌瘦，連拿刀的力氣都快沒了，清軍很快便控制住局面，安慶就此失守。

曾國荃在對待俘虜問題上絕不客氣，城內兩萬多人一個不留，統統殺掉。葉芸來、吳定彩也做了刀下之鬼。

一八六一年是一個特殊的年代，就在這一年，咸豐同志光榮去世，享年三十一歲，在位僅十一年。有人說他是無遠見、無膽識、無才能、無作爲的「四無」皇帝。其實，咸豐還是做過一些正事，重用了曾國藩、左宗棠等人。他也想過要改善民生，要社會安定……可惜最後在困難與危機面前，他選擇了逃避。

後來，咸豐經由發洩性欲來求得心理上的絲絲快感，外界壓力與無限制的性生活終於奪走這個年輕而悲哀的生命。

筆者認爲，咸豐這輩子最大的悲哀不是在這個「四無」問題上，而是培養出一個遺臭萬年的老娘們——慈禧。

也是在這一年，剛剛攻下安慶，身爲晚清四大名臣的胡林翼終於吐完他人生中的最後一滴血，無奈地離開人間。

同一時間，陳玉成因痛失安慶而被洪秀全革職，死亡也離他更近了一步。

時間暫且拉回到一八六〇年五月十一日，當時洪仁玕、陳玉成、李秀成、李世賢、楊輔清等人正沉浸在攻破兩大營的喜悅當中。

既然天京的威脅又再一次解除，接下來關注的自然是下一步棋該怎麼走。

英王陳玉成主張把主力放在安徽，認爲安慶是天京的重要屏障，同時進軍安徽，湘軍勢必來救，便直接在安徽與其決一死戰。

忠王李秀成則對東進江浙一帶更加熱衷，認爲江浙一帶的物產豐富，加上那裡清軍實力空虛，正好可作爲天京的後勤儲備基地。

兩種看法都有各自的道理，但拍板的人是洪仁玕。洪仁玕是從香港回來的，對江、浙一帶十分瞭解，對上海也有一份特殊情感情，贊同李秀成的看法。

如此一來，洪秀全便採納洪仁玕、李秀成關於先取蘇、常，後攻天京上游的主張，命令李秀成率軍東征蘇常，並限期一個月完成任務。李秀成會同李世賢、楊輔清等人聯合東進，與此同時，陳玉成率部渡江往攻揚州，以牽制江北清軍，使其不得南援。

五月十五日，東征大軍數萬人由天京出發，當天佔領句容，十九日便大敗清軍於丹陽城外，進佔該城。清軍死傷萬餘人，湖北提督王浚等被擊斃，和春等人逃往常州，張國梁在逃跑時還不慎落水溺死。

攻克丹陽後，太平軍繼續追殲潰敵，五月二十三日，開始進逼攻常州。

常州城馬上就被太平軍佔領，和春繼續逃至蘇州西北的滸墅關，終於抵擋不住外界的壓力和內心鬱悶，抽出鋼刀，刎頸而死，其餘殘兵退守無錫。

五月三十日，太平軍佔領無錫，清軍繼續敗退蘇州。

六月二日，太平軍進抵蘇州城下，在內應配合下，輕取蘇州城，殺江蘇巡撫及按察使等重要官員多人，收降清軍五、六萬，更重要的是，繳獲大批洋槍洋炮。

在李秀成、李世賢、楊輔清等部進攻常州同時，陳玉成督軍進逼揚州，因作戰失利，旋即揮師西向，於六月二日再攻安徽全椒，中旬又撤圍南返天京。

東征太平軍佔領蘇州後，即向周圍擴大戰果。

李秀成分兵繼續東進，於六月中旬攻佔昆山、太倉、嘉定、青浦，七月一日攻克松江。李世賢部則於六月十三日攻克吳江後繼續南進，於十五日攻佔浙江嘉興，準備進軍杭州。楊輔清部也於六月中旬一度佔領浙江長興，後經江蘇宜興西入安徽南部。

4 忠王的輝煌一戰

此時杭州已是一座孤城，糧食嚴重短缺，已經快要支持不住，李秀成趁熱打鐵，猛攻杭州城，最後，終於在十二月二九日徹底攻下杭州。

太平軍自五月十五日從天京出發，在一個半月內，即佔領長江三角洲除上海等以外的大部地區，取得了開拓蘇常根據地的重大勝利。

得獲捷報後，太平天國將這個經濟上最富庶的地區置爲蘇福省，建立起地方政權，鼓勵發展生產及貿易，使其成爲日後數年間源源供給天京財糧的重要基地。

太平軍攻佔蘇常後，李秀成想趁勝進圖上海。但是，他把這個問題想得太簡單了，要進攻上海，不僅只是個軍事問題，還需要面對複雜的外交問題。

上海自第一次鴉片戰爭後，已列爲五口通商口岸之一，到了一八四三年《虎門條約》，又規定英國可在上海設「居留地」，也就是所謂的租界。其後美、法租界亦相繼設立，更在租界設「工部局」，不受中國當局治理，儼然成了「國中之國」。

至十九世紀五十年代，上海已成爲中外貿易的主要商埠，因此西方各必定會竭力將它控制在自己勢力範圍內。

太平天國一旦進攻上海，必會觸犯侵略者的利益，他們肯定要出面調停，口頭調停不成，就直接用武力調停。

很快地，英法侵略者以維護商業爲名，宣佈「保衛」上海。

同時，以上海鉅賈楊坊爲首的買辦官僚們，一方面向英法積極求救，一方面雇用美國人華爾出面組織「洋槍隊」，試圖用武力鎮壓太平軍。

大家小時候學初中歷史，都知道洋槍隊和華爾是和清政府勾結扼殺太平天國運動的劊子手，但是，很多內幕卻往往不爲人所知，下面我們就來揭穿：

一、洋槍隊成員主要是中國人，只有少少的一些外國流浪漢組成的雇傭軍來幫助訓練而已。

二、太平軍自己也有洋槍隊，而且裡面也同樣有很多洋人組成的雇傭軍。

三、太平軍不但有洋人，而且清政府洋槍隊的一個前任副隊長後來叛變出逃到蘇州，幫助太平軍訓練洋槍隊。

太平軍因爲宗教信仰，把基督教國家的人當作是兄弟姐妹，對「洋兄弟」一直懷有好感，歡迎所有「洋兄弟」前來「協助」太平軍「殲滅清妖」或「經營商業」。

太平天國後期，蘇、浙各地太平軍中的西洋槍炮武器爲數已相當可觀，還有專門使用西洋武器的「洋槍隊」、「洋炮隊」等分類。更讓人意想不到的是，在這個隊伍裡既有美國人，又有英國人，甚至還有荷蘭人。

這些武裝對清軍造成巨大打擊，以致李鴻章得出對付太平軍，「唯有多用西洋軍火制之」的結論。對洋槍威力的充分認識，也是促使日後李鴻章堅定洋務運動的一個重要起因。

太平軍何以能搞到這麼多洋槍洋炮？事實上，爲清軍提供軍火的商人也常常爲太平軍所利用，因爲他們並不嚴格挑選顧客，只要顧客能出高價即可，有一年，太平軍僅在新加坡就購進「三千尊各種口徑的大炮」。

太平天國後期，蘇、浙各地太平軍已經比較普遍地熟悉或掌握了洋槍洋炮的使用技術，當然，這些技術主要是由太平軍中的「洋兄弟」傳授的。

太平軍不僅學會如何使用西式槍炮，還開始學習製造西式槍炮彈藥，甚至有些人已經初步掌握製造西式槍炮彈藥的技術。

行政方面，太平天國至少在吳淞、蘇州、昆山三處設立過兵工廠製造西式槍炮彈藥。一八六二年九月，清政府的洋槍隊隊長華爾在一場戰鬥中，被太平軍的炮彈炸死，白齊文接任統領。

一八六三年初，白齊文向自己的頂頭上司楊坊追討欠餉，見楊坊推三阻四，便當場打他一記耳光，指揮手下搶去庫銀四萬兩。畏罪逃跑途中，白齊文又劫走了一艘軍用汽艇。楊坊氣得大罵道：「你們簡直是流氓。」

白齊文一夥逃去哪兒了？

說來搞笑，這位洋槍隊的叛徒竟攜械直奔蘇州，投靠了太平軍，幫李秀成訓練太平天國的「常勝軍」來對付清軍！

經過反覆考慮，李秀成還是決定進攻上海，但在沒有調集足夠兵力，進行必要準備與合理部署的情況下貿然行動，又把希望寄託在列強的中立和清軍內應的配合上，結果兩者落空，唾手而得上海的願望頓成泡影。

如此一敗，不但助長了清軍的志氣，而且還耽誤了以後攻鄂救皖的時間。

在英法侵略者尚未撕下「中立」外衣，也未主動向太平軍進攻的情況下，太平軍本應暫緩進逼上海，佔領蘇常之後立即回師西進，集中力量打擊對自己威脅最大的湘軍，發展和鞏固天京上游的根據地才是。

一八六一年四月，李世賢在江西樂平戰敗之後，隨即回師浙江，於五月初佔領常山、江山，而後分路東進，連占遂安（今淳安西南）、壽昌（今建德西南）、龍遊（今衢縣東）、金華。六月，又連占遂昌、松陽、處州、永康。七月下旬，一度佔領嚴州。

李世賢是李秀成的堂弟，生於一八三四年，在《李秀成自述》中，幾次記載「李世賢勇猛剛強」，是一員虎將。在天京事變及石達開出走後，出現朝中無臣、軍中無將的地步，這時李世賢在李秀成推薦下，進入太平軍的領導層，被封爲侍王。

李世賢的前鋒部隊進抵諸暨、東陽一線，浙江西部和中部的大部地區已在太平軍的控制之下。

同年七月十九日，從湖北退入江西義寧州和武寧一帶的李秀成部早已進佔靖安，逼近南昌。曾國藩在東流聞訊，急調原擬援鄂的鮑超部七千人由宿松南渡長江，經九江馳援南昌。

八月十四日，李秀成率部由瑞州府進向臨江府。二十四日，見鮑超率部經瑞州南下，李部即東渡贛江，屯於樟樹鎮一帶。

二十七日，李部分三路沿贛江北攻南昌，在豐城被鮑部所敗。

李秀成不敢戀戰，於三十日率部東驅撫州府，於九月八日撤圍東走，在河口鎮一帶會合自廣西東返的石達開舊部共約二十萬人。之後，李秀成便率領號稱七十萬人的大軍，進入浙江。十月五日，他跟隨石達開先前的進攻路線，圍攻浙江衢州，結果仍然沒有成功。

見未能攻下，李秀成便直接繞開衢州，撤圍東走，過蘭溪北上嚴州，與正在圍攻該城的李世賢一部會合。隨後，李秀成率軍北進，連下新城（今富陽西南）、臨安二處，於二十日佔領杭州西面的餘杭，進逼省城。

很快李秀成部完成了對杭州的包圍，切斷了守城清軍與外部的聯繫。

此時杭州已是一座孤城，糧食嚴重短缺，已經快要支持不住，李秀成趁熱打鐵，猛攻杭州城，最後，終於在十二月二九日徹底攻下。杭州城一戰，自殺和生擒的清軍二品以上官員不少於十人，這也是李秀成一生中最輝煌的時刻。

就在李秀成部進攻杭州的同時，李世賢也取得了可喜的成果。他兵分兩路向寧波推進，守城清軍紛紛潰逃，沒有遇到任何抵抗，太平軍就佔領了寧波府城。

第14章

肥皂泡的破滅

常州失陷後，太平軍開始兵敗如山倒，各路傳來的多是敗戰訊息，到一八六四年五月十三日，蘇南各城幾乎已被清軍攻陷，將之前在浙江等地轉戰三年取得的成果全數讓出。

1 苗同志的反叛

趁著第二次鴉片戰爭爆發時，苗同志便公然反清，宣佈與滿清政府徹底決裂，全心投入到太平天國的革命浪潮中。太平軍很重視苗沛霖帶來的人馬，立刻封他為「奏王」。

一八六一年九月，湘軍攻佔安慶後，曾國藩隨即由皖南進駐該城，籌劃進軍天京和圍殲太平軍的相關事宜。幾經思索，他決定先肅清沿江的太平軍，以鞏固大後方，實行所謂「欲拔根本，先剪枝葉」的方針。

曾國藩後來申述其理由說：「用兵之道，可進而不可退，算成必兼算敗。與其急進南京，師老無功而復退，何如先清後路，腳根已穩而後進。」

一八六一年九月上旬以後，湘軍除了趁安慶之勝先後奪下池州、銅陵、無為及其東北的運漕、東關等重鎮外，便暫時停止進攻，休整部隊，增募兵勇，調整部署，為進軍南京進行多方面的準備。

另一邊，洪秀全見安慶失守，基本上處於束手無策、自亂陣腳的狀態，只能眼睜睜地看著西線軍事形勢持續惡化。

安慶失守後，陳玉成受到革職處分，但仍繼續肩負堅守合肥的任務，另外，楊輔清、黃文金等各路援軍則陸續撤回安徽以南。

援軍撤離後，陳玉成一部在合肥地區中顯然變成孤軍，爲了擴大實力，只能利用當地資源，繼續招兵買馬。

安慶的失守，讓陳玉成陷入極度苦惱之中，但接下來他發現自己比預期中的更加勢單力薄。原本在安徽除了陳玉成一部分太平軍，還有張樂行的捻軍，但捻軍基本上屬於流動作戰，與太平軍之間也是保持著若即若離的關係，稱不上盟軍，一見沒甜頭，便退出安徽一區，另謀發展。

清軍要的就是這種情況，好實行曾國藩的步步緊逼政策。

安慶一戰整慘了陳玉成，卻成就清營裡的多隆阿，很快被擢升一級，成爲荊州將軍。在多隆阿看來，只打下安慶根本不夠，把太平軍徹底趕出安徽才是最終目的。

此時合肥城內缺兵少糧，固守合肥只有死路一條，陳玉成只好採納部下苗沛霖的建議，離開合肥向壽州進發。

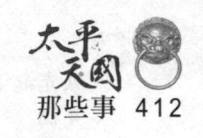

苗同志，字雨三，安徽鳳台人，秀才出身，做過教師。

不過，這位苗同志可是個反覆無常的混蛋，今天是清軍，明天就變成太平軍，後天又變成清軍……身分多變不一。

一八五六年，他在鄉舉辦團練，與捻軍作戰，口口聲聲說要爲民除害，保一方平安，但接下來的舉動卻讓人難以理解。

剿了幾年捻軍，苗同志感覺自己力量強大，竟然自立門戶，把當地的清軍趕跑了，自己做了土皇帝。孰料沒多久，苗同志的日子不好過了，馬上又投靠勝保，還弄了個正廳級幹部的官位來當，但這種地方幹部級的位置根本滿足不了他的胃口。

一八六〇年，趁著第二次鴉片戰爭爆發時，苗同志便公然反清，宣佈與滿清政府徹底決裂，全心投入到太平天國的革命浪潮中。

太平軍很重視苗沛霖帶來的人馬，立刻封他爲「奏王」。

一開始苗沛霖心裡得意高興得很，看看人家太平天國多大方啊！自己初來乍到就被封了個王，後來他才知道，像自己這樣的王在太平天國裡至少有上百個，一點都不值錢！

這下子苗同志心裡不痛快了，老子要人有人，要能力有能力，跟你混圖個啥，不就是升官發財嗎？結果你他娘的竟然只用個小王頭銜就想打發老子？

自此，一顆不滿的種子埋在苗同志的心裡，迅速地萌發。

很快，機會來了，太平軍丟失安慶，陳玉成如落水之狗，苗同志又開始心思活動起來，開始私下與勝保聯繫，表示願意合作，並且獻出一份大禮，這份大禮便是陳玉成。

此刻的陳玉成還被蒙在鼓裡，聽從苗同志的建議率軍隊離開合肥，直奔壽州。

他手下的人早就餓壞了，一聽到陳玉成說壽州城裡糧食又多又好，便立馬拼命往前趕，好準備開個大灶，餵飽自己肚皮。

這些人完全不知道，壽州裡有一張大網正心急地等著他們。

陳玉成上一秒還在誇獎苗沛霖的主意，可入了壽州城後，便中了清軍的埋伏，自己也被生擒，這時才明白中計了。

苗沛霖走到陳玉成面前，深沉地說了幾句很俗很俗的話，「小夥子，薑還是老的辣，以後到地下慢慢學習吧！」

陳玉成氣得差點沒吐血，怒喝道：「反覆無常的小人，你不配跟我講話！」

苗沛霖冷笑著不搭，在他眼裡，「忠」這個字可有可無，投降勝保不到半年，又扛起了反清的大旗。

不過這次，他可沒那麼幸運了，因爲根本沒人敢收留他，人要混到這個地步也很不容易，就像三國的呂布一樣。

苗沛霖死得也算合乎天意，他不是被清軍所殺，也不是被太平軍所殺，而是被自己的部下殺死。

綜觀苗同志的一生，無非是權謀的一生，但陰謀和權術，卻永遠不可能代替實力，因爲陰謀只是戰術，不能代替戰略，更不可能代替戰鬥。最後總決定鬥爭成敗的還是力量，而不是陰謀。

陳玉成被抓住以後，不久就被押往勝保的軍營。

相較於苗沛霖，勝保更想招降陳玉成，一是這小夥子年輕，前途無量，二是陳玉成長得帥氣，誰見到都很喜歡，儼然是一個美男子。

不管在任何時代，帥哥美女都會受人歡迎，起碼第一印象就讓人感覺到舒服。

勝保曾多次勸陳玉成投降，「你小小年紀的，能做的事情的一大堆，爲何執迷不悟呢？還是投降吧。」

但陳玉成給勝保的答覆很簡單，「別廢話，大丈夫何懼死爾？」

勝保搖搖頭，歎了一口氣，「哎！可惜啊……」將手一揮，又命屬下把人帶回牢中。

2 新秀的殞落

英王之死，在太平天國內部造成劇烈震動，洪秀全甚至嘆道：「玉成之死，乃天國之悲哀。」然而，後悔已經來不及了。現在太平天國裡只剩下一個英勇善戰的李秀成。

一八六二年六月四日，陳玉成死於河南延津，當時只有二十六歲。

有人或許會問，為什麼陳玉成對天平天國有這麼深的感情，寧可受凌遲之苦，也不願投降滿清？

這事還得從頭說起，當陳玉成十四歲時，跟著叔父陳承鎔參加金田起義，此後一直驍勇善戰，戰功顯赫。洪秀全見其忠勇，特地賜名「玉成」。這二個字，是老洪根據北宋哲學家張載的文章取出來的，可見對他的愛護並非後人憑空捏造。

太平天國的諸王中，沒有哪一位能像陳玉成這樣才貌雙全，年紀輕輕就建功立業，他「談屬極風雅，熟讀歷代兵史」，另外，在一位外國觀察家的著述裡，甚至說陳玉成是他見過的「最漂亮的中國人」。

一個農民出身的武夫，能孜孜不倦地學習，實在難能可貴，更難得的是，他那既自律又體貼軍民的個性。

陳玉成的部下曾說過，「英王生平有三樣好處：第一愛讀書人，第二愛老百姓，第三不好色。」

可惜，陳玉成的悲劇，也源自於他單純的內心。

封王後的陳玉成，並沒有完全得到洪秀全的信任，隨後，洪秀全開始大規模封王，數目上千，這些王爵在級別上雖然低於英王和忠王，管理起來卻大爲不易。

陳玉成不善交際，連曾一起打拼的李秀成也和他生有嫌隙。

一八六一年，陳玉成和李秀成相約在安慶對決曾國藩，李秀成卻沒如期趕來。

九月安慶失守後，洪秀全將這筆帳全部算在陳玉成的頭上，將其革職，又封了他幾個部下爲王。

此番處分過後，洪天王不曉得是不是腦袋進水，竟再次命令陳玉成率領舊部將執行新任務。一腔熱血的陳玉成在被革職後，多少有點灰心，加上手下個個變成王爵，他再也指揮不動這群老部屬，只好帶著其中一小部分部隊，輾轉於安徽各地，最後落腳合肥。

在走投無路時，他接受了苗沛霖的邀請，前往壽州，卻就此走進死局，被擒後，他仍然感念洪秀全的恩德，誓死也不願投降。

英王之死，在太平天國內部造成劇烈震動，洪秀全甚至嘆道：「玉成之死，乃天國之悲哀。」然而，後悔已經來不及了。

現在太平天國裡只剩下一個英勇善戰的李秀成，卻也只能迫於時勢，四處打打補丁，無力地看著天國慢慢殞落。

安慶一戰，帶給清政府一片新氣象。剛上任的同治皇帝——確切說來，應該是慈禧這位老婆子，為了拉攏人心，便加封曾國藩為協辦大學士（相當於政治局委員），並且統領江蘇、安徽、江西、浙江四省兵馬。

當任命的消息傳來，曾國藩不敢相信這是真的，訝嘆道：「清朝二百年來，哪個外臣能有如此崇高的權位？」

轉念一想，曾先生便也慢慢平靜了心情，明白這只不過是朝廷想拿甜頭讓自己更努力的手段而已。人生不過就是如此，最可悲的不是被利用，而是根本沒有人想利用你。

陳玉成既死，清軍的下一個目標就是李秀成，一八六三年初，曾國藩的學生李鴻章開始籌劃攻取蘇州的方案。

只要有點歷史常識的人，應該都會知道李鴻章的名號。他是安徽合肥人，早期在曾國藩旗下做幕僚，軍事能力逐漸顯露，之後亦按著湘軍的形式訓練軍武，最具代表意義的，當屬他手下的淮軍。

李鴻章和淮軍的發跡史便從此年出發，第一個目標是蘇州。

他認爲蘇、常二地物產豐富，爲天京之根本，太平軍必定會死守力爭，加上江南多水的環境條件，進攻實是不易。

同時，自己能調動的兵力僅僅四萬餘人，又分佈在常熟至金山衛之間的廣闊地帶，能用於直攻蘇州的兵力十分有限。

經過分析，李鴻章決定採取「規取遠勢，以翦蘇州枝葉，而後圖其根本」的方針，並以此擬出一項「以剿爲堵」的三路進攻計劃：中路從昆山直趨蘇州；北路由常熟進攻江陰、無錫；南路則經泖澱湖攻吳江、平望、太湖，切斷浙江太平軍的進援之道。

面對清軍這三路攻勢，實力大不如前的太平軍根本無法做好萬全準備，清軍輕輕鬆鬆地於十二月四日時佔領蘇州。

十二月十二日，無錫失守，淮軍攻陷蘇州、無錫後兵分兩路，一路進發浙江嘉興，一路則準備進攻重點目標：常州。

此時，太平軍才終於反應過來，明白淮軍實際人數並不多，爲了阻止其進攻，決定分出部分太平軍深入敵軍大後方，打亂淮軍的進攻路線，迫使李鴻章不得不從前線抽調部隊回援，減輕常州等地的壓力。

沒想到，這支特地派出去擾亂清軍的太平軍深入敵佔區後，竟熱衷於圍攻城市，還和回援的清軍進行正面交鋒，完全沒有按照先前的游擊戰方針行動，最後被淮軍擊敗，幾乎沒有什麼重要貢獻。

淮軍在肅清突入江陰、常熟、無錫境內的太平軍後，又聚回常州周邊，採取水陸雙面作戰，一舉攻佔常州西南方的陳渡橋，將太平軍通往金壇、丹陽的管道全數切斷。

見常州城外據點盡失，太平軍只得全體退入城內固守，雖然常州城的大小南門和北門城牆已被淮軍轟塌數處，仍是頑強抵抗，多次擊退淮軍的正面衝鋒。

情急之下，李鴻章直接下令淮軍在城壕外構築長牆，移近軍中大炮，晚上又悄悄地在護城河上架起浮橋，待時機成熟，便下令發動總攻。

淮軍以大炮對準先前轟出的舊缺口持續重擊，確定南城、北城各被轟垮十餘丈後，便由缺口大舉衝入城內。

雙方一番血戰過後，常州失陷。

3 忠王之死

李秀成並不是窩窩囊囊地死在牢中。曾國藩幕僚趙烈文曾在日記中記述，李秀成在刑場「復作絕命詞十句……遂就誅」，這樣的骨氣，是否真的會作詞求生？

常州失陷後，太平軍方面兵敗如山倒，各路傳來的多是敗戰訊息，到一八六四年五月十三日，蘇南各城幾乎已被清軍攻陷，將在浙江等地轉戰三年來取得的成果全數讓出。由於蘇南與浙江根據地的喪失，使天京的東南屏障不復存在，軍需和糧食的供應也徹底斷絕，完全陷入被動局面。

更慘的是，當淮軍在蘇常一帶作戰時，湘軍也沒有閒著，加緊對天京的圍攻步伐，在一八六三年六月時，順利攻破九洑洲，控制住長江北岸。

九月，曾國荃部亦攻佔天京城東南的上方橋和城西南的江東橋。

一八六四年一月上旬，湘軍連續攻下城東南的上方門、高橋門、雙橋門、七橋甕以及秣陵關、中和橋。

至此，太平軍在紫金山西南的要點已全部失守。

此時的天京，南面危機重重，北方無險可守，安慶也控制在清軍手上，除非出現奇蹟，否則留在天京裡，肯定只有死路一條。

十一月二十五日，曾國荃進駐城東孝陵衛。

這時，天京城只有太平門、神策門尚與外界相通，危在旦夕。

十二月二十日，李秀成返回天京，向洪秀全提出建議，「眼下天京已經保不住了，不如突圍出處，以待東山再起。」

此項建議合情合理，不料洪秀全卻厲聲斥責，「朕奉上帝聖旨、天兄耶穌聖旨下凡，作天下萬國獨一眞主，何具（懼）之有。……朕鐵桶江山，爾不扶，有人扶。爾說無兵，朕之天兵多過與（於）水，何具（懼）曾（妖）者乎！」

當時，洪秀全能選擇的只有兩條路，一是死守天京，與孤城共存亡；一是讓城另走，擺脫被圍的困境，收集殘餘的太平軍，重整旗鼓，再作良圖。

不論誰來權衡利弊，都會明白，後者才是太平軍唯一的出路，因爲當時的天京尚未完全中斷與外面的聯繫，突圍仍有可能。

更重要的是，這時散佈於各地的太平軍尚有數十萬之衆，若能在洪秀全號召下重新集中統一指揮，只要實行正確的戰略，想打出新的局面仍是大有可爲。

只是，洪秀全的腦子已經完全壞了，明明知道上帝不管用，還沉浸在自己的演技中無法自拔，無論李秀成如何勸阻，不走就是不走。

面對洪秀全的無可救藥，李秀成並沒有打包行李落跑，而是繼續留在天京，陪同領導做最後的掙扎。

可惜無論太平軍怎樣抵抗，結果都是一樣，洪秀全的固執註定了天京的結局。

一八六四年二月二十八日，湘軍攻佔了紫金山巔的天保城。

三月二日，曾國荃一部進攻太平門、神策門，對天京形成合圍，並於三月十四日時直接指揮雲梯攻城。

李秀成帶兵奮力抵抗，並未讓其得逞。

從一八六四年四月開始，湘軍攻打南京的炮聲就沒有停止過，天京城內一片恐慌，更要命的是由於湘軍長時間圍堵，城內已經沒有任何糧食，包括洪秀全在內，大家都得開始吃野菜。

直到此刻，洪秀全還在唬弄百姓，故意將野菜喚作「甜露」，還告訴大家吃下去便能長生不老。

老百姓吃下去後，結果可想而知，長生不老非但不可能，倒提前去「天堂」了。

一八六四年五月，洪秀全由於長時間食用「甜露」，患上了嚴重的營養不良與胃腸感染，但他還在玩執著，什麼藥都不吃，硬說自己又見到上帝了。

一八六四年六月一日，老洪終於伴隨著兒時的回憶離開人世，到了自己一生夢想的「天堂」去。

綜觀洪天王的一生，因爲做夢而造反成功，又因爲做夢而一敗塗地，這既是一齣悲劇，也是一齣令人悲嘆的鬧劇。

洪秀全死後，天京內部更加惶恐不安，全朝文武扶持老洪的兒子，也就是幼天王洪天貴福即位，軍政事務則歸忠王李秀成執掌。

當時，天京被攻破只是時間早晚的問題，但李秀成執意率軍出擊被曾國荃佔領的太平門，弄得曾國荃措手不及，這份勇猛更讓湘軍上下爲之膽寒。

這場衝突後，曾國荃連連稱讚李秀成「眞乃長毛第一猛將」。

七月三日起，湘軍又陸續展開大規模的攻勢，天京已完全暴露在湘軍面前。

李秀成見湘軍攻城在即，於七月十八日深夜，選派千餘人僞裝湘軍衝出城去，企圖破壞太平門附近的地道，卻被湘軍識破，無奈地返回城內。

一八六四年七月十九日，天京各大城門均被湘軍攻破，太平軍只能退至城中，與清軍展開各處巷戰。

李秀成見狀，慌忙趕到天王府，帶著洪天貴福往外跑。途經自己家時，李秀成奔入母親的房間大哭不止，「兒不孝，不能帶您走了，您的恩情兒子只能來世再報！」

語畢，便跨上戰馬，帶著小天王往城外奔去。

李秀成讓將士們換上湘軍的服裝，從被轟垮的缺口衝出城外，爲了掩護小天王，更把將士分成兩隊，自己領軍斷後。可偏偏這種危急時刻，總會有叛徒出現，李秀成率領的那支隊伍也不例外，最終被湘軍生擒。

李秀成被活捉後，曾國藩還不甘心，想抓到洪秀全這個大頭目，在天王府內搜掠三天三夜，卻沒見到老洪的影子，倒碰到一群披麻戴孝的女人。

這群女人跟瘋了一樣，見到湘軍就是砍。

湘軍被這群勇猛的女人驚住，有些沒緩過神來就被剁了，後來回過神來後才仗著人多勢眾，將府中女子全數殺死，無一生還。埋在地下的洪秀全恐怕永遠也不會知道，最忠於自己的，竟然是這群被他虐待過的女人。

沒有找到活的洪秀全，曾國藩開始在李秀成身上做起文章。

大多數歷史學者認爲李秀成在獄中寫了供詞，祈求曾國藩給一次生的機會，筆者仔細分析起來，這事實在有些站不住腳。

第一個問題便是，李秀成親供的手跡在什麼地方？對此，曾國藩始終諱莫如深，秘不示人。天京攻克是清朝第一喜事，這份報告不用說，一定由曾國藩親自操刀，加上有關李秀成乞降的記載，大多出現在清朝的官方資料上，可信度自然得打個折扣。

再者，李秀成爲了救洪秀全的兒子，連自己的老娘都不顧了，自己已經抱著必死的決心，難道會聽到凌遲兩字就害怕？

李秀成在獄中確實寫了東西，卻不一定是供詞，也未必是乞降書，只不過後來在那個所謂的乞降書被按上署名，眞正的內容卻掌握在曾國藩手裡。

據史料記載，李秀成並沒有窩窩囊囊地死在牢中。

曾國藩幕僚趙烈文曾在日記中記述，李秀成在刑場「復作絕命詞十句……遂就誅」，筆者於此抄錄其中四句詩，便足見忠王之英雄氣概。

英雄自古披肝膽，志士何嘗惜羽毛。

我欲乘風歸去也，卿雲橫亙斗牛高。

這樣的骨氣，是否眞的會畏懦求生？

曾國藩連自己的家書都能作假，何況一份小小的「供詞」，再看看他接下來的舉動與所謂匪類的太平軍又有何區別？

湘軍佔領天京城後，開始大肆搶劫，搶了不夠，爲了毀滅證據還放了一把大火，不管是太平軍或是普通老百姓，在湘軍面前就是一個字——死！

難道這些曾國藩都看不到，是曾大先生瞎了眼，還是部下手誤了？

曾經看過一本書，把曾國藩寫得簡直是超凡脫俗的聖人，筆者實在不以爲然，曾國藩絕對稱不上是什麼聖人，僅僅是一個能力比其他官僚突出的滿清官員。

每個人都有自己的原則，無論是好人還是壞人。

洪秀全造反，是爲了他的野心，曾國藩鎮壓，也是爲了他的野心，政治就是政治，不幸的是，所有的政治都打著爲國爲民的幌子。

曾國藩喜歡把自己標榜爲君子，換取老百姓和讀書人對自己的支持，使自己有了殺人如麻的「正當」理由，本質上跟洪秀全又有何區別？

第15章 徹底完蛋了

關鍵時刻，做主的是洪仁玕，小天王年紀太輕了，說話一點重量也沒有。果不其然，當太平軍睡得正香時，大批清兵趕到，將所有人團團圍住，小天王與洪仁玕在血戰中被兵馬衝散……

1 不安份的地主

張樂行與龔得樹等人結捻，聚眾萬餘人，攻佔河南永城。進入永城，張先生第一個去的地方就是監獄，不問牢裡的人犯了什麼罪，直接統統「大赦」，還他們自由。

在太平天軍後來的奮戰中，多了一道盟軍身影，叫作「捻軍」，這是太平天國時期北方的農民軍，起源於捻子。

捻子是民間的秘密組織，有人說源於清康熙年間，也有人說出現於明朝末年，成員主要是農民和手工業者，活動於皖北淝水和渦河流域一帶。

捻，作動詞使用之時，指用大拇指和食指把東西搓成條狀的動作，不過，捻子的「捻」需要當名詞用，意思是一小撮人。

在淮河南北兩岸的廣大地帶裡，民間燒香拜佛，往往聚集成小團體，從事迎神及驅逐疫鬼的工作，這一小撮人就稱為「一捻」。

加入燒香拜佛的民間組織後，百姓輾轉流亡乞食，跟丐幫差不多，乞不到食時，便向地主富戶搶，搶完了就跑，跑完了再搶，求得溫飽生活。

嘉慶末年，北方捻子日多，數十人至上百人不等，經常在安徽亳州、阜陽、河南三河尖、江蘇及山東一帶護送私鹽，甚至與清政府發生嚴重的武裝衝突，後來乾脆心一橫，直接攻打縣府城市，弄得地方政府焦頭爛額。

到了一八五三年，捻子在太平天國影響下也舉旗造反，號稱「捻軍」。清政府向來把他們當作盜匪剿捕，但捻軍熟悉地形，行蹤飄忽不定，充分利用特長，專打讓清政府傷透腦筋的游擊戰。

捻軍前期的首領叫張樂行，也有人說叫張洛行，是安徽亳州人。

有一點先說清楚的，這位張先生並非農民出身，也不是燒炭工，更不是要飯的捻子，家裡要吃有吃，要喝有喝，如果按階級來分，應該屬於小地主階級。

有人肯定要問了，好好的地主不當，為何偏偏要去造反，難道張先生有什麼難言之隱嗎？

其實，張先生雖然是地主，對自己手下的佃戶還算相當客氣，起碼沒有拳腳相加或是逼良爲娼的現象出現，在當地的名聲也很不錯。

他平常生活自在得很，整天除了收租子，就是掏鳥蛋，不過，時間久了，覺得現下這時局收租好像不太賺錢，又有點無聊，不如幹起其他的小買賣，賺些外快。

思來想去，張樂行決定包送私鹽。

鹽這個東西，不管是生產、運輸還是販賣，在古代向來被官家把持，民間要是敢插一腳，就是和政府作對，一旦有人跟政府作對，就要派軍圍剿。

張樂行一看大事不好，馬上灑錢聚集一群亡命之徒，與滿清政府公然對抗。

一八五二年，張樂行與龔得樹等人結捻，聚衆萬餘人，攻佔河南永城。

進入永城，張先生第一個去的地方就是監獄，不問牢裡的人犯了什麼罪，直接統統「大赦」，還他們自由。

這些囚犯當中有的是死刑，一被張樂行放出，立馬感激涕零，將張先生視爲救世主，對其言聽計從，拎著菜刀就上戰場貢獻熱血。

張先生估計沒少看明末演義，接下來又開倉放糧。

在亂世中，老百姓就喜歡這一口，一聽說放糧，乾脆活都不幹了，直接跟著張樂行去搶糧。如此一來，捻軍聲勢愈發看漲，在淮北一帶，有的村子竟然還全體加入捻軍，搞得當地政府根本不知該如何應對。

一八五二年十一月，張樂行認為時機已然成熟，便召開一場「武林大會」。各大捻首共計有十八人在雉河集（安徽渦陽縣）一同歃血為盟，推舉張樂行為盟主。

此次大會號稱「十八鋪聚義」，從此張樂行成為初期捻軍的最高首領。

一八五三年，林鳳祥及李開芳率領太平軍北伐經過淮北時，張樂行率軍響應，並自封「大漢永王」。

自古以來，農民軍都是如此大膽，不管手下有多少將領士兵，地盤有多大，哪怕只是佔了個村子，都敢直接稱王。

歷代政府也有個通病，就是不管造反者實力強大與否，誰敢稱王就打誰，一直打到對方不再稱王為止。

清廷也不例外，立刻派人去淮北「剿匪」，第一個來的是周天爵。

周老先生此時已經八十高齡，可官癮依然很強，之前才被太平軍折磨得連剛加封三個月的總督銜丟了，最後官也被削了，但他相信「天無絕人之路」，一心仍往官路上鑽。

周老先生執著的精神感動了當時的皇帝咸豐，又重新啟用，還賞了他一個京官銜，命他為兵部侍郎。由二品地方官變成了二品京官，周老先生自然喜不自勝，樂得在京中攪和。

後來，張樂行在安徽這麼一鬧，搞得咸豐不得安寧，又派遣周老先生去剿匪。張樂行一看，清廷太重視我們了，竟然派了一位京官來對付我們，而且還是個老幹部。

周老先生雖然喜歡當官，可不喜歡「剿匪」。從先前的失敗中他明白，這事要辦好了能升官，如若一個不好，不僅官沒了，還可能蹲大獄，所以趕赴前線後，根本不想發兵剿滅張樂行等匪徒，反而不斷好言相勸，採取招安策略。

面對老先生的「苦口婆心」，張樂行不由得有些心動，雙方開始談判。

張樂行允諾可以不和清政府作對，但不能取消旗下編制，官府也必須發給這一票兄弟薪水。周天爵雖然年齡大，但還沒有老糊塗，怕這些人不聽話，直接造反，於是想了個好辦法，命這夥人去打另一夥造反的農民軍。

看過《水滸傳》的人，對這個情節應該不陌生，跟宋江打方臘的橋段何其相像！但張樂行終究不是宋江，周天爵也沒有變成蔡京、高俅之輩。

原因很簡單，周天爵根本沒錢發給張樂行一夥人。

此時太平軍正鬧得慌，各地亂得很，朝廷的錢都已經撥給湘軍招兵買馬，還哪有錢撥給周天爵養活這股剛投誠的捻軍？

張樂行不樂了，既然沒錢，就直接走人，反正自己動手搶，也能有飯吃。

張樂行離開政府軍後，馬上聯繫原來的捻軍餘眾，一八五四年，與龔得樹、蘇天福等人再次宣佈對抗朝廷，並且控制住淮北一帶的鄉村城鎮。

起初，滿清政府並不把他們當回事，咸豐早把主要力量都用來對付太平軍，但緊接著某件事的發生，使朝廷上下不得不重視起這窩反賊。

這夥被稱爲「流寇」的安徽農民軍，竟然打敗赫赫有名的兩廣總督徐廣縉！

從此，清政府再也不敢小看這夥人，還想使用之前周天爵（這時周老先生人已經死了）當年的伎倆，再一次招安張樂行等人。正巧，這時張樂行處境變得困難，不但搶不到東西，連口糧都斷了，面對清政府的招安，很快答應下來，條件也照舊。

聽到消息以後，當地知縣、知府及巡撫等一干地方官高興得很，總算不負上級任務。

沒想到，被招安不久的張樂行又再度次自立門戶，公然跟朝廷作對。

很簡單，當地官府給張樂行的官太小，只給了個科級幹部，張樂行認爲自己起碼是省一級的領導，清廷實在太不重視自己了。

從這一次開始，張樂行對滿清政府再也沒有興趣，直接轉向太平天國，因爲太平天國很大方，見面就封王。

2 捻軍

張樂行持續打著游擊，收拾好搶來的東西往老家前進，八月二十四日，順利重返雉河集。清軍將領腦袋都快炸了，怎麼剿來剿去，又把匪剿回來了？

一八五五年，各路捻軍又一次齊集雉河集，召開新一屆武林大會，各大門派一致認爲張樂行當這個盟主再合適不過。

會後，張樂行自稱「大漢盟王」，同時建立五旗軍制，各路捻軍俱聽調遣。五旗包括黃、白、紅、藍、黑等五部，每部旗各有一位總旗頭，黃旗總旗頭由張樂行自己兼任，白旗總旗頭則爲張樂行的早期盟友龔得樹，紅旗總旗頭爲侯士偉，藍旗總旗頭爲韓奇峰，黑旗總旗頭爲蘇天福。

有人說，捻軍的這個編制顯然從清廷的八旗演變而來，筆者倒不這麼認爲，因爲相較清朝的軍制，張樂行的行為顯示他應該更喜歡明朝。

五旗軍制起源於明朝末年，估計大家都看過《倚天屠龍記》，當中明教除了左右使和四大護教法王外，下屬軍事機構便是五行旗，歷史上的明教也確實存在這種系統。

因此，張樂行把自己的軍制定為五旗軍，此時的捻軍已經擴大到十萬人，成為安徽農民軍中最大的一支。

捻軍連番言而無信的行為已使朝廷忍無可忍，一八五六年三月，清政府下令派重兵剿捻。此時捻軍的大部人馬在雉河集，清軍想在此地一舉殲滅張樂行等人，想法很好，實行起來卻有難度。

清軍兵分兩路，一路從亳州以北方向東南進攻，另一路則從宿州向西南進攻，進而對雉河集實行夾攻之勢。宿州方向的步隊從兩翼包抄，馬隊從正面進攻，捻軍六千餘人迎戰。激戰數小時，捻軍損失二千餘人，只得向南敗退。

初戰失利後，張樂行命韓奇峰、蘇天福等部約莫三、四萬人，進駐宿州西北的濉溪口和永城苗村橋處阻擊清軍。

四月三十日，清軍奔襲濉溪口北面的丁家樓，捻軍損失二千餘人，接下來，苗村橋方向的捻軍也被清軍擊潰。

清軍趁勝佔領宿州的鐵佛寺、臨渙集等敵陣據點。

當宿州方向的清軍向南順利推進時，位於亳州北面的清軍同時發起進攻。從五月十三日到六月八日，捻軍連吃敗仗，攻勢卻未減弱，隨後主力部隊又往翟村寺東南四十里處的白龍王廟走，沿著渦河兩岸列陣阻敵。

張樂行、韓奇峰率黃、藍兩旗在渦河北岸，龔得樹在渦河南岸，掘壕立柵，用車輛樹木堵塞路口，企圖阻止清軍的進攻。清軍派出馬隊抄襲捻軍後路，使捻軍腹背受敵，再次撤退，然後又趁勝追擊，於六月十九日攻佔雉河集。

雉河集失守後，張樂行、龔得樹、蘇天福等捻軍首領，爲了攪亂清軍的進攻步伐，決定率部南下，於七月十六日襲擊淮河流域上的商業重鎮三河尖，獲得大量物資，逐步恢復元氣。

捻軍流動性過大，搞得清軍苦惱不已，又因三河尖離固始縣城和光山縣都很近，清軍害怕這幫流匪乘虛而入，被迫移營陳州，以防捻軍進攻大舉進入河南腹地。

由於地主武裝也向捻軍靠近，張樂行持續打著游擊，收拾好搶來的東西往老家前進，八月二十四日，順利重返雉河集。清軍將領腦袋都快炸了，怎麼剿來剿去，又把匪剿回來了？隨即率部尾追，再次向雉河集進攻。

九月十日，兩軍在亳州西面的十八里鋪奮戰，捻軍的黑旗首領不幸身亡，部衆傷亡二千餘人，殘部退往雉河集。

張樂行等人仍然希望用外線出擊的辦法調離敵人，解雉河集之圍，便將捻軍分爲兩路，一路東攻江蘇的蕭縣、徐州等地，一路西攻太和，卻沒有順利攻克要鎮，始終未能達成引動清軍的目標。

十一月二十八日，雉河集再次被清軍攻下，張樂行等人只好率領捻軍主力東撤，經曹市集退守臨渙集。清軍很快追到，與捻軍隔著澮河對峙。

清軍認爲捻軍不經打，竟大意地放鬆警惕。十一月三十日深夜，龔得樹率領勇敢善戰的敢死隊，分成四路襲擊清軍大營，徹底擊潰被迫倉促應戰的清軍。

清軍只得西竄二百餘里，退守亳州城。可惜，捻軍後來又在廟集、尹家溝、趙旗屯等地的作戰中接連失利，無法扭轉敗勢，畢竟清軍再弱，起碼也是正規軍。

面對屢戰屢敗的戰情，張樂行決定留下部分捻軍在安徽，再次南下淮河流域，於一八五七年二月中旬重新攻回三河尖等地。後來，捻軍與太平軍正式開始合作，張樂行表示接受太平天國領導，隨後被封爲「征北主將」。

張樂行搖身一變，又成了太平軍，爲了表示自己忠心，還殺了內部反對和太平天國聯合作戰的藍旗將領劉永敬及劉天台，引起捻軍的分裂。

3 僧親王出馬

僧格林沁看到捻軍擺出這個陣勢，不由得暗暗高興。十月八日，他派兵由河南夏邑移大營於商丘南部，隨即分兵向亳州以北的盧廟、邢大莊發起攻擊。

一八六〇年，張樂行派手下悍將張宗禹率主力三萬餘人，佔領清江浦。

洪秀全獲聞捷報，隨手便給張樂行封了一個王。

張樂行感激得快哭出眼淚，從此沃王便成為他的代名詞。

一八六一年安慶失守，偌大的安徽只剩下陳玉成一個人守著。張樂行一向不是很給年輕的陳玉成面子，後來兩人鬧翻，他馬上率軍返回自己老家雉河集繼續打游擊。

捻軍撤離後沒多久，合肥失守，陳玉成本人也被清廷處死，本來可以幫忙牽制清軍的太平軍在安徽基本上全數消失，捻軍的處境變得極為艱難。

一八六二年八月，清政府最大規模的剿捻運動開始，各大巡撫及總督等地方高層幾乎全部聚集在此，可見朝廷下了大力氣。這次的剿捻運動由僧格林沁擔任主帥，湖廣總督官文、安徽巡撫李續宜、湖北巡撫嚴樹森、河南巡撫鄭元善、河南團練大臣毛昶熙、署漕運總督吳棠等人則是從旁輔助，適時增援。

僧親王的具體部署很簡單：自己親率騎兵兩萬餘人和李續宜的湘軍萬餘人，南北夾攻雉河集；吳棠則扼守江蘇清河、淮安一帶，盡力掃蕩邳州、宿遷、海州（今連雲港市西南）、沭陽一帶的捻匪；鄭元善出新蔡，毛昶熙出歸德，配合僧軍主力向東攻進；官文、嚴樹森派兵深入豫境，由正陽、息縣援應；其餘皖、豫等省的鄉勇團練，分別協同各路清軍的進攻路線。

僧格林沁這位用「大刀砍火炮」的騎兵將領又一次踏上「剿匪」的征程，他對付英法聯軍雖然不太行，剿殺農民軍倒是很有一套。

事實證明，僧格林沁事業的巔峰，不是在鎮壓北伐的太平軍，也不是奉命對戰英法聯軍，而是在領兵鎮壓捻軍上。

僧格林沁被賦予清軍在北方的全部軍權，不但統轄山東、河南軍務，並且能調遣直隸、山西和蒙、亳、徐、宿等地區的防兵，統轄直隸、山東、河南、山西各省督撫提鎮以下官職，集軍政大權於一身。慈禧對僧格林沁十分信任，但畢竟僧格林沁失敗的前例不少，她還是告誡僧格林沁要步步爲營，不可貿然行事。

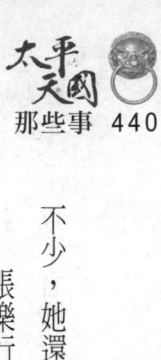

張樂行一看這陣勢，心裡有些沒底，後悔當初沒有努力幫陳玉成守住安徽，才造成今日被動的局面。沒想到，接下來的舉動，更使張樂行等人進退失據。

捻軍充分利用自己打游擊戰的優勢，把主力部隊轉移至山東或河南等地，結合當地農民軍，襲擊清軍大後方，以此引動和分散敵人，接著又將五旗聚集在一起，集眾二十萬，想要跟清軍打場防禦戰。

僧格林沁看到捻軍擺出這個陣勢，不由得暗暗高興。十月八日，他派兵由河南夏邑移大營於商丘南部，隨即分兵向亳州以北的盧廟、邢大莊發起攻擊。

捻軍堅守了十餘天，終因寡不敵眾，盧廟、邢大莊先後失守。

僧格林沁又於十一月初督師進攻亳東地區。蘇天福在劉集率部堅守墟寨，抗擊清軍，卻被清軍發炮猛攻，寨內房屋多處崩塌，只好被迫退守蔣集。

十一月二十日，馬村橋捻軍來援，遭清軍阻擊，隨後，張樂行也由廟集率部馳援，在二十七日時遭逢清軍騎兵襲擊，敗退渦河南岸。

之後，張樂行等部曾多次往援蔣集，卻均爲清軍所敗。

十二月二十日，捻軍首領陳萬福突圍南走，其弟率部投降清軍。

一八六三年一月底，僧軍攻佔渦河南岸的韓樓，二月二十三日時又攻佔馬村橋，其撚軍餘部退守雉河集。

一系列下來戰鬥的失利，使本來意志不是堅定的撚軍發生動搖，有很多頭目乾脆投降清軍。這時，先前背叛陳玉成的苗沛霖根據僧格林沁「剿撚立功」的指令，從背後襲擊撚軍，佔領一些壚寨，進而配合僧軍向雉河集推進。

張樂行在清軍重兵圍攻的艱危情況下，為了分散敵人的兵力，命張宗禹率部突圍，自己則率部東走宿州，欲北上與進入山東、蘇北一帶的撚軍會合，不料，卻在符離集一地遭清軍阻攔，只好再度折回雉河集。

三月十六日，僧格林沁移動大營，駐紮在渦河北岸，隨即朝撚軍發動總攻，三天內攻佔尹家溝、雉河集，逼得張樂行等人率部南走。

撚軍接二連三失利，蘇天福被擒處死，張樂行則率二十餘人逃至蒙城、宿州交界的西洋集，卻被叛徒李家英出賣，押往僧格林沁軍營，不久亦被處死。

撚軍在這次防禦作戰中，由於實行消極防禦，反倒遭受嚴重挫折，不僅喪失蒙、亳等根據地，還使得衆多重要部將及二萬多兵馬無端送命。此役後，蒙、亳一帶的撚軍幾乎全被摧毀，雉河集到處是斷壁殘垣，一片淒涼景象。

4 徹底完蛋了

從一八六八年開始，左宗棠的湘軍、李鴻章的淮軍、山東的魯軍、河南的豫軍相繼投入作戰，最後，將西捻軍困在一塊方圓六、七百里的地區中。

一八六四年七月，從天京突圍出來的小天王洪天貴福在安徽廣德與洪仁玕會合。

洪仁玕是個文人，平常只處理行政方面的事務，毫無任何帶兵經驗，下面的軍事將領爲了保命，關鍵時刻也不會聽他的。洪仁玕帶著這個只有十六歲的孩子東躲西藏，目的就是希望找到會聽話的太平軍殘部。

此時擁有重兵的人，只有侍王李世賢和康王汪海洋，可惜這兩人眼中只有彼此，仍是內訌不休。汪海洋鬥垮李世賢之後，也敵不過清軍，很快便爲天國貢獻出自己的性命。

一八六四年十月上旬，洪仁玕帶著自己的大侄子躲過了一個又一個堵截。

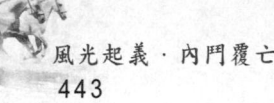

這時，跟隨並保護他們的士兵已經再也沒有力氣，提議休息一晚再走。洪仁玕看著這些拼死保衛的將士，心裡著實不忍，便答應他們休息一晚。不過，小天王提出反對，認為應該繼續跑路，否則一旦清兵追上，大家全都玩完。

關鍵時刻，做主的是洪仁玕，小天王年紀太輕了，說話一點重量也沒有。

果不其然，當太平軍睡得正香時，大批清兵趕到，將所有人團團圍住，小天王與洪仁玕在血戰中被兵馬衝散。洪仁玕北走廣昌，在白水鎮被俘，小天王則逃至石城荒山中，二十五日被敵軍搜獲。

曾國藩先前沒來得及對洪秀全使上凌遲酷刑，心中的憤怒只好發洩在老洪的兒子身上，一八六四年十一月十八日，年僅十六歲的小天王在南昌被凌遲處死，五天之後，洪仁玕也在南昌享受了同等待遇。

到目前為止，太平天國裡的主要人物都已消失在地球上，不過，仍有兩支隊伍打著太平天國的旗號的隊伍與清政府周旋。

嚴格來說，這兩支隊伍的身分應該屬於捻軍，一支是賴文光率領的東捻軍，另一支便是張宗禹率領的西捻軍。

捻軍最擅長的就是流動作戰，這正是清軍最頭疼的事。此外，清軍內部也存在派系，各將領間矛盾重重，特別是曾國藩、李鴻章的湘、淮軍與僧格林沁的滿蒙旗兵之間，表現尤爲明顯。

黑石渡作戰前，僧格林沁連吃敗仗，清廷爲了支撐這支「王牌」軍隊，便下令調兩江總督曾國藩及其湘軍前往湖北東部參戰。

曾國藩卻以「大帥三人（指曾國藩、僧格林沁、官文）屯駐四百里內，恐群盜輕朝廷」爲由，拒不應命，只願派部分湘軍歸官文調遣。

黑石渡之戰後，清廷又下令抽調部分湘、淮軍給僧格林沁，以加強攻捻的兵力。豈料曾國藩、李鴻章仍是不改初心，以種種藉口不斷拖延部隊的調動。

另一方面，盲目自大的僧格林沁，則認爲湘、淮軍「守則有餘，戰則不足」，拒絕漢兵的支援，妄想獨吞攻捻的勝利果實。

清軍之間的這種矛盾，對於捻軍來說，無疑十分有利，接連殺退僧格林沁的漢蒙旗軍。在後方督隊的僧格林沁只得率殘部，改退往高樓寨南面的一個荒墟。

捻軍趁勝追擊，馬上將該荒墟團團圍住，同時在墟外挖掘長壕，防止清軍突圍而出。當夜三更，僧格林沁欲率少數隨從突圍，卻不敢捻軍攻勢，狼狽逃往菏澤西北十五里的吳家店時，被一捻軍小卒砍死在麥田中，就此離開人間。

僧親王死後，曾國藩正式接手剿匪主權，提出新的作戰方案，叫「以靜制動」。此時的賴文光仍然沉浸在幹掉僧格林沁的快樂當中，面對清軍的新一輪攻擊，沒有做好十足準備，最後陷入清軍圍追堵截中。一八六八年一月，賴文光被活捉，很快被處以凌遲。

另一邊，張宗禹率領的西捻軍也好不到哪去，西捻軍的行動雖然引開了部分清軍，卻也使自己陷入孤軍作戰的局面。

二月五日，西捻軍於滿城戰敗，東南走祁州（今安國）、饒陽。捻軍雖然善於流動作戰，清軍卻一刻也不讓他們停下腳步暫歇，日子一久，士兵對這種四處亂跑的作戰方式開始厭倦，又見清軍陸續調動大軍圍剿，整體處境更是進退兩難。

從一八六八年開始，左宗棠的湘軍、李鴻章的淮軍、山東的魯軍、河南的豫軍相繼投入作戰，最後，將西捻軍困在一塊方圓六、七百里的地區中。

捻軍忽而北上，忽而南下，幾次突圍卻均失敗，士氣日益低落，甚至接連發生降敵之事。面對這種情況，張宗禹已經無路可選，最後跳河自殺。至此，轟動一時的太平天國運動終於畫上一個缺憾的句號。

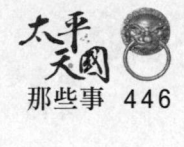

雖然太平天國到這裡算是寫完了，但歷史永遠也寫不完，筆者認爲，歷史留下一些疑案是好事，正因有疑案，才會激發如此多的歷史愛好者研究、探索。

如果僅僅是簡單記錄事實，那麼歷史將變得多麼枯燥、乏味！歷史不只只是某些人的歷史，更是全人類的歷史，所有人都應該好好去品味一番。

・全書完

宋朝開國帝王

像趙匡胤一樣活著

全集

獨孤慕雨 著

他是一個嗜賭如命的賭徒，在亂世中押上自己的人生。
他是一位極具心機的悍將，自編自導不流血政變，兵不血刃地完成「**陳橋兵變，黃袍加身**」。
他是一位滿腹權謀的君王，為了瓦解武將專權篡位威脅，上演千古絕唱「**杯酒釋兵權**」。
他是一介武夫，卻開創史上最為繁榮的文治盛世，與秦始皇、漢武帝、唐太宗、成吉思汗比肩稱雄

他，就是大宋開國始祖趙匡胤。
從浪跡天涯到君臨天下，有人說他聰穎機智，
有人說他狡猾奸詐，他究竟是個怎樣的人？

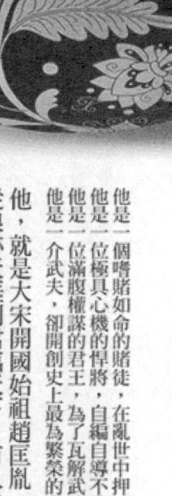

群星會

169

太平天國那些事全集

作　　者　烽火金田
社　　長　陳維都
美術總監　黃聖文
編輯總監　王　凌
出 版 者　普天出版社
新北市汐止區康寧街 169 巷 25 號 6 樓
TEL / (02) 26921935 (代表號)
FAX / (02) 26959332
E-mail：popular.press@msa.hinet.net
http://www.popu.com.tw/
郵政劃撥 19091443 陳維都帳戶
總 經 銷　旭昇圖書有限公司
新北市中和區中山路二段 352 號 2F
TEL / (02) 22451480 (代表號)
FAX / (02) 22451479
E-mail：s1686688@ms31.hinet.net
法律顧問　西華律師事務所・黃憲男律師
電腦排版　巨新電腦排版有限公司
印製裝訂　久裕印刷事業有限公司
出 版 日　2019 (民 108) 年 1月 第 1版
ISBN◉978-986-389-573-2　　條碼 9789863895732

國家圖書館出版品預行編目資料

太平天國那些事全集

烽火金田著. —第 1版. —：新北市, 普天

108.01 面； 公分. - (群星會；169)

ISBN◉978-986-389-573-2 (平裝)

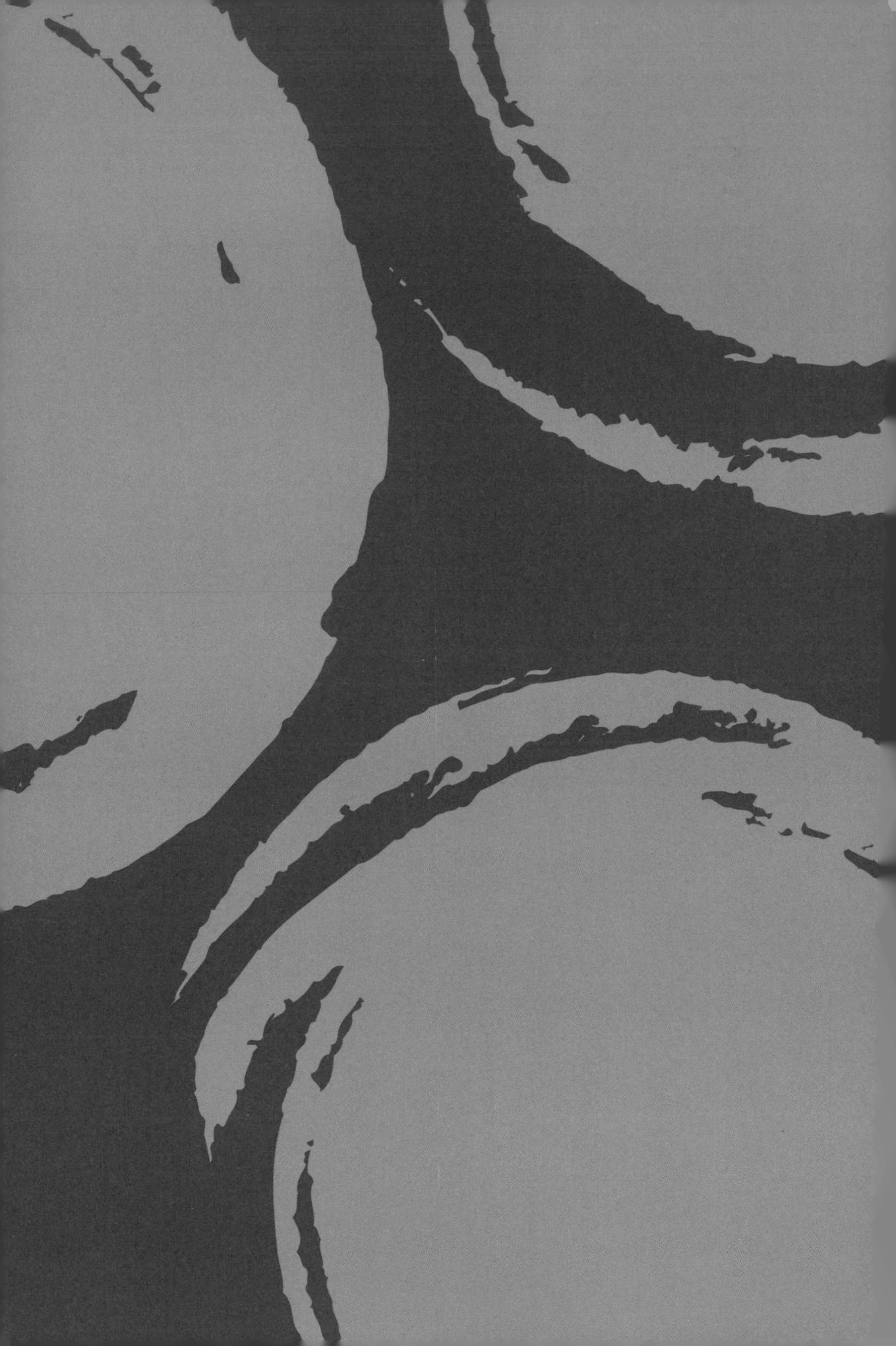